服务乡村振兴战略高职院校技术技能人才培养研究

蔡青 著

中国纺织出版社有限公司

内 容 提 要

乡村振兴战略是国家在新时代提出的重要发展战略，对于促进农村经济社会发展具有重要意义，也是高职院校提升人才培养质量与层次、增强社会服务能力的重要机遇。基于此，本书从乡村振兴战略下新时代高职院校发展背景出发，立足社会发展现实需求，结合高职院校的办学特色与优势，分析服务乡村振兴战略高职院校技术技能人才培养的制约因素，最后提出了服务乡村振兴战略高职院校技能人才培育的有效路径。

图书在版编目（CIP）数据

服务乡村振兴战略高职院校技术技能人才培养研究 / 蔡青著. -- 北京：中国纺织出版社有限公司，2022.6
ISBN 978-7-5180-9630-5

Ⅰ. ①服… Ⅱ. ①蔡… Ⅲ. ①高等职业教育—人才培养—研究—中国 Ⅳ. ①G718.5

中国版本图书馆 CIP 数据核字（2022）第 103322 号

责任编辑：张 宏　责任校对：高 涵　责任印制：储志伟

中国纺织出版社有限公司出版发行
地址：北京市朝阳区百子湾东里 A407 号楼　邮政编码：100124
销售电话：010—67004422　传真：010—87155801
http://www.c-textilep.com
中国纺织出版社天猫旗舰店
官方微博 http://weibo.com/2119887771
三河市延风印装有限公司印刷　各地新华书店经销
2022 年 6 月第 1 版第 1 次印刷
开本：787×1092　1/16　印张：11.25
字数：229 千字　定价：88.00 元

凡购本书，如有缺页、倒页、脱页，由本社图书营销中心调换

前言
PREFACE

乡村振兴需要新型"三农"人才的智力支撑，农业高职院校与"三农"有着天然的"血缘"关系，是专门为农业和农村发展培养技术技能型、创新创业型人才的核心基地，面对新时代乡村振兴人才需求，必须审时度势，正视问题，扬长补短，发挥优势，健全完善人才培养体系，提升人才培养质量，为乡村振兴提供人才保障。

产业兴旺是乡村振兴的物质基础和根本任务，而人才振兴是产业兴旺的基础和保障，是实现乡村振兴的关键所在。推动乡村振兴，必须培养造就一支掌握现代农业技术，熟悉农业产业发展，具备创新特质意识，具有创业发展能力的新型"三农"人才队伍。而农业高职院校的职能是服务农业和农村发展，是为农业行业培养技术技能型、创新创业型人才的主要基地，在服务乡村振兴战略中具有其他高职院校无法比拟的优势。农业高职院校要抓住新时代的历史机遇，直面新形势的严峻挑战，突出培养特色和优势，诊视办学短板和劣势，全面深化教育教学改革，构建和完善适应人才需求新特点的培养体系，探索实践人才培养模式，为乡村振兴培养一批懂农业、爱农村、爱农民，能够下得去、吃得苦、留得住、用得上、干得好的"三农"人才队伍，成为乡村振兴战略实施的"造血器"，助力农业产业和农村经济发展。

当前高职院校新型技能人才培育工作的制约因素主要集中在以下几方面：新型技能人才培育对象结构性矛盾突出、高职院校自我发展意识薄弱、培育方式不合理、培育内容单一与培训教师结构有待优化。通过对问题的梳理与分析发现，导致高职院校新型技能人才培育困境的原因主要集中在四个方面：传统价值观念导致培育困境、城乡二元体制的禁锢、高职院校新型技能人才培育理念与方式的落后、新型技能人才培育保障机制不完善。

基于上述问题与问题成因，《服务乡村振兴战略高职院校技术技能人才培养研究》从高职院校内部工作机制创新和外部支持环境优化两方面来探究乡村振兴战略背景下高职院校培育新型技能人才的路径。从高职院校内部工作机制创新方面来看，具体有：转变观念,树立正确的新型技能人才培育观;强化主体价值,增强高职院校自我发展的内生动力;创新新型技能人才培育方式,力促培育方式多样化;科学设置培育内容,优化涉农专业群结构与课程体系;创新人才引进与激励机制,加强新型技能人才培育师资队伍建设。从外部支持环境优化方面来看,具体有:营造良好的社会舆论氛围,树立平等的技能人才观念;完善新型技能人才培育保障机制;组织新型技能人才培育工程;以赋权为核心,激励技能人才广泛参与。

蔡 青

2022 年 4 月

目录 CONTENTS

第一章　导论 ··· 1

    第一节　研究背景 ··· 1

    第二节　研究综述 ··· 3

第二章　乡村振兴战略下新时代高职院校发展概述 ······················ 15

    第一节　高职教育资源是乡村振兴战略资源体系的重要支撑 ······· 15

    第二节　发展高职教育为乡村振兴战略提供人才支撑 ················ 23

    第三节　发展高职教育为乡村振兴战略提供制度性供给 ············· 30

    第四节　发展高职教育是培育乡风文明的重要途径 ··················· 36

第三章　服务乡村振兴战略高职院校技术技能人才培养的必要性 ···· 49

    第一节　服务乡村振兴战略高职院校技术技能人才培养的优势 ···· 49

    第二节　服务乡村振兴战略高职院校技术技能人才培养的意义 ···· 62

第四章　服务乡村振兴战略高职院校技术技能人才培养的制约因素 ···· 77

    第一节　社会需求和培养目标之间的落差 ······························· 77

    第二节　高职院校技能人才培育内容单一 ······························· 79

    第三节　培养过程与生产过程的落差 ······································ 84

    第四节　高技能师资短缺 ·· 91

第五章 服务乡村振兴战略高职院校技术技能人才培养改革的关键 ……… **101**

    第一节 乡村振兴战略是指引高职人才培养模式改革的需求源头 ……… **101**

    第二节 人才培养和输出是高职服务乡村振兴的重要作为 ……… **110**

    第三节 探索结构要素之间的"高融合"是人才培养模式改革的关键点 ……… **117**

第六章 服务乡村振兴战略高职院校技术技能人才培育途径 ……… **129**

    第一节 深化专业供给改革 ……… **129**

    第二节 激发培养主体协同 ……… **134**

    第三节 深化培养模式改革 ……… **145**

    第四节 为师资队伍注入新力量 ……… **156**

参考文献 ……… **169**

第一章 导论

第一节 研究背景

一、培育新型技术技能人才是破解"三农"问题的关键

我国是农业大国,有着几千年的农耕文明。农业在我国一直占有极其重要的地位,产生深远影响。汉语中有这样一个词汇"社稷",现在通常用"社稷"来代指国家,但是一开始这个词语的意思却是指掌管土地的土神和掌管粮食的谷神。土地神和谷神是中华民族最重要的原始崇拜物,之后历朝历代帝王都要举行春耕仪式以及实行"重农抑商"政策,这无不显示出农业对中国这个古老国家的重要作用。农业农村问题关系国计民生,起着根本性的重要作用。

新型技术技能人才的培育是破解"三农"问题的重要一环,国家一直大力提倡通过加强对农民的培训来提高农民素质,近几年政策导向越来越明晰,有着高素质的农民是乡村急需的人才,而新型技术技能人才的培育更是提升农民综合素质的重要环节。通过培育新型技术技能人才,走中国特色社会主义乡村振兴道路,提升传统的农民的素质与生产技能,有助于"三农"问题的解决,有助于促进农民生活富裕与素质提高、农业产业兴旺以及美丽农村的建设。

二、培育新型技术技能人才是响应乡村振兴的时代呼唤

经济发展是新农村建设的基础,社会全面进步是新农村建设的标志。历经十多年的发展,农村的村容村貌焕然一新。而今,我国的现实国情和社会主要矛盾与十多年前相比已经有了很大的变化,基于现实要求,党的十九大提出了乡村振兴战略,将其作为新时期农村经济社会发展的指导纲领。从"新农村建设"的"生产发展、生活富裕、乡风文明、村容整洁、管理民主"到"乡村振兴"的"产业兴旺,生态宜居,乡风文明,治理有效,生活富裕",这不仅仅是二十个字的变化,还凸显了国家对于农村内在质量标准的提升和发展战略的升级。"新农村建设"时期的农村重在从经济层面、物质层面来发展农村,这是一种对于农村外在质量的更新换代。通过完善广大农村地区的基础设施、提高农民的生产力水平来推动农村农业的发展。而新时期提出的乡村振兴战略,不仅包含着经济与产业的

振兴，更将绿色宜居的生态环境、繁荣发展的乡村文化与科学有效的治理体制的建设囊括进来。乡村振兴是全方位的振兴，在乡村振兴战略实施的大背景之下，受益人群广泛，而在农村从事农业生产活动的农民更是直接受益者。

  农村经济发展得怎么样，关键看人。但是就目前而言，部分农民不符合乡村振兴战略所需要的"新型技术技能人才"的标准，所以为了使农民能够更好地从乡村振兴战略中受益，为了能够更好地使农民助力乡村振兴战略，促使农民由"传统农民"成功向"新型技术技能人才"转变，这是一个十分重要且艰巨的任务。培育农民成为新型技术技能人才，激发广大农民主体作为乡村振兴主体的力量，从而真正激发乡村活力。农民生于农村，长于农村，以土地为生存根本，对于自己脚下这片土地，农民比任何人都要有感情，也比任何人都要了解。离开了农民，乡村振兴战略无法顺利实施与推进。但是，随着时代的进步，科学技术日新月异，农业生产的知识与技术快速更新，由于文化与眼界的限制，不少农民不愿意接受新知识与新技术，对新知识与新技术持有排斥拒绝态度。还有不少偏远地区的农民因为地理位置偏僻、信息技术手段落后，加之宣传不到位，没听过也接触不到新知识、新技术，依旧固守祖祖辈辈流传下来的农业经验，用原始的方法开垦土地、种植庄稼、养殖牲畜。

  基于上述种种原因，需要大力培育新型技术技能人才。在乡村振兴战略推进过程中，高职院校在组织新型技术技能人才培育时，必须找准自己的定位，明晰乡村振兴战略提出的种种要求。高职院校应将目标定位于培养农村人才，提高农民素质，提高农业生产效率，促进农村经济社会发展，消除相对贫困。新型技术技能人才是新时代的农村人才，是农村人才的核心组成部分。他们有着比一般人更为敏锐的眼光，他们更早地感知到了农村社会的发展机遇，他们感念家乡对自己的养育，为了回报贫瘠的乡村，他们用打拼多年所积累下来的人力资本和社会资源开始在家乡创业，他们开始扮演新的农业生产经营方式实践者、市场经济思想传播者等重要角色，他们在农村社会中发挥着非同寻常的作用。

  因此，高职院校在实施职业教育培训的时候，职业教育应首先基于工作世界的现实可行能力需求，有针对性地设计课程，培育典型，吸引更多学生积极投入到新型技术技能人才培育中来。

三、培育新型技术技能人才高等职业院校大有可为

  要想破解农村土地无人可种的窘境，必须培育新型技术技能人才。我国正处于人口结构高速转变的关键时期，这一现象在农村更为明显。"兼业化""低文化"与"老龄化"是当前农村劳动力的三大特征。基于上述几方面原因，为了促进农业农村发展，为了实现"农业强、农村美、农民富"这个目标，在未来一段时间，开发农村人力资源必须从新型技术技能人才的培育出发，以此来促进农民自我发展并且带动周边农民自我发展意识的觉醒。

通过对农民进行培育来促进他们转变为新型技术技能人才，并且发挥他们的带头作用，有利于促进农村整体素质的提升；同时为农村建设输送人才，缓解当前农村人才缺乏的窘境，促进农业农村稳定发展，加快农业农村现代化进程。

高职院校在培育新型技术技能人才时，必须服务于农村经济社会的发展、必须基于乡村振兴这个大背景以及现代农业组织形式变革的新趋势，以前瞻性思维与战略性眼光，积极促进传统农民向新型技术技能人才转变，在人才培养上主动进行供给侧改革，使其更加适应新时代新要求。

第二节 研究综述

一、国外研究现状

（一）教育培训与人力资本开发的研究

马克思认为，劳动能够创造社会财富，社会财富的积累主要来自劳动，并认为生产力的重要来源在于能够提高人的智力和劳动技巧的科学技术与教育。亚当·斯密认为人的劳动技能的熟练程度在很大程度影响着人的劳动力水平，通过投入教育培训能够提高劳动技能的熟练程度（Smith 1776）。著名经济学家马歇尔明确指出：最有价值的投资就是对人本身的投资，他把对人的投资看作是在学校教育和家庭培养上的投资的总和，认为这种投资具有经济效益（Marshall 1890）。美国经济学家舒尔茨在《改造传统农业》一书中把人力资本看作农业经济增长的主要源泉，他认为资本应包括作为劳动力的人和生产物质资料，人力资本的形成包括教育和在职培训等，而教育的作用更为明显。他指出提高对农民的人力资本投资能够提高居民收入增长的长效机制，受过良好教育的农民如果有了投资机会再加上有效刺激，将会取得较大收益。他还指出要对从事农业耕作而不能接受正规教育的成年人进行培训，通过开展短期培训，讲授耕作方法等，都能促进农民生产技术的提高。所以，他认为人的受教育状况与劳动生产率有直接关系，农业经济增长的主要来源在于人力资本，对传统农业的改造关键要依靠人力资本理论（Schultz 1961）。范·克劳德尔等认为，我们更应该看到除农业本身之外的农业教育在消减贫困问题当中的重要作用，通过教育培训让人们更广泛参与社会和全球发展（Van Crowder 1998）。马吉李认为，农业教育机构需要清楚地认识到，为了使自身更加切合实际需要，它们要在促进地方经济发展中发挥如同教育上一样的积极作用（Maguire 2000）。

（二）人力资本对经济发展作用的研究

早期经济学家的研究已经关注到人的劳动能力提升对促进社会经济发展的重要作用，并为人力资本理论的提出奠定了基础。20世纪初，美国经济学家埃尔文·费雪在《资本的性质与收入》一文中第一次明确提出人力资本概念，并指出人力资本是依附于劳动所有者身上的各种知识、身体健康方面、劳动管理技能及各种能力素质的总和（孔德丰等 2015）。在经济学史上，亚当·斯密（Adam Smith）、阿尔弗雷德·马歇尔（Alfrede Marshall）、埃尔文·费雪（Lrving Fisher）等人都将人作为国家财富与资本的问题进行了探讨，但都没有将人纳入经济学的核心内容。西奥多·舒尔茨（Theodore W.Schultz）被称为"人力资本之父"，他在 1960 年 12 月 28 日美国经济学会发表了主题为人力资本投资的主席演讲，最早提出人力资本理论，后发表在《美国经济评论》（The American Economic Review）。舒尔茨指出，经济学家看到了人是国家财富的重要组成部分，但没有看到对人投资的巨大作用（Schultz 1961）。舒尔茨在发展经济学与经济增长理论研究中发现了人力资本的价值，并正式提出人力资本的概念，第一次将人力资本纳入经济学的分析，对世界经济发展与教育产生了极为深远的影响。加里·贝克尔（Gary S. Becher）在舒尔茨的研究基础上发展了人力资本理论，建立了微观决策的人力资本理论，贝克尔提出：人力资本主要是通过投资形成的，人力资本不仅包括人的知识、技能和能力，还包括人的身体素质和健康状况等（Becker 1962）。

罗伯特·卢卡斯（Robert E. Lucas）和保罗·罗默（Paul M. Romer）在研究经济增长中发展了人力资本理论，进一步揭示了人力资本对长期经济增长的决定性作用。卢卡斯从内部效应和外部效应的作用机理探讨了人力资本，内部效应更多是指个体知识技能增长对经济的效应；他更强调人力资本外部效应，即人力资本通过多种要素的相互作用产生综合效应，从而对社会人力资本整体水平产生影响（Lucas 1988）。罗默 1990 年发表在《政治经济学杂志》（Journal of Political Econom）中的文章阐述了人力资本与技术进步的关系，并指出人力资本存量决定经济增长率，能够决定经济增长的不是人口而是人力资本（Romer 1990）。赫尔曼建立了从人的生命周期动态分析人力资本投资的理论框架，他认为影响国家财富的重要源泉之一是知识技能，劳动力的质量在很大程度上会影响劳动生产率（Heckman 2003）。

（三）农业高等院校人才培养的研究

目前，许多发达国家农业高等院校开展了多样化的人才培养方式和具体化的操作方法服务乡村振兴。例如，美国高等农业教育确立了培养高素质精英人才的目标，尊重学生学习主体地位，加强通识教育和专业教育结合，重视人的个性化培养与全面发展的教育模式（王平祥 2008）。德国在高等农业教育的改革上，最先采用了学分制，着重开展理论知识教学，并加大学生专业选择自主性，培养学生的实践动手能力、创新能力和综合能力。

马凯等（2016）指出德国非常重视农业教育的职业化，完善职业农民教育培训体系培训职业农民，并建立起农业准入制度。在耕地和劳动力减少的情况下，依靠提升农业劳动力素质，保障了德国 90% 左右的农产品供给。我国可以借鉴德国的做法和经验注重培育新型职业农民，加大职业教育和培训，促使农业人员知识更新和专业技能提高，培养从事农业生产、加工、销售、管理的应用型人才。

曹丽颖（2015）认为德国重视高等农业教育的分类培养，学术科研型人才培养主体为综合性大学，应用技能型人才的培养主要依靠高等专科学院或高等专业学院。伴随德国农业现代化的快速发展，德国高等农业教育已呈现出学术性与技能性并重的教育局面。美国高等农业教育体现了鲜明的区域性特征，学科门类多、范围广，其专业设置根据当地经济与农业特点而设，能与当地经济环境相适应。根据各州的发展需要安排科研与教学活动，形成了"创业实践""校企合作""产学研培养"等人才培养模式，具有地方特色，培养的人才能够适应社会发展的多方面需求。

杨艳平（2008）认为英国农业教育注重下放办学自主权，根据当地农业发展需求适当调整地方农业教育，地方部门引导农业院校明确办学方向，根据实际发展需求自行调整，很好地实现了"教学、科研、生产一体化"目标，从而保证农业教育发展得切实、可行、实用。英国农业院校的课程开设齐全、门类多，在高等农业院校中开设的课程主要有：农业经济学、农场计算机应用、农业管理学、农业史等传统与新兴课程。现代农业改革在教育上的具体表现是在一些新兴课程的设置中体现了跨学科特点。

王丹丹等（2014）通过对荷兰瓦赫宁根大学的教育教学模式的考察、总结与分析，认为荷兰高等农业教育专业课程设置能够立足实际需要，专业课覆盖面较广，其设置体现了社会需求导向，可以满足农业发展的多种需求；强调实践与理论相结合，为学生提供校内实习平台和校外实习机会；更强调实践教学方式，学生全部在校内及校外的实习基地实习，部分还要去国外实习；注重高等农业教育的国际化，扩大对外交流，如成立了国际农业教育交流协会，学习和借鉴世界先进农业科学技术。韩国农业高等教育在课程设置上体现校内教育与校外教育相结合、理论教育与实践教学相结合的特点，着力培养农业创业类人才（刘志民等 2011）。

（四）高等教育在农业农村发展中的作用研究

索姆、卡帕那、瑞仕米（S. K. Soam, R. Kalpana Sastry, H. B. Rashmi）认为，高等教育是一种促进国家发展进步、提升区域经济一体化和凝聚力的服务，特别是在许多发展中国家农业高等教育在减贫和经济可持续发展当中发挥了重要作用（Rashmi 2007）。辛哈（SinhaS.K.）认为农业是知识型农业，各级各类教育，尤其是高等农业教育对现代农业的发展具有关键作用（Sinha 2011）。

刘景（2016）分析了美国早期大学"赠地学院"在解决美国农业发展中的问题及促进农业现代化的成功经验，即：充足的政府资助与健全的法律保障；因地制宜的课程设置及紧密联系实践的科学研究；培养农业专业人才与提高广大农民科学务农素质相结合的办学方向；为丰富农民精神生活提供多样的文娱活动，等等。美国农业正是因为早期"赠地学院"提供了关键技术和智力支持，才能够以最快的速度处于世界先进农业发展行列。20世纪初，美国威斯康星大学校长查尔斯·范海斯在继承了柏林大学教学、科研并重的基础上，又十分重视大学的社会扩展职能，认为大学能够发挥积极作用推动社会变革和经济发展（张愿和刘在洲 2015）。至此，人才培养、科学研究和服务社会被确立为高等学校的三大基本任务，这就是世界著名的"威斯康星思想"，其主要内容就是作为社会重要组成系统的高等院校，应为社会发展承担重要责任发挥自身优势和能力。威斯康星思想促进了高等教育大众化及产学研一体化的展开。张水玲（2013）认为"赠地学院"在美国艾奥瓦州立大学的办学过程中起到很好的引导作用，通过整合科研与社会推广服务职能面向现代农业办学，为解决现代农业发展核心问题加强校企合作、跨学科培养及多校交流等教学模式，对做好学校发展战略定位，统筹高等教育三大职能，推动农业现代化具有重要意义。

日本在"二战"后将本国发展重心集中在东京、大阪等大城市，国家优质资本和人口纷纷流入城市，造成乡村人口急剧减少，在复杂的社会环境下，日本乡村开展了一场"造村运动"，其目的就是重振日本乡村（绀野与次郎 1964）。有学者通过分析日本政府在当时采用的主要教育手段发现，日本非常重视农业大学对农民教育中的重要作用，农业大学以"培养现代农业精心管理、贡献与社区农业振兴的农业后继者为主要目标"，广泛开展农民教育活动，最大限度地提高了日本农民的素质，并进一步推动了社会阶层之间的流动（冈部守等 2004）。

二、国内研究现状

（一）关于乡村振兴中人才问题及人才类型需求的研究

在这个问题上，关振国（2019）认为存在的不足主要包括：引才机制主动性积极性欠缺、针对性不强；激励机制缺少公正性、公平性和公开性；人才发展空间问题上，缺乏对人才的培训以及远景规划，人才发展的"手脚"被现有体制束缚；政府政策保障、财政支持有待提升，乡村文化有效改善。任远（2018）提出，"乡村空心化"是乡村在城镇化和城乡发展过程中存在的最直观的问题。乡村人口减少、农业劳动力投入减少，是城镇化过程中的正常现象、必然现象。乡村部门发展能力不足、生产力水平低下、资源和生态环境恶劣，不能维持和支持人口的生活，从而推动了乡村人口的导出，使乡村中具有生产能力的人口减少，恶化乡村的人口结构，导致乡村部门的发展能力进一步减弱，这才是真正的问题。严鸿雁（2017）认为，在传统农业向现代农业过渡阶段，亟须解决的关键问题是人才。从人才素质角度考虑，我国从事农业劳动的劳动者，在短时间内还无法适应现代农业的需要，也不适应农村经济市场化要求，他们当中只有 10% 的人是高中以上学历，不到 5% 的人系统接受过农业专业技术教育培训。

党的十九大指出，建设现代化经济体系要实施乡村振兴战略，为此，必须培养造就一支懂农业、爱农村、爱农民的"三农"工作队伍。对此，龚毓烨（2019）表示，推动乡村建设提质增效的重点在于将人力资源转换为促进经济发展的第一资源。这就需要有效地发挥各类人才在乡村振兴中的引领、示范和带动作用。这支"三农"工作队伍，具体应由以下几种人才构成：

1. 创新型人才

他们是保障我国"三农"工作取得良好实效的要点之一，能够瞄准世界农业工作相关理论前沿及经验，通过他们可以实现前瞻性基础研究，并且引领农业技术突破的优势。

2. 技能型人才

他们将有助于乡村产业的发展、农村基础教育的提升，推进做好农村公共卫生和基本医疗服务，为乡村企业发展、人才供给、制度完善与法治建设提供有力的支撑，弥补由于政府缺位、失衡或按正常制度程序无法解决问题的短板等。

3. 新型职业农民

作为农村市场经济中最活跃的市场力量，他们应当有文化、懂技术、会经营、能创业。

（二）关于高等院校在乡村人才振兴中的作用研究

从高等院校服务乡村人才振兴的作用来看，高等院校能为乡村建设和发展提供人才支撑、科技支持、咨询服务等，但人才的支撑作用更为重要。农村的发展离不开一批有技能、有智慧、能管理的带头人，高等教育是人才培养的主阵地，乡村的发展有赖于高等教育的人才支持。

安宁（1999）从西北农业大学多年实践出发，并结合西北农业大学面临的希望和挑战，提出农村发展是农业大学的使命，农业大学必须为区域经济发展服务。

雷儒金（2006）认为，高等院校集人才培养、科学研究、服务社会职能为一体，在社会经济发展中发挥重要推动作用，在服务农村建设中居于重要位置，发挥独特作用。其在四个方面发挥重要作用：一是能促进农业产业结构调整，为农业现代化提供科技支持；二是能为农村基础教育培养优秀师资；三是能为新农村建设培育新型职业农民、农村致富带头人和各类专业技术人才；四是能促进乡村文明建设和农村文化发展。有研究通过对我国农村实际情况的分析，指出高等教育通向农村的历史必然性，并提出农业经济转型和农业现代化发展需要高等教育向农村延伸和扩展（宋华明和王荣 2004）。

有学者认为，新农村建设离不开地方院校的支持，社会主义新农村建设同样离不开高等教育在科学技术、人才智力和思想文化方面的支撑，尤其在社会主义新农村建设的初级阶段，在农村剩余劳动力转移、产业调整、乡村发展规划、生产工艺改进等方面都离不开高等教育的人才支持（姚春梅和朱强 2007）。

解李帅（2015）指出高等农院校是高素质农业科技人才培养的主阵地，是农业科技研究开发中心，是培育新型职业农民的重要阵地，在社会主义新农村建设中占有重要地位和发挥重要作用，能为新农村建设提供重要的人才保障。

吴康宁（2017）指出人才培养是高等院校存在的根本职能，不能将高等教育科学研究与社会服务职能与人才培养职能相提并论，大学的科学研究与社会服务两大职能应当为人才培养服务。

（三）关于高职大学生培养特点的研究

姚霞（2017）对高职毕业生的就业、创业能力进行了 SWOT 分析。她认为，在 Strengths（优势）方面，高职院校的教学更加注重实用性与服务性，专业设置从实际出发，贴近生产需要，具有强大的优势。高职毕业生选择就业岗位更加实际，这些都是由于他们就业心理期望值不高造成的。

在 Weakness（劣势）方面，高职学生基础文化课水平较低及其理论知识不足，容易成为就业的短板。学习习惯和自控能力较差，知识结构和实际操作技能水平将受到一定的影响，成为就业的"瓶颈"。同时，在用人单位盲目追求高学历的背景下，高职毕业生在一定程度上也就处于缺失公平的就业环境。

在 Opportunity（机会）方面，中小企业、民营、私企及第三产业的发展，提升了对技术型人才的需求，提供了大量的就业岗位，为高职毕业生提供了对应的就业机会。

在 Threats（威胁）方面，一是城镇化过程中，农村剩余劳动力向城镇转移，由此加剧城镇就业压力；二是大量富余职工因企业改制、兼并、重组，需重新上岗再就业；三是高校扩招导致毕业生人数激增。

龙伟、王艳（2015）指出，培养面向生产、服务、建设、管理一线的技能型人才是高等职业院校的主要宗旨。这样培养出来的人才，动手能力强、岗位适应快。他们的不足则是自学能力、管理能力、知识更新和提升能力相对较弱。

桑雷、马蕾（2012）认为，面向经济生产和社会服务第一线是高职教育的重点，为经济社会发展培养具有较强的专业能力的高素质技能型专门人才，把所学知识转化为现实生产力。

（四）关于农业高等教育服务乡村人才振兴的问题研究

农业院校在服务农业农村发展的人才培养过程中也存在一些短板和问题，有学者基于对人才培养现状及过程中面临的困境进行了分析，指出了当前的不足之处。

周述宏（2013）在分析我国高等农业教育和农业科技人才培养现状基础上，简要阐述了高等农业院校典型农业人才培养模式的内涵与特点，从中发现我国农业科技人才培养模式中目前存在着政策保障与资金投入不足、培养目标定位模糊不清、人才培养机制不够科学合理、人文教育缺失、实践教学重视程度不够、教学方法和教学手段单一等诸多问题。

韩效辉（2013）指出我国高等院校在长期发展过程中形成了独具特色的高等农业教育体系，进一步推动了农业的可持续发展，但也面临着保护性政策缺失、经费不足、规模不大、结构不合理以及对学生实践动手能力培养不足等问题。

王鸿政（2014）指出地方高等院校教育功能与农业现代化、新农村建设具有内在一致性，存在"校—农"信息不对称、供需现状相对失衡、资源利用水平和改革力度相对不足、服务机制层面有待提高等问题。有研究指出我国农业科技人才在分层培养方面存在的问题：农业科研人才的培养与使用缺乏统筹规划，尚未建立农业教育人才培养的合理结构，农业技术推广人才的生源质量不好，农业职业教育的专业设置不能契合农村实用人才需求（宋华明和余柳 2014）。

（五）关于高等院校服务乡村人才模式与路径研究

在农业院校人才培养方面的研究上，王平祥（2008）在分析了欧美研究型大学农科本科生培养方式和我国五所高等教育院校人才培养模式的基础上，提出要坚持本科教学的主体和基础地位，基于研究的教育模式构建新的教育理念，在课程设置方面强调基础化和综合化，并尽可能实现优质教育资源共享。

陈晓阳（2013）结合华南农业大学实际情况，以科学发展观为理论指导，提出人才培养模式要因人而异、分类培养。通过分类培养和因材施教相结合，达到学生全面发展和个性发展相统一，个性发展和社会需求相统一，实现知识、能力和素质要求的协调发展。

沙莉（2015）提到复合型人才培养是当今教育改革的一大方向，"强化班"是复合型人才培养的有效途径，能够为培养高素质复合型人才提供载体，高等教育可以依托自身优势组建"强化班"，通过课程结构调整、课程体系优化、教学方式改进和教育资源整合等，探索适应未来发展需要的复合型人才培养模式。还有研究对农业大学精准扶贫模式进行了归纳与总结，通过华中农业大学参与定点扶贫建始县的案例，在分析农业院校精准扶贫模式的现实困境基础上，构建起农业院校精准扶贫的一般模式，对农业院校服务乡村振兴具有借鉴意义（尹晓飞 2019）。

还有从创新型人才培养的角度提出进行培养模式的创新。有研究结合河北农业大学的实际情况，提出培养能干、能说、能写，有较好组织管理能力和创新精神的"三能两有"人才。他认为高等农业院校应调整培养目标和方式，优化专业结构，合理安排教学计划，深化改革课程体系和教学内容，以实践教学改革重点培养学生实践创新能力（王志刚等 2003）。

有研究结合中央教育科学研究院提出的"创新教育"理念，从华中农业大学创建研究型大学的创新教育探索与实践过程出发，提出创新教育要树立创新理念，创新人才培养模式。他强调加强公共基础和通识教育，通过构建学科交叉的知识体系，探索多元实践教学模式，搭建探究性学习平台培养学生创新意识和实践能力（唐铁军等 2010）。

在人才培养路径探索中，有研究通过人才培养效果和指标体系的构建，结合山东省"三农"人才需求，提出农业大学要顺应社会经济发展需求，适时进行制度创新，激励学生不断探索和钻研学习，为我国农业现代化转型培养符合社会经济发展需要的农科人才，满足人力资本结构需求（庞英和李树超 2013）。

有研究从农业院校服务一、二、三产业融合发展的角度提出具体路径：强化复合型高素质农业人才培养；突出农业院校科研与产业发展融合；打造新型农业经营主体培育高地

（孙科等 2017）。

还有研究结合德国霍恩海姆大学一流农科专业建设经验和人才培养措施，认为我国农业人才培养要紧跟国家战略，对接产业发展需求，培养复合型人才；注重应用型人才培养，优化课程结构强化实践教学；同时要拓展国际交流合作，培养国际型人才（陈新忠和张亮 2018）。

还有部分学者侧重农科院校服务乡村振兴的体系和机制研究，从服务体系建设机制完善方面提出了意见。有研究认为，要采用灵活方式，建立多元农村实用人才的培训和引进机制，通过举办农技培训或知识讲座、组织外出参观学习、兴办农业科技产业园、开展农技推广服务和推进农民进修等途径培育农村实用人才（丁秋更和王秀娟 2007）。

在乡村振兴与农业教育转型的机遇期，构建"新农科"，培育"新农人"，服务"新农村"，既是高等农业教育的新使命，也是乡村人才振兴的新需求。在乡村人才培养方面应基于"产乡教"的联合育人逻辑，通过农科教育理念变革，优化政策组合，完善协同机制，统筹合作平台来促进农科教育和乡村人才振兴的深度协同，达成农科人才供给与乡村振兴需求的高度匹配（金绍荣和张应良 2018）。

还有研究提出，高等院校参与乡村扶贫要弘扬优秀传统文化，要建立服务农村社会发展的农村高等教育体系，构建高等教育与社会主义新农村建设的有效互动机制，促进农村社会转型（闫琴琴 2018）。

（六）关于乡村人才培育重要性的研究

乡村人才培育在乡村发展中极为重要，我国学者 20 世纪初就从教育学和社会学角度开始关注农民教育问题。黄炎培作为早期民主主义教育的代表人物，认为作为农业人口基数大、占比高的农业大国，农民生活水平差、文化素质低成为影响国家富强的主要障碍，必须重视乡村教育，实施农民再造工程才能使我国走向民主科学，实现强国之梦（赵帮宏等 2011）。晏阳初提出平民教育思想，主张通过教育来提高劳动人民大众的文化知识，从而提高社会参与能力。著名教育家陶行知认为"教育是国家万年根本大计，中国以农立国……必须到乡间进行平民教育"（晏阳初 1900）。梁漱溟（1933）提出了以农立国的观点，进一步强调了农村和农业在社会发展中的基础地位，他认为只有乡村一般农民的文化提高了，中国社会才有进步。

还有部分学者认为提升农民参与乡村建设和农业发展的素质和能力要加强农业教育和培训。

熊新山（2001）认为，农业产业化发展需要大批懂技术、善管理的高素质劳动者，要抓好农业教育和人才培养基础性工作，巩固农业教育和农业科研在农业产业化中的基础地位。

陶少刚（2002）指出，农民文化素质是制约收入水平影响劳动生产率的重要因素，加大教育投入开发人力资源，提高农村劳动力素质，最大限度地提高农业生产率。

李恺等（2004）认为，低素质剩余劳动力已经不能满足中国农村城市化、经济现代化发展需要，而是要靠接受过良好教育、训练有素、拥有劳动技能的高素质劳动者。有研究还指出，"知识"是农村建设和发展的核心要素，高等教育作为知识的生产者和创造者，应为社会主义新农村建设需要承担重要使命（解涛 2016）。

还有学者从乡村振兴背景下农民教育问题进行研究，认为农民教育对乡村振兴的实施至关重要，认为对农民群体开展教育培训活动是乡村振兴的题中应有之义和根本要求（陈佩瑶 2019）。

三、高职院校培育技术技能人才理论基础

（一）人力资本投资理论

人力资本投资理论发轫于英国经济学家亚当·斯密，亚当·斯密指出不同的劳动力之所以在单位时间内创造出的经济价值存在显著差异，是由于人们在后天的锻炼与实践中造成人们的能力各有高低。因此，他重视教育对于人的经济价值，亚当·斯密认为"学习是一种才能，"人类"受教育，须进学校，须做学徒"去学习技能，即使学习过程中"学费不少"，但是"这种费用可以得到偿还，赚取利润"。

20世纪50年代，美国经济学家舒尔茨在继承前人的基础上对"人力资本投资理论"做了更加系统的论述。通过长期对美国农业经济问题的研究发现，决定人类前途的并不是空间、土地和自然资源，而是人口的素质、技能和知识水平。舒尔茨反对轻视传统农业的理论，他认为"并不存在使任何一个国家的农业部门不能对经济增长做出重大贡献的基本原因"。他以日本、欧洲、墨西哥等国家为例，指出这些国家通过农业实现了较快的经济发展。但是，舒尔茨也清晰地指出，仅仅依靠传统农业，发展中国家是不能促进经济增长的，只有现代化的农业才能对经济发展做出重大贡献。问题的重中之重是怎么改造传统农业，促进传统农业向现代农业转变。

舒尔茨认为改造传统农业的关键在于引进新的现代农业生产要素，具体包含以下三点：建立一套适于传统农业改造的制度；从供给和需求方面为引进现代生产要素创造条件；对农民进行人力资本投资。其中第三条"对农民进行人力资本投资"尤为重要。土地本身并不是使人贫穷的主要因素，而人的能力和素质却是决定贫富的关键。旨在提高人口质量的投资能够极大地有助于经济繁荣和增加穷人的福利。舒尔茨深刻清晰地指出了人口质量与经济发展的内在关系，揭示了人力资本投资的重要性。人力资本投资的形式主要有教育、在职培训以及提高健康水平。其中他把教育投资视为人力资本投资的核心部分，也是人力资本开发的基本途径。通过发展教育，提高农民的文化水平、个体素质与生产技能，"虽然靠人力资本投资而形成的全部能力都变成了人力的一部分，从而使它不能出卖，但是，它却通过对于人民所挣工资和薪水产生影响的方式与市场保持着联系。由此而增加的收入便是这类投资的收益"。

培育技术技能人才本质上就是对农民进行教育投资，尤其是通过高等职业院校培育技术技能人才来提高农民的科技文化素质与生产技能，以此来拓宽农民自身的选择范围，增加农民自身福利，这对于缩小社会贫富差距、促进教育公平有极为重要的意义。尤其是处于乡村振兴战略实施的大背景之下，培育一批高素质的综合性技术技能人才，能够为乡村振兴注入一股强大的推动力量。正如舒尔茨所说"在大自然的手中，操纵着成千上万种与这些农民的辛勤劳作互相敌对的力量，但是，知识和人的能力却可以征服自然"。

高职院校在技术技能人才培育中大有可为。技术技能人才培育路径是技术技能人才培育中的一环，其中也包含着人力资本投资的理论。认真研究人力资本投资理论有助于我们更好地把握技术技能人才培育路径。

（二）社会阶层理论

社会分层和社会流动是社会阶层理论的两个基本部分。在社会发展过程中出现的不平等也是由社会分层带来的基本特征。社会分层导致了社会流动，人在不同阶级和地位之间的变动就是社会流动的一个重要表现。

农民阶层的人数一直是我国各阶层人数中最多的群体，但是农村发展却远远落后于城市。城乡发展之间的差距一直存在，而且城乡之间的发展不平衡也是社会痼疾之一。乡村振兴战略的实施有利于缩小城乡差距，促进农村经济社会发展，而且乡村振兴战略涵盖范围广泛，从事"三农"相关产业的群体不论城市还是乡村群众，都可以参与乡村振兴战略中来。所以，要研究乡村振兴战略实施背景下高职院校如何更好地培育新型职业农民，必须从社会阶层理论厘清农民在城乡发展进程中出现的三种发展趋势。首先，从事传统农业的农民放弃农业向非农产业转移。因为农业具有极大的不稳定性，受政策和自然等因素影响较大，农产品价格时有较大的波动，所以农民在从事农业生产过程中要承担很大的风险。这也导致了不少农民放弃赖以为生的农业活动转而去从事收入比较稳定的工业和第三产业的工作。其次，没有放弃农业生产的农民为了提高生产效率、增加经济收益与农业生产活动的稳定性而产生的内部分化，即由原来的小规模分散经营向现代农业的规模化、产业化、合作化经营转变，这时期涌现出了家庭农场、农村合作社、"合作社+农户""企业+农户"等多种经营形式，在一定程度上促进了农村农业现代化进程的加速。最后，农民阶层职业变动的被动产生。在城乡发展战略及其所催生的资源配置效率和社会服务水平变化的影响之下，不少农民被动地进行了职业转变。不同于前两种发展趋势中的农民或是积极地进行职业转变或是转变经营方法增强职业的稳定性，在第三种农民发展趋势中，被动性是其显著特征，受时代的裹挟被动地进行职业转变。但是不管是被动的还是主动的转变职业，以上这三种发展方式都在潜移默化中促进了农民素质与农民社会地位的提升，其间农业生产专业化与职业化等特征也开始凸显。

固此，高职院校在进行技术技能人才培育工作时，要充分考虑到社会分层所带来的农民三个发展趋势，结合乡村振兴战略的目标与要求，针对不同类型的农民制定不同的培养目标与培养方法，使农民更加符合时代要求，使其职业能力更加契合乡村振兴战略，使每一位接受过培训的技术技能人才培育对象都能为乡村振兴战略出一份力。

（三）增能理论

增能理论（也叫赋权理论或者激发权能），旨在通过挖掘或激发能力等培养手段，让服务对象减少无力感，以重拾信心，拥有更多的责任感，让服务对象改善现有的生活状态、获取资源。20 世纪 70 年代，美国学者所罗门（Solomon）在其出版的著作《黑人的增能：被压迫社区的社会工作》一书中提出了增能（impowerment）理论，目的是对美国非裔黑人进行赋权增能，从而使他们有能力去做他们要做的事情。自此，增能理论成为社会工作的重要指导理论。

现今对于增能的理解，主要从个体层面、人际关系层面、社会层面三个层面来理解和掌握：从个体层面来理解，目的是个人有能力获得他所需要的东西；从人际关系层面来理解，目的是让个人有影响他人思维、行为的能力；从社会层面来理解，主要是为了让人有分配、组织各个系统中资源的能力。而对于增能的途径，主要从以下三个途径来考虑：在个人层面上的增能主要在于个人自我意识的提升、个人能力和生活技巧的掌握；在人际关系层面的增能主要是通过人与人之间的互动，来彼此影响，以达到互相间的自我能力和权利提升；在社会层面的增能主要是对社会环境有正确的认识，能够适应社会和利用资源。增能理论坚持每个个体都是有潜力的个体，面对弱势群体，要以平等的心态对待他们，并及时给予关注，激发他们的潜能。

乡村振兴战略的实施需要一批"生产经营型""专业技能型""专业服务型"高素质的技术技能人才。但是现实情况却很尴尬，农民文化素质低，面对新科学、新技术、新政策茫然无措，囿于自身的眼界与条件不得不故步自封。他们是这个时代的弱势群体，为了使传统农民跟上时代步伐，促进农民增收，使农民过上更加美好的生活，同时将中国数以亿计的传统农民培养成为技术技能人才，成为乡村振兴战略的主力军，高职院校必须主动承担起时代赋予它的责任。

首先，高职院校必须加强对技术技能人才培育对象的职业教育与培训，开发他们的潜能，向他们传授最新的农业生产知识与技术，以促进农业生产效率的提升继而增加农业收入；其次，向他们讲授最新的时事政策、国际大势，尤其是与农业农村建设有关的时事新闻，如乡村振兴战略，以此开阔他们的眼界，提升技术技能人才的个人意识与个人能力；最后，通过向农民宣传讲解乡村振兴战略，帮助技术技能人才培育对象正确认识乡村振兴战略的实施与自己的关系，使农民形成对于乡村振兴战略的极大认同，继而帮助技术技能人才培育对象认识自己身上所担负的重要使命，将自己的个人发展与农村经济社会的发展和国家的发展紧密地联系起来。

(四) 系统理论

哲学上认为相互联系和相互作用的诸要素构成的统一整体即为系统。关于系统的理论主要是从事物的整体与部分以及层次关系的角度来研究客观事物。整体性、有序性和内部结构的优化趋向既是系统理论的核心思想，也是系统的三个基本特征。系统理论启示我们要掌握系统优化的方法，首先，要从事物的整体性出发，系统作为一个整体，具有独属于整体的优越性，这是组成它的每一个要素都不能单独具有的功能；其次，要注意遵循系统内部结构的有序性，因为系统的各要素总是按照一定的顺序和方向发生作用的；最后，要注意系统内部结构的优化趋向，整体的功能不是部分的简单相加，整体大于部分之和。同时，系统优化的方法要求我们用综合的思维方式来认识事物。要着眼于事物的整体，从整体出发，把各个部分、各个要素联系起来考察，优化组合，形成关于这一事物的完整准确的认识。

从宏观来看，教育活动不是孤立地进行着的，而是与社会政治、经济、文化等有着密切的联系。技术技能人才培育活动尤其如此，高职院校在培育技术技能人才的活动过程中，并不是孤立地进行着的，而是与政府、企业、社会组织机构等有着密切的联系，高职院校根据政府的政策安排来组织技术技能人才培育活动，与当地企业开展合作以使理论应用于实践。而今处于乡村振兴战略实施的关键阶段，高职院校培育技术技能人才可以使整个社会多方面受益，凡是与农业农村发展有关的产业以及从事这些产业的相关人群都是乡村振兴战略实施的受益者。处于乡村振兴战略实施的大系统中，新型职业农民培育大有可为。

从微观来看，高职院校在培育技术技能人才时，要注意把握培育活动的整体性，注重从整体上培养技术技能人才培育对象对于问题的把握和解决，在传授知识的过程中注意理论联系实际，切记不可"头痛灸头，脚痛灸脚"、解决问题不考虑全局。

第二章 乡村振兴战略下新时代高职院校发展概述

第一节 高职教育资源是乡村振兴战略资源体系的重要支撑

建立乡村振兴战略资源体系是乡村振兴的基础，而依托高职教育资源的教育振兴又是乡村振兴面向未来的重要支撑。高职教育资源是着眼于乡村未来发展的资源，在推动产业振兴、人才振兴、文化振兴、生态振兴、组织振兴等方面发挥着基础性作用。提升、优化、整合服务于乡村振兴战略的高职教育资源，发展高职教育，就成为实施乡村振兴战略的重要抓手。

一、乡村振兴战略内涵

乡村振兴是乡村全面、立体、多维的发展状态。因此，实施乡村振兴战略内在包含了生活富裕、产业兴旺、生态宜居、乡风文明、治理有效五个维度的总要求。

（一）生活富裕

乡村振兴，生活富裕是根本。生活富裕，是乡村振兴能否实现最直接的体现，是中国特色社会主义"五位一体"总体布局中经济建设在乡村的具体要求。在"以人为本"的理念下，产业兴旺、生态宜居、乡风文明、治理有效是否实现，归根结底要有农民这个"阅卷人"来检阅，而农民是否有切实的"振兴"的获得感，最为直观的感受就是让农民的钱袋子鼓起来，生活更加富裕体面。可以说，没有农民的富裕，建设美丽乡村就是一句空谈。同时，农民生活富裕还体现在精神上的富足与满足。目前，脱贫攻坚战略目标已实现，农民已经摆脱绝对性贫困的生存状态，追求更高水平的物质生活与精神生活已成为农民今后生活的迫切需要。农民精神生活的满足感不仅来自乡村丰富多彩的精神文化活动与文化娱乐基础设施的完善，更来自城市居民精神生活水平的比较与差距。

当前农民的收入水平与城市居民人均收入相比仍处于低阶段、低水平时期，为此实现农民的生活富裕，就要切实考虑到农民的现实需求。加大农业产业经营改革力度，坚持家庭联产承包责任制，增加乡村产业的科技附加值，从而有效提升乡村生产力的质量。同时，完善乡村经济政策，通过地方教育与培训提升农民的谋生本领，拓宽农民就业渠道，不断开辟农民收入新的增长点，提高农民的家庭收入，缩小城乡收入差距，使广大农民衣食住行无忧，生老病死无患，过上"城里人的日子"。只有农民的"腰包"真正富裕起来，中国特色社会主义乡村振兴道路才能切实加快脚步。同时，要加快促进城乡文化融合发展，建立促进城乡文化交流的体制机制，创造城乡文化互动的有效载体与平台，注重乡村内部精神文化资源的传承与发扬，提升农民精神文化自信。只有农民的脑袋"富裕"起来，乡村振兴才是真正的全面振兴。

乡村振兴战略的提出与从2005年开始实施的社会主义新农村建设是一脉相承的关系，因而在总要求上也存在明显的内在关联与继承发展性。具体而言，社会主义新农村建设中的生产发展要求是基于21世纪初农业发展面临供给不足的现实问题而提出的重在促进"农业生产发展"的要求。而产业兴旺与生产发展相比，是基于中国农业综合实力已经有了明显提升，农业发展面临的问题已经由单纯的总量供给转变为农业生产结构性矛盾，同时农业与二、三产业融合度不高，附加值难以提升的现实情况而提出的乡村产业发展要求。因此，产业兴旺是在实现生产发展要求基础上构建发达的农业产业体系与非农产业体系，促进第一、二、三产业在乡村的全面发展，振兴乡村产业体系。社会主义新农村建设中的村容整洁要求，是在农业资源环境问题较为突出的情况下，提出的对乡村居住环境硬件设施改善的要求。而生态宜居与村容整洁相比，更注重乡村生活环境的软件改善，不仅要求干净整洁，更要符合农民的生活审美情趣。不仅要拥有现代化基础设施，更要能够发挥乡村休闲观光、绿色康养等多功能。社会主义新农村建设中的乡风文明要求与乡村振兴战略中的乡风文明，虽然从表面看没有变化，但其内涵发生巨大变化，乡村振兴战略中的乡风文明更注重结合时代变化展现乡村风气新风采，农民现代思想道德水平与精神风貌，尤为重视移风易俗活动在乡村的有效开展。社会主义新农村建设中的管理民主要求侧重于农民基层民主政治权利的维护，但随着乡村社会利益日益多元化，矛盾纠纷类型逐渐多样，单纯的村民自治已无法满足乡村基层自治需要，因而乡村振兴战略实施要求实现治理有效。治理有效与管理民主相比，方式体现为治理上，落脚点在效果上。由此，治理有效更注重主体的多元化，注重动用乡村自治资源，结合法治规范，共同维护乡村社会秩序稳定。社会主义新农村建设中的生活宽裕要求落脚于农民经济收入的提升和日常消费水平的提升，是针对乡村就业不充分、农民税收负担初步减轻、农民社会保障水平还处于较低水平的现实经济情况而提出的对农民生活水平提升的标准。而生活富裕则是在已经实现农民生活宽裕的基础上，向更高水平消费与收入标准迈进，通过多渠道的就业保障，提升农民持续收入能力与收入来源方式，让农民拥有与城市居民一样的生活福利待遇。

（二）产业兴旺

乡村振兴，产业兴旺是重点。乡村振兴与精准脱贫有密切的关系，也关系到全面建成小康社会的程度与广度，没有乡村的振兴，就无须再言高水平的全面小康。乡村振兴的直接要义就是使广大农民的物质生活水平稳步提升，精神生活愈加文明。马克思主义认为，经济基础决定上层建筑，上层建筑反映经济基础，并随着经济基础的变化而变化。先进的符合经济基础的上层建筑对社会发展起到推动作用。从这个意义上说，产业兴旺带动着乡村振兴战略的其他方面，起着提纲挈领的作用。

产业兴旺不仅是中国广大乡村走向物质富足的必由之路，也是贫困率发生较高地区在有限时间里彻底脱贫并实现持续性稳定脱贫的必由之路。实现产业兴旺，要以继续推进农业供给侧结构性改革为主线，构建成熟的乡村产业体系，加快转变乡村经济发展方式，夯实第一产业发展基础，提升第二产业优化转型，培育第三产业使之成为当前乡村产业兴旺具有十足动力的增长点。同时，在城乡协调发展的基础上，将科技创新融入产业发展，形成乡村经济发展的新动能，发展现代农业，推动农业在"互联网+"形势下迸发出旺盛的发展活力。

丰富乡村新业态发展，通过延长农产品加工产业链条，打造特色农产品品牌，发展乡村特色文旅产业等措施，促进乡村农业与非农产业融合发展。另外，实现产业兴旺的目的不仅是促进乡村现代产业体系的兴盛发展，更是要实现人产两旺，将改革开放以来取得的历史性成果真正同广大农民共享，将"以人为本"的发展理念贯彻于乡村产业振兴发展的全过程。

（三）生态宜居

乡村振兴，生态宜居是关键。绿水青山就是金山银山。因此，生态宜居关系着乡村经济、政治、文化的质量和走向，是乡村振兴战略中不可或缺的一个关键要素，也体现了"美丽中国"的核心内涵。

生态宜居就是要以人与环境和谐共生为理念，以生态环境友好和资源永续利用为导向，在乡村发展绿色生态农业，推进乡村生态田园美丽、持续、绿色发展，实施"天蓝、地绿、水净"工程。抓住乡村生态文明发展的重点和难点，切实使相关部门承担生态职能，统筹当地山水园林规划，改善乡村水电和沼气设施，推进乡村基础设施建设，加强污水处理。杜绝一味强调地方GDP的提高，忽略环境治理的落后发展理念，杜绝生态环境欠新账，并做到稳步推进治理，还环境旧账。遵循乡村发展规律，结合乡村当地特色，保留地方乡村风貌，体现地方特色，"既留得住青山绿水，也记得住浓郁乡愁，"从而走出一条生产高效、生活美好、生态宜居、人文和谐的美丽乡村道路。同时，实现生态宜居，需要开展人居环境整治行动，深入学习浙江"千万工程"，提升乡村生态环境与人居环境美化程度。结合不同村庄的经济基础条件、历史文化习俗、基层治理能力，深入推进乡村厕所、厨房、洗涤等方面的污水治理工程，实现生活垃圾的全面集中分类与处理。逐步提升农业生产废物的循环利用度，重视乡村环境治理设施的日常使用与维护，从而实现乡村人居环境质量的全面提升，打造宜业宜居的美丽乡村。

（四）乡风文明

乡村振兴，乡风文明是保障。人类文明缘起农耕文明。几千年来，中国的农耕文化孕育了独特的中华民族的精神文明，成为中国人民文化中的共同基因。乡风文明是中国特色社会主义理论体系中关于精神文明建设在乡村振兴规划中的具体体现。乡村振兴，既要塑形，也要铸魂。乡风文明是乡村振兴的灵魂，为乡村全面振兴提供源源不断的智慧和精神动力，为乡村的可持续发展提供引领与推动作用。

随着物质生活水平的持续上升，农民的生活品质有了大幅增长，解决温饱问题已经不再是绝大多数农民的基本要求。在这个基础上，农民更加关心的是精神世界的丰盛和追求。特别是改革开放以来，在开放包容的社会节奏下，借助互联网，农民有机会能够接触更多的城市文明生活。他们要求有更高水平的医疗、教育和卫生资源，缩小城乡发展的鸿沟，拉近城乡发展之间的距离，能够在子女教育、父母养老、疾病保险、就业保障等多个方面真正体现社会公平和人文关怀。在呼吁更多公平资源向乡村倾斜外，乡村也呼唤着文明乡风在缩小城乡发展差距中所体现出的对农民的熏陶和培养作用。

在培育乡风文明的倡导下，继续开展移风易俗工程，以社会主义核心价值观为主线，加强农民社会公德、家庭美德、职业道德教育。加强乡村公共基础文化建设，提升农民科技文化素质，改变农民的精神面貌。

在弘扬传统农耕文明的基础上，倡导形成勤劳积极、和谐包容、遵纪守法、幸福团结的当代乡风民俗，巩固农民的精神世界，满足农民对于美好生活的需求，更好地投身于当代乡村发展建设事业中来。

（五）治理有效

乡村振兴，治理有效是基础。治理有效体现了中国特色社会主义"五位一体"全面布局的社会发展要求，其规定了基层组织在新时代条件下承担的神圣使命，为乡村振兴战略奠定了组织基础和政治保证。

在一些乡村，只要村干部能够带领村民致富，村民就不会追究村干部的道德瑕疵甚至违法行为，在利益至上原则支配下，在很多乡村日常生产生活中，村民倾向于经济评价而非道德评价，过去那种建构在熟人关系上的亲切与温情趋于瓦解。因此，加强乡村基层党组织建设是提升乡村社会治理效能的前提和基础。提升乡村基层党组织建设水平，需要改变传统的建制村设置党组织方式，要扩大乡村党组织覆盖面。例如，对于人口众多、地域较大的村庄，应将党组织下沉到自然村。

对于产业类型多样，产业发展兴旺的经济型乡村，要将党组织设置在乡村企业内部。这种具有中国特色的新型乡村治理体系的确立，保障了农民群众参与基层民主的积极性和主动性，弘扬了社会正义与人间正气，惩治了违法乱纪行为，增加了乡村社会发展的活力，促进了社会主义和谐乡村"公平正义、安定有序"的基本要求的实现，保证了广大农民安居乐业的社会局面。

总之，乡村振兴战略总要求覆盖了我国乡村发展的各个方面，为农业农村现代化发展提供了一条切实可行的乡村发展路径，涉及我国广大农民的福祉。农业强盛、农村美丽、农民富裕，关系到新时代中国特色社会主义主要矛盾的解决，关系到全面建成小康社会的成色以及后小康社会更高水平的发展，是建设美丽中国的重要举措，是中国共产党践行以人民为中心发展思想的有力探索。

二、乡村振兴战略对人才支撑的诉求

实现乡村振兴离不开人力资本开发，实施乡村振兴战略必须破解人才制约，构建强有力的人才支撑。同时，从现实情况出发，乡村振兴战略人才支撑体系建设面临诸多挑战，强化了乡村振兴战略对人才支撑的诉求。乡村振兴战略人才支撑体系建设迎来的新机遇，也为乡村振兴战略提出构建人才支撑的诉求提供了现实可能性。

（一）实施乡村振兴战略必须破解人才制约

实施乡村振兴战略，不仅是建设社会主义现代化国家的重要途径，也是解决"三农"问题的关键。然而，实施乡村振兴战略面临着人才制约问题。

1. 乡村社会保障体系不完善制约人才资源开发

乡村社会保障体系关乎人才资源的生命、心理安全与生活保障质量。乡村社会保障体系不完善，直接影响着乡村对人才资源的保护程度与吸引力。城镇化步伐的快速推进使城市在基本保险方面已经形成良好的运行模式。

具体而言，在养老保障方面，乡村居民基础养老金与缴费水平相对较低，乡村低保收入水平已难以满足低收入农民生活消费支出。从公平性角度看，乡村社会保障体系尚未如城市一般形成科学的财政资金投入机制，乡村低保标准也长期低于城市低保标准。

同时，尽管乡村地区新农合医疗有了很大进展，但是与城市医疗保险相比仍然存在疾病覆盖面小、保障水准低的问题，特别是乡村地区的工伤保险、生育保险参保率和覆盖率都很低。农民的参保能力与缴费意愿也相对较弱。针对教育、住房等方面的专项社会救助体系亟待完善。

因此，只有切实解决农民的保险制度漏洞问题，才能让乡村人力资源开发在乡村振兴战略实施过程中发挥重要作用。

2. 城乡资源鸿沟制约人才资源开发

城乡融合发展视域下，乡村人才资源开发能够通过人才双向流动促进城乡资源分配平衡，提升城乡资本流动科学性。然而，城乡资源鸿沟现状深刻制约着人才资源开发。城乡二元结构体制机制的存在从体制上决定了城乡资源鸿沟现象会不可避免地长期存在。与此同时，在过去相当长时间里，县、乡级政府并不注重开发乡村人力资源，长久下去又具体造成了政策性的城乡人力资源分配不均衡后果，进而影响了乡村人才资源开发水平。教育作为乡村人才资源开发的重要途径，乡村教育资源拥有量对乡村人才发展起着至关重要的作用。但在教育方面，中国却存在着严重的城乡教育资源分配失衡现象。

其中，乡村中小学校任课教师的教学水平、薪酬待遇、生活福利、职位晋升空间，乡村中小学校的校址布局、办学硬件设施等，均与城市教育存在较大差距，并在短期内难以完全弥合，这使得乡村劳动力素质长期处于低水平发展状态。如何提高乡村教育质量，向乡村倾斜更加优质的教育资源，已成为在城乡融合发展趋势下解决人才资源开发的重要命题。

3. 传统乡村经济结构制约人才资源开发

在现阶段的乡村振兴战略实施过程中，由于乡村的新兴产业还没有成为乡村经济结构中的主导力量，而传统农业转型升级又面临着动力减弱的问题，因此亟须进一步优化和升级乡村产业结构。虽然新中国成立以来，第一产业在整个国内生产总值占比已下降至个位数，但从乡村经济结构内部构成看，农业总产值在乡村经济总产值所占比重仍旧较大。特别是2012年以来，乡村国内生产总值中，第一产业产值虽然比重大幅下降，但仍旧占有30%以上的比重，并且第一产业承担着保障国家粮食安全的重任。基于乡村地区正处于工业化发展初期阶段，不仅表现在农业产值在国内生产总值比重大幅下降，更体现为乡村第二产业发展势力萎缩，乡镇企业数量减少，乡村第二产业就业人数从近70%跌至50%。虽然随着乡村振兴战略实施，乡村第三产业发展有所提升，但是乡村第二产业仍然是乡村经济发展的支柱产业，也是第三产业发展的主要支撑。

可见，乡村内部经济结构呈现不平衡发展态势。具体表现为，乡村经济的工业和服务业产值、劳动力就业比重均较小，呈现典型的"倒金字塔"形状。同时，农业就业劳动力在乡村就业总数所占比重仍旧较大。据相关统计资料显示，截至2019年年末，乡村就业人员中，第一产业人员所占比重仍旧达到了58.5%。

另外，与发达地区的就业结构相比，在较为落后的乡村就业结构中，与第一产业相关的人数依然占据人口的多数，因此提升劳动力的科学素质并逐步促使劳动者向第二、三产业转移是当务之急。

4. 劳动力市场不健全影响人才资源流入乡村

劳动力市场是人才资源走向市场进行就业选择的重要场所，能为用人单位与人才资源提供双向选择的机会与平台。但目前，中国劳动力市场不健全成了人才资源流入乡村，为乡村振兴战略提供人才支撑的重要阻碍。

目前，劳动力市场的城乡分割现象较为严重。各地优质的人力资源市场或者人才交流与服务中心大多建立在省级城市，其次是县域内城市，乡村地区几乎没有。而城市内的人才市场招聘端主要面向的是城市就业岗位，这不仅使乡村劳动力对就业信息获取难度增大，同时使优质乡村劳动力在城市中的人才市场选择就业时直接流出乡村，更难以吸引社会上的其他人才资源流入乡村劳动力市场。同时，乡村劳动力市场尚不健全也不利于农民工返乡就业。

据相关数据显示，截至2021年，农民工规模依旧呈扩大趋势。其中，外出农民工月均收入比本地农民工高出927元，增速高出3%。进城农民工的人均居住面积、居住设施、随迁子女教育状况、城市融入感等均不断提升。在农民工进城潮流的影响下，大批青壮年涌入城市，不仅在城市中进行了技术的学习和培训，更获得了较高的经济待遇与社会福利，与此同时，乡村劳动力市场能够提供的工资待遇及就业岗位种类显然无法满足农民工较高的就业需要，致使他们返乡意愿较低。

另外，在使用乡村劳动力的过程中也存在较多的短期用工，导致政府相关就业部门对于劳动力市场的有效信息了解滞后，使劳动力市场的信息储备与信息扩散功能受限。

5. 技术应用效率制约乡村人才资源开发

马克思政治经济学中的资本有机构成理论深刻反映了技术应用对人类生产生活产生的关键性作用，这一理论同样适用于当代中国农业生产与经营实践。伴随着科学技术的进步，科技对于农业生产和经营贡献率的提升，将能够使更多的乡村剩余劳动生产力从田地中解放出来，投身到第二、三产业中来。然而，截至2020年，农业科技进步贡献率还不到60%，全国农作物生产全过程机械化刚超过七成，这与西方部分发达国家相比差距仍旧很大。相对较低的农业科技化与机械化应用效率不仅将大量乡村劳动力束缚在传统农业经营方式中，增大了乡村农业劳动力创造剩余价值的难度，更使作为乡村人才资源主力的乡村优质农业劳动力开发缺少充足业余时间与现实经济动力。

技术应用效率相对较低的状况，导致在现代化农业发展趋势的推动下，乡村振兴战略实施虽然呼唤着具有一定的科学文化水平和技术专业水平的专业农业人才，但在推动农业产业变革的实践过程中，却很难在短时间内开发出能与乡村经济结构升级和供给侧改革相对接的乡村人才资源。

正是由于技术应用效率相对较低，难以激发提升乡村人力资源开发水平的现实需要，所以对现有的乡村总量劳动力来说，显然还没有最大限度地发挥乡村人才资源作用，因此为乡村振兴战略实施，培养更多高素质乡村人才刻不容缓。

（二）乡村振兴战略人才支撑体系建设的机遇

实施乡村振兴战略，要通过推动乡村人才资源开发、建立健全乡村人才培养保障机制以及完善农民培训教育体系等措施，共同促进乡村振兴战略健康、有序地发展。新时代以来，乡村振兴战略人才支撑体系建设面临着历史性机遇。

1. 重视乡村人才资源开发

乡村人才资源开发是乡村振兴战略人才支撑体系建设的首要条件。在中国长期的改革实践中，乡村人才资源开发始终是党和国家治国理政的重要方面，党和国家颁布一系列相关政策文件为乡村人才资源开发保驾护航。这些政策文件的大力实施为乡村人才资源开发提供了政策优势与条件。

乡村振兴根基在于产业振兴，而其中的关键则在于乡村人才资源的开发程度。乡村振兴"三农"工作人才队伍的充分培养和利用以及能否顺利将乡村人才资源转化为人才资本，是实现乡村振兴战略的关键所在。2019 年，中央 1 号文件《中共中央国务院关于坚持农业农村优先发展做好"三农"工作的若干意见》强调要"把乡村人才纳入各级人才培养计划予以重点支持。建立县域人才统筹使用制度和乡村人才定向委托培养制度，探索通过岗编适度分离、在岗学历教育、创新职称评定等多种方式，引导各类人才投身乡村振兴"。这激发了乡村人才资源开发的主体意识，拓宽了人才资源管理新途径。在 2020 年 10 月 29 日通过的国民经济社会发展"十四五"规划和 2035 年远景目标的建议中，又提出要"提高农民科技文化素质，推动乡村人才振兴"。这强调了科学文化素质培育对于乡村人才资源开发的重要性。此外，地方政府部门也相应下发开发乡村人才资源相关文件。

2. 重视乡村教育事业发展

放眼当今世界，各国要想实现经济的腾飞必须重视教育的基础性作用。特别是欧美国家，为农业颁布出台了相对完善的教育培训政策和制度，如美国颁布的《史密斯·利费农业推广法案》《哈奇法》《职业教育法》等，构筑了美国农业农村现代化发展的人才支撑。对于中国而言，改革开放 40 多年来，乡村教育事业的稳步发展为乡村振兴战略人才支撑体系建设提供了充足的教育优势与条件。具体来说，在教育发展公平性上，党的十八大以来，乡村教育发展政策更加注重教育公平，形成了注重城乡统筹发展的以县为主的供给制度，收获了较好实施成果。截至 2018 年，全国有 92.7% 的县实现义务教育基本均衡发展，2020 年又有 69 个县通过国务院教育督导委的评估工作；在乡村教育发展方向上，党的十八大以来，乡村教育事业发展更加注重提升内涵，注重乡村教育内在质量的提升，改变城市化办学的价值取向，增添富于特色、能为乡村发展服务的教育教学内容。

在优化乡村基础教育学校布局上，国务院办公厅于 2012 年和 2018 年出台相关意见，要求禁止盲目撤并乡村中小学校，重视乡村教学点和小学的教育发展，基本消除"大班额"教学模式，并将办好这两类学校上升到关系教育现代化发展，推进乡村振兴战略实施的战略高度上来；在重视乡村教师队伍建设上，2018 年，中共中央发文指出要深化教师队伍建设，"扩大乡村教师特岗计划实施规模"，在教师培育上要求增加面向乡村地区的教育硕士招生名额。同时，2020 年，教育部办公厅又下发通知要求从落实中央要求、聚焦重点区域、健全工作机制、加强宣传引导四方面促进乡村教师生活补助政策进一步落实。

3. 人才制度逐步健全完善

实现乡村人才振兴，离不开有效的体制机制保障。相对城市而言，中国乡村目前的工作和生活环境是艰苦的，所以对于愿意到基层工作的人才更要有配套的人才制度来保障。因此，科学合理的人才制度是构建乡村振兴战略人才支撑体系的重要保障。从新中国成立之初，时至今日，我国的人才制度已初具规模与体系，涵盖了人才管理体制与人才选用、培养、激励保障制度等多方面内容，形成了党管人才工作体系与运行机制，这为乡村振兴战略人才支撑体系建设提供了强大的制度优势与条件。

具体而言，我国的人才制度逐步健全完善主要表现为：

（1）出台保障人才发展的相关文件

2016年3月，中共中央印发《关于深化人才发展体制机制改革的意见》，指出要积极推进人才管理体制改革，改进人才培养支持机制，创新人才评价机制，健全人才顺畅流动机制，强化人才创新创业激励机制，构建有国际竞争力的引才用才机制，加强人才优先发展保障机制等。

（2）给予促进人才发展的政策优惠

国家现阶段大力推崇创新创业，特别是在"万众创新"口号的推动下，政府通过完善补贴制度、培训制度、入市制度等，吸引社会各界人才到乡村创业，引领剩余劳动力就业，支持建立多种形式的创业支撑服务平台，完善乡村创新创业支持服务体系，保证人才支撑乡村振兴战略顺利实施。

（3）以创建人才管理改革实验区模式为载体，完善人才制度

目前，我国已经形成了自主创新模式、双自联动模式、跨区域协作模式、创新创业模式、产业和行业发展模式、多种组织联动模式六种人才管理改革实验区模式，发挥着人才政策优化与相关体制机制创新的重要作用。

第二节　发展高职教育为乡村振兴战略提供人才支撑

长期以来，高职教育培养的人才资源逐渐向城市集中，而农村人才匮乏且综合素质较低，受教育程度仍然不高，严重制约了乡村振兴战略的实现。发展高职教育，培养面向乡村的新型职业农民、农村专业人才、科技人才，是增加乡村振兴所需高技能人才的有效解决方案，是实现乡村振兴战略的人才支撑。高职院校通过制度性供给，对口支援乡村，可以为乡村振兴培养留得住、用得上、干得好的人才，促进农村劳动者素质全面提升。

一、乡村人力资本存在的"短板"

乡村振兴要实现"农民富""农业强""农村美"的目标任务，人力资本具有独特优势，关键要靠人才支撑。乡村人力资本在乡村振兴中发挥关键作用，但从乡村人力资本现状看依然存在"短板"。

（一）乡村人力资源存量减少

乡村人力资本形成必须依附于一定规模农村劳动者，农村劳动者是乡村人力资本形成的基础，农村劳动人口的减少必将影响乡村人力资本总量。随着社会经济的发展和城镇化进程的加快，在长期城乡二元结构影响下，出现了大规模农村劳动人口向城市逐步迁移。

国家统计局发布2021年中国经济数据。从年龄构成看，16~59岁的劳动年龄人口为

88222万人，占全国人口的比重为62.5%；60岁及以上人口为26736万人，占全国人口的18.9%，其中65岁及以上人口为20056万人，占全国人口的14.2%。从城乡构成看，城镇常住人口为91425万人，比上年年末增加1205万人；乡村常住人口为49835万人，减少1157万人；城镇人口占全国人口比重（城镇化率）为64.72%，比上年年末提高0.83个百分点。

（二）乡村人力资源素质偏低

农村劳动者的文化水平和知识技能在很大程度能反映乡村人力资本状况，实现乡村振兴战略的目标和任务对乡村人力资本素质提出了更高的要求，需要有较高的文化水平和知识技能。在《农村实用人才和农业科技人才队伍建设中长期规划（2010—2020年）》和《"十三五"全国新型职业农民培育发展规划》中也提出到2020年，新型职业农民队伍高中及以上文化程度的比例要达到35%；全国农业科技人才中研究生比例达到30%；农技推广人才建设中大专文化程度及以上学历比例达到80%。要实现乡村振兴，到2035年实现农业农村现代化对乡村从业人员人力资本素质必然提出更高要求。

目前，我国农村15岁以上人口的平均受教育年限还不足8年，并且整体文化程度不高。根据国家统计局2017年第三次全国农业普查数据显示我国农业生产经营人员受教育程度普遍偏低，全国91.8%的农业生产经营人员学历为初中及以下，初中及以上文化程度整体都不超过65%；农业生产经营人员中大专及以上学历全国仅有1.2%（见表2-1）。

表2-1 农业生产经营人员受教育程度构成

单位：万人、%

农业生产经营人员受教育程度	全国	东部地区	中部地区	西部地区	东北地区
未上过学	6.4	5.3	5.7	8.7	1.9
小学	37.0	32.5	32.7	44.7	36.1
初中	48.4	52.5	52.6	39.9	55.0
高中或中专	7.1	8.5	7.9	5.4	5.6
大专及以上	1.2	1.2	1.1	1.2	1.4

（三）乡村人力资本结构不合理

乡村人力资本结构状况影响乡村人力资本质量，合理的人力资本结构有利于乡村振兴的实现，但当前在乡村人力资本结构方面仍存在一些问题。

1. 乡村人力资本老龄化严重

国家统计局全国农业普查数据显示，农业生产经营人员中55岁以上每万人口占比33.6%；规模农业生产人员中55岁以上也占到了20.7%；农业经营单位农业生产人员中55岁以上比重为每万人19.1%（见表2-2）。全国农业生产经营人员中年龄在35岁以下的在20%左右，可见当前农业生产经营人员当中老龄化较为严重。

2. 乡村人力资本产业分布结构不合理

乡村农业生产经营人员主要集中在第一产业，而在第三产业上的比重较少，特别在乡村旅游、现代农业、农村发展及公共服务等领域的复合型人力资本短缺。

3.乡村人力资本存在专业结构性紧缺

当前乡村人力资本表现在老龄化严重、产业结构分布不合理、专业技能型人才紧缺、创新型人才不足、复合型管理人才短缺等。

表2-2 全国农业生产经营人员年龄及主要从事行业构成

单位：万人、%

	主要从事行业	农业生产经营人员	规模农业生产经营人员	农业经营单位农业生产经营人员
农业生产经营人员年龄构成	年龄35岁及以下	19.2	21.1	19.7
	年龄36~54岁	47.3	58.3	61.2
	年龄55岁及以上	33.6	20.7	19.1
农业生产经营人员主要从事行业	种植业	92.9	67.7	50.3
	林业	2.2	2.7	16.4
	畜牧业	3.5	21.3	16.6
	渔业	0.8	6.4	6.2
	农林牧渔服务业	0.6	1.9	10.6

（四）乡村人才回流与引进困难

乡村振兴要靠本土人力资本及外部人力资本共同实现，乡村本土人力资本在乡村振兴中发挥基础性作用，外部人力资本对乡村振兴具有较强的促进性，但当前表现在本土外出人力资本回流比重低和外部人力资本引进困难的双重矛盾。

首先，乡村外出人力资本回乡比重较低。乡村振兴需要培育一批新型职业农民，乡村留守人员老龄化严重、知识程度低，相对来讲，外出劳动力群体更加年富力强、见多识广，更有可能成为乡村振兴的主力军，能够培育成为新型职业农民。但全国农村外出劳动力回流意愿偏低，回流比重偏小。

其次，社会其他人力资本选择到乡村就业创业的人数同样较少，外部人力资本下不去、留不住将不利于乡村振兴的实现。

二、乡村人力资本的主要影响因素

乡村人力资本问题产生有其历史性原因，更有其深层次内部原因，有必要对其进行深入剖析。主要结合乡村人力资本问题和乡村未来发展需求，从乡村自身内部因素和外部主要影响因素进行分析。笔者对影响乡村人力资本问题的主要因素进行了梳理，认为主要原因有乡村产业对人才规模形成带动有限、教育培训不足影响乡村人力资本素质、优质人力资本流失加剧乡村人才结构性矛盾、乡村人力资本环境不佳限制人才回流。

（一）乡村产业对人才规模形成带动有限

近年来，乡村人力资本持续不断向城市迁移，其主要原因是乡村产业发展不充分，不能提供较好的就业机会和较高收入。

1. 产业发展不充分带来的就业机会不均衡

改革开放以来，在城市化和工业化双重发展的推动下，城乡发展差距拉大，城市对农村的吸附效应进一步导致农村人力资本要素向城市流动，城市获得了较快发展；而乡村产业发展受阻没能兴旺发展起来，农业现代化发展程度明显落后于工业化发展水平，产业发展缓慢导致对乡村人力资本的吸纳能力有限，难以提供较好的就业机会和工作岗位，所以乡村人力资本大量向城市迁移。

2. 乡村产业发展不充分对农民增收带动有限

广大农村地区长期以种植养殖业等传统农业为主，新产业、新业态难以落地，农业生态价值未能有效开发、农业产业链和价值链没能形成、农业现代化水平和规模化程度低，对农民经济增收比较有限，难以激发其内生动力，所以更多乡村人力资本选择到城市务工就业。县区和乡村目前多以粗放型、小规模的生产经营方式为主，规模化特色产业不足。

3. 乡村产业发展不充分对人才的吸纳能力有限

乡村产业未形成一定规模，对人才的吸纳能力较低，而缺少农业人才进一步导致农村产业发展不起来，形成恶性循环。乡村振兴产业兴旺是重点，只有产业发展起来才能吸引更多人才，才能带动农民致富，让乡村真正兴旺起来。

（二）教育和培训不足

影响乡村人才素质乡村振兴有新的战略目标和任务要求，随着农业农村现代化进程加快，新时代乡村振兴发展需要对人力资本提出了更高要求，需进一步提升乡村人力资本文化素质、技能水平及受教育年限，当前农民教育培训不足限制了乡村人力资本水平的提升。

1. 对农民学历教育开展不够影响乡村人力资本素质

乡村振兴需要一批有文化、有技能的农村实用人才和农技推广人才，不能仅靠外部人力资本输入，必须从乡村自身培养一批扎根服务乡村。人力资本相关研究表明教育投资具有较高回报率，5~8 年教育收益率估计在 35%，短期教育培训等对农民生产效率和提升也具有较大作用。然而2018年我国劳动力平均受教育年限为10.5年，农民受教育年限不足8年。农村劳动者受教育程度偏低，文化水平和接受能力有限，已成为制约现代农业发展的人力资本"瓶颈"问题，需提升乡村人力资本受教育水平。

2. 乡村职业技能培训不足影响乡村人力资本素质

近两年，在脱贫攻坚过程中，各县政府及劳动保障部门联合开展了一些职业技能培训，但培训缺乏统一的规划及系统的组织安排，参加培训的多半是过去的老农，观念落后、年龄大，所以培训效果不佳，未能培育出一批真正用得上、干得好的新型职业农民。

乡村职业技能培训的不足很大程度上制约了人力资本素质提升，不利于农民增收，需进一步加强职业教育和技能培训提升乡村从业人员文化素质和生产技能才能更好地实现乡村振兴。

（三）人才流失加剧

乡村人力资本结构受内外部因素影响，其中乡村本土优质人力资本外流是主要内部因素，加剧了乡村人力资本的结构性问题。大量的农村劳动力外出就业、创业、求学等，造成乡村人力资本结构失衡。

乡村精英人才外流、人力资本匮乏是制约当前乡村发展的突出问题（吴忠权 2018）。首先是青壮年劳动力外流加剧农村老龄化。《2018年全国农民工监测调查报告》显示2018年我国农民工数量为28652万人，其中外出农民工为17185万人，50岁以下农民工占比为78.7%。

（四）乡村整体环境限制

人才回流与发展乡村振兴需要一批能人回乡、市民下乡才能带动乡村发展，但目前受乡村环境制约，外出人力资本回流比重较小，外部优质人力资本难以流入乡村。乡村整体环境会影响人的健康生活和发展，乡村在生活便捷度、工作就业环境、基础设施等方面与城市有较大差距，这在很大程度上限制长期生活在城市中的人们回乡发展。

1. 生态环境

生态宜居是乡村振兴的基础，是让人才"留得住"的原生动力。人们向往能够"望得见山，看得见水"的绿色生态环境，良好的生态环境有利于人的身心健康，能够让人民记住乡愁，留在乡村，但过去长期以资源消耗为代价的发展模式，导致乡村生态环境遭受了不同程度的破坏。

2. 生活环境

人们健康生活需要基本的衣、食、住、行以及医疗、教育、卫生等方面的保障。乡村由于经济发展滞后，在生活设施和基本公共服务等方面还较为落后，在城市生活习惯的人们到乡村难以快速适应。

3. 制度环境

乡村人才大量向城市转移，弱化了乡村有效治理的现实基础，乡村人才可持续发展的制度基础薄弱（赖德胜和陈建伟 2018）。乡村人才发展制度不健全限制了人力资本回流，就业创业政策、人才晋升机制和流动渠道等都会影响人力资本回流。

三、乡村人才振兴对高职院校的需求

结合乡村振兴目标实现对人才的需求，围绕当前乡村人力资本现实问题及主要影响因素分析了乡村振兴对高职院校的人才需求。

（一）亟须保障专业人才培养与供给

乡村振兴战略要实现"五位一体"的目标要求，必须依靠一定规模的人才队伍。产业兴旺是乡村振兴的重点，农村的发展关键要促进农民增收，而产业是带动村民致富的主要动力，必须推动乡村产业发展。农业农村的现代化需要发展一批特色产业并以地方特色产业为依托带动乡村发展，需要紧紧围绕涉农产业构建一、二、三产业融合的产业发展体系，促进农业产业优化升级，这需要一批农业科技专业人才的参与。

专业人才是激发乡村产业振兴活力最快捷、最有效的途径，无论是农业产业生产领域还是涉农流通领域都需要专业人才的支撑。

（二）亟须助力乡村职业培育与培训

乡村振兴有新的战略目标和任务要求，随着农业农村的现代化进程加快，新时代乡村振兴战略背景下对农村人力资本的文化素质必然提出更高要求，需要接受过一定程度的文化教育，具备一定知识技能和文化水平。当前农村从事农业生产和农村工作的主要从业人员整体素质和工作能力不够，亟须对其进行专业技能训练和培训，才能满足乡村振兴的人力资本需要。柯炳生基于中国农业产业发展的五种模式把未来农业产业发展需要的人才分为带领农民干的、帮助农民干的和自己独立干的三类。带领农民干的主要是涉农企业家、明星带头人；帮助农民干的是农业科技人才、科技服务者、农村电商人才等；自己独立干的主要是新型职业农民、新型经营主体等。当前乡村在这三类主要人才上缺口很大，并且整体素质不高，需要高职院校发挥自身专业优势，利用其师资为乡村这三类人才开展培训工作，助力乡村人才素质和能力提升。

首先，乡村基层干部和当地涉农企业管理人员的知识结构需要进一步优化，只有提高他们的认识水平和管理服务能力才能更好地发挥其"领头雁"作用，带动农民发展致富。

其次，需要对基层农技服务人员和科技服务人员进行系统化培训，并有针对性地开展学历教育，提高学历层次。在《农村实用人才和农业科技人才队伍建设中长期规划（2010—2020年）》中提到：到2020年，全国农技推广人才建设中大专及以上学历比例达到80%，到2035年要实现农业农村现代化。对农技服务人员的素质必将提出更高要求，所以需要高职院校加强对农业科技服务人员的培育和支持。

最后，未来农业发展对新型职业农民的需求更大。按照发达国家标准，通常80%的耕地由职业农民耕种，职业农民对农业产值的贡献在50%以上，我国职业农民培育任重而道远。据农业部测算，1亿左右职业农民规模比较符合我国国情，其中包括生产经营型3000万人，专业技能型6000万人，社会服务型1000万人。

人力资本素质在人才振兴中更具竞争力，需要高等院校对乡村从业者进一步开展教育和培训，提升农业从业人员的文化素质、生产技能及受教育水平才能更好地促进农业农村的现代化，以期实现乡村振兴。

（三）亟须输送多领域优质人力资本

新时代乡村振兴战略背景下，对人力资本的需求已不局限于传统的农业范畴，对人才的需求更加多元，趋于宽领域、多层次、多类型化，是更大的人才范围，农业现代化发展亟须高职院校培养优秀人才，以外部优质人力资本弥补乡村人力资本结构性问题。乡村振兴在人才结构性的需求体现在以下方面：

1. 对人才需求的专业领域更宽

乡村振兴要实现"产业兴旺、生态宜居、乡风文明、治理有效、生活富裕"的目标，需要涉农产业专门人才、生态农业技能人才、文化产业创新人才、基层服务管理人才和乡村实用技术人才等。对人才的需求的专业领域更宽，需要高职院校加强专业建设，保障多领域专业人才供给。2018年9月，教育部颁布的《关于卓越农林人才培养计划的2.0意见》指出："需要围绕乡村振兴战略和生态文明建设，服务'互联网+现代农业'、创意农业、休闲农业、乡村旅游等新产业新业态发展，建设一批新型涉农专业"。

2. 对人才需求层次更高

乡村本土人才在乡村发展中起着关键性作用，随着现代农业的发展，乡村本土劳动力已不能满足乡村振兴人才结构需要，必须依靠外部优质人力资本补充。乡村振兴的推进及未来农业发展对农业科技含量增加，对人才的专业化程度要求更高，对高层次人才的需求趋于增加。农业农村现代化的实现需要一批有文化、懂技术、会经营、善管理的人才，需要改造传统农业、发展绿色生态农业、创新农业发展模式带动乡村发展致富，需要高职院校保障高层次人才支持。

3. 对人才需求的类型更多

乡村振兴必须有一批创新型、应用型、复合型的全方位人才方能实现乡村人才振兴，多元结构的人才类型才能支撑乡村的全面振兴。乡村振兴的人才需求是多元化的，从乡村振兴当前实际人才需求来看，可以分为当前阶段急需的应用型农业技能型专才；能够在较长一段时间带动乡村发展的创新创业型的带头人；能够促进乡村长期发展的复合型综合管理服务类通才。在农业生产及农产品的流通领域需要较多应用型人才；在农业产业的文化品牌推广及农村电子商务等方面需要创新创业类人才；在农业经营管理及农村综合治理方面对复合型人才的需求较多。

这三类人才在乡村振兴中发挥重要作用，无论在产业的发展，生态的改善，还是乡村的综合治理等方面都发挥着不可替代的作用。

(四)亟须人才和科技助力

乡村振兴重要的是改善乡村环境，能够让人才下得去、留得住，愿意服务乡村，致力于乡村振兴事业。当前人才对于乡村环境改善的诉求尤为迫切，乡村环境是吸引人力资本回流的关键因素，只有更好的外部环境才能让更多人回到乡村、留在乡村。乡村人才振兴需要高职院校发挥自身专业优势助力乡村环境建设，为乡村整体环境改善提供科技、人才支持，以打造更好的生态环境、安居环境、工作环境和政策环境保障人的健康和发展，从而吸引高校毕业生愿意到乡村就业创业。

1. 乡村生态建设上需要高职院校发挥人才助力

乡村振兴要建设生态宜居的美丽家园，就必须贯彻落实"绿水青山就是金山银山"的绿色发展理念，要加强农村资源环境保护，合理开发建设，处理好人与自然的关系。绿色生态农业发展是未来农业发展的主旋律，当前人们对农产品的追求是吃得安心、放心、健康，追求更高品质，农产品的绿色生产经营需要一批技术人才的支撑。绿色发展之路要促进生态农业建设，把农业引向新经济、新产业、新业态，就必须推动农业转型实现创新发展；必须打造生态、休闲、观光农业等田园综合体；必须改进和推广绿色农业生产技术，加强水肥管理、病虫害防治等问题，有效解决在农业生产过程中的环境污染等问题。实现农业绿色发展，建设绿色生态家园，就需要一批掌握现代农业科学技术，能够将绿色发展理念贯穿于全产业链的技能型人才，乡村生态建设和绿色发展之路需要高职院校提供科技人才支持。

2. 在加强乡村治理和改善农村公共服务上需要高职院校发挥助力

当前农村基层组织成员老龄化严重，文化知识水平不够，思想观念相对保守，因此需要培育一批能够适应新时代乡村振兴工作需要的基层管理人才，以增强基层组织的凝聚力、创造力和战斗力。乡村公共生活、工作环境的改善，需要合理规划设计，需要高职院校为乡村治理贡献决策方案，提供技术支持。

3. 需要高职院校在促进学生基层就业创业方面给予更多优惠政策促进学生基层就业创业

当前高职院校毕业生服务基层比例较低，需要高职院校出台更多政策鼓励毕业生从事"三农"服务工作，为乡村振兴贡献力量。

第三节 发展高职教育为乡村振兴战略提供制度性供给

乡村振兴战略需要持久的制度性供给，发展高职教育在乡村振兴制度性供给方面大有潜力。

一、高职院校服务乡村振兴的行为属性

《辞海》关于"属性"的定义为"属性是一个事物的性质与关系"。属性将事物划分为不同的类别，本质属性则是决定这一事物之所以成为该事物而区别于其他事物的内在特质。职业教育是面向社会生产劳动提供所需的职业知识、职业技能与职业道德的教育类别，具有社会性、生产性、职业性、适应性、多样性等一般属性特征。究其本质，有学者认为"职业导向性是职业教育的本质属性"。主要体现在以职业能力培养为目标，以工作过程与典型工作任务为导向，以模拟真实场景为方式，以职业技术创新为抓手，以职业教育标准为行动依据。

高职院校服务乡村振兴战略是关乎政治、经济、社会、文化等多个领域的双向互动行为，其服务属性具有基于职业教育本质属性的派生特质，同时也与外部要素具有较强的关联性。在乡村振兴战略下，高职院校的服务属性既体现了政府主导下的职业能力供给性行为，也是在中国特色社会主义市场经济环境下以技术与资本为互动对象的市场性行为，更是高职院校服务社会的公益性行为，而在实践过程中多种行为属性处于相互交融的状态。

（一）基于政府主导的职业能力供给性行为

乡村振兴战略是党和国家作出的重大决策部署，是凝聚全社会力量扶持乡村振兴的系统性行为。

一方面，中央政府的顶层规划设计与政策保障、地方政府的政策"增力"是引领乡村振兴发展的核心动力，政府主导有利于优化资源配置，提高服务与发展效率。可以说，乡村振兴战略是一种政府性行为。

另一方面，从府学关系的角度上讲，政府始终主导着教育制度的变迁。高职教育发展与改革的方向、进程与节奏受到政治、经济改革的制约，具有较强的外部驱动力，政府日益成为高职教育体制改革的主体。高职院校服务乡村振兴需要建立有效的外部治理机制，依赖于政府的顶层设计与资源配置。高职院校基于职业导向的本质属性，在办学要素、结构、功能、模式上同乡村振兴战略相耦合，即为乡村地区的基础设施建设、产业转型升级、治理能力提升、精准脱贫攻坚提供高技术技能人才、技术服务以及设施设备等。在国家政策引领下，高职院校作为职业能力供给的主体，具有支撑乡村振兴发展的必然属性。

（二）基于技术与资本要素交互的市场性行为

基于所有制的视角，《民法典》确立了"营利法人、非营利法人"的法人分类方式，将公办学校归入"非营利法人"，民办院校纳入"营利性法人"。我国高职院校大多属于公办性质，在属性界定上被赋予了"非营利性"，不以市场化的营利目的作为办学宗旨。但不可否认的是，职业教育同社会市场之间存在着天然的关系，在深化产教融合、校企合作的新职教方针引领下，面向市场办职业教育是其内在逻辑要求。

同时，以混合所有制为代表的产权结构多元、办学指向迥异、办学机制创新的新模

式，赋予了职业教育新的内涵。因此，所有制已然不能成为判定职业教育法人属性的标准，同时"营利性"或"非营利性"的属性界定也不能阻断高职院校的市场性行为。职业能力培训与技术扶持是高职院校服务乡村振兴的两个重要抓手。在市场经济环境下，技术要素与资本要素的利益交换合理、合情、合规，成了增强高职院校服务动力、构建长效服务机制的重要保障。

（三）基于社会服务职能的公益性行为

高职院校服务乡村振兴的动力源泉，既包括国家政策主导、市场利益驱动，同时也是履行社会服务职能的内在要求。高职院校面对农村"三产"的融合发展，需要提供发展的要素、功能与模式。要素主要有人才要素、技术要素、器物要素、信息要素等；功能主要有育人功能、文化功能、创新功能等；模式主要有职业培训、技术服务、混合所有制等。高职院校根据自身的专业结构与办学特色，面向域内乡村地区发展的实际需求，实现要素、功能、模式以及系统的耦合，通过构建学校—农村、学校—农企、学校—农户等合作关系，积极打造学生实习、技术研发、社会培训的实践平台，有利于高职院校融合乡村资源禀赋，优化实践教学方式，实现要素的跨界流动与优势互补。在乡村振兴战略下，高职院校与乡村的互助关系符合职业教育的发展规律，是在履行社会服务职能的基础上开展的互利共赢且具有一定社会效益的行为。

二、高职院校服务乡村振兴的动力系统

动力学对问题的理解，是基于系统行为与内在机制间的相互紧密的依赖关系，并且通过数学模型的建立与操作的过程而获得，进一步发掘出产生变化形态的因果关系，系统动力学称之为结构。动力系统是动力机制产生的基础，也是发生系统行为与作用机理的"有机体"。系统内部包括若干个作用主体，根据系统属性构建主体之间的组织与关系模型构成了系统结构，结构的稳定性与合理性决定了动力机制是否顺畅，也是系统动力持续输出的重要保证。

（一）高职院校服务乡村振兴的动力源

动力是维系动力系统生存与发展的根本保证。在乡村振兴战略下，高职院校的物质利益诉求与社会声誉、影响力是服务供给的动力源，即物质与精神两个层面的动力属性。

1.物质层面的利益驱动是高职院校全面振兴乡村的最基本动力源

根据马克思主义哲学的辩证唯物主义观点，物质性是人类社会不断变革与发展的根本属性与动力，也是人类需求发展的最基本层次，只有通过生产劳动实践永不停歇地追逐与满足对物质的渴望，才能不断激发行动力与创造力。高职教育作为服务乡村振兴的供给方之一，自发地、主动地承担服务任务难以在现实中长久为继。无论是适应机器人工业发展催生的德国新型现代大学，还是《莫里尔法案》催生的"康奈尔计划"和"威斯康星思想"，无不满足了大学的物质利益诉求。

2. 良好的社会声誉与影响力是高职院校办学质量的重要体现

高职院校为乡村地区提供人才支撑、技术服务及设备支持等，从政府层面完成了绩效目标，从社会层面获取了知名度和认可度，从学校层面履行了社会服务职能，从教师与学生层面实现了自身价值，在一定程度上满足了高职院校的精神诉求。服务乡村振兴集中反映了高职院校作为教育系统的重要组成部分与政府、企业以及教师、学生的关系，高职教育同乡村政治、乡村经济在人才、技术、资本等要素相互作用过程中催生了服务的动力系统。从横向角度看，高职院校服务乡村振兴的动力源泉主要基于从属性、发展性与系统性，在实践中转化为政策动力、发展动力与交互动力，从中渗透了高职院校对于物质利益与精神利益的诉求（见表2-3）。

表2-3 高职院校服务乡村振兴的动力体系

动力类型	物质利益	精神利益
政策动力	财政专项拨款、重点项目落户	办学绩效考核
发展动力	技术与培训服务报酬	社会声誉、知名度
交互动力	实践基地、人才就业市场供给	文化传承载体

首先，政策动力是高职院校服务乡村振兴战略的直接动力。当前，政府的生均事业费及各类项目经费支持仍然是高职院校的主要资金来源，从属性决定了高职院校必须紧跟国家政策导向。同时，政策的关联性与利益的传导性也给予高职院校相应的政策支持。

其次，服务乡村振兴是高职院校的服务面向问题。对于农业类高职院校，建立同乡村经济之间的深度产教融合关系是发展的根本着力点；贴近农业、农村办学，培养与培训新型职业农民乃是发展的根本目标。非农业类高职院校结合自身的专业特点，借助政策之利将社会培训、技术服务与文化传承面向乡村地区，着力解决技术、资源对外输出与服务之间的价值关系，获取提升发展力的新增长点。

最后，基于系统论的观点，在同一场域的社会体系中，政治、经济、文化、生态、技术等要素相互作用、协同发展，共同构成紧密关联的命运共同体。高职院校服务乡村振兴可视为一个完整的生态系统，政府、企业、高职院校等都是内部子系统，高职院校扮演着供给者、服务者的角色，而系统内的战略互信、利益交融、协同创新等特质，促成了多元主体间的链条关系，高职院校在输出服务过程中亦是既得利益者，由此既增强了高职院校的服务动力，也利于激活内部动力机制。

（二）高职院校服务乡村振兴的动力模型

高职院校服务乡村振兴主要体现的是政府、学校与乡村市场的关系，其动力系统（见图2-1）主要包括政府的支持力、高职院校的服务力、乡村市场的发展力。政府的支持力主要是政策引领力、组织协调力、财政推动力、环境吸引力等；高职院校的服务能力主要表现为人才支撑、设备应用、技术服务、理念移植、文化传承等，主要通过教师与学生的自组织力实现价值目标；乡村市场的发展力主要是地区的经济基础、市场潜力以及企业支持力等。

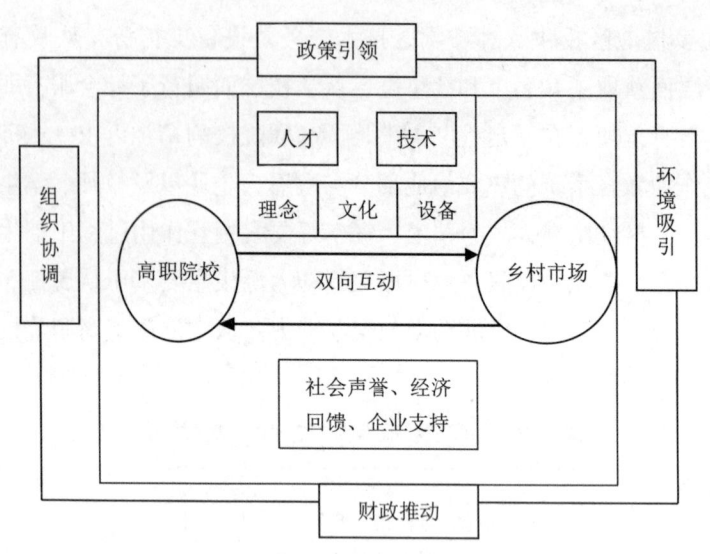

图 2-1 高职院校服务乡村振兴动力系统

基于高职院校服务乡村振兴的动力模型，笔者认为，政府支持力能够用最短的时间实现服务目标，但无疑将耗费大量的公共资本，且偏离构建服务长效机制的动力方向；高职院校的服务能力体现的是基于内生动力的要素供给能力与水平，彰显了高职院校的职能属性与社会价值，比较贴合服务的动力方向；市场发展力在于促进与反哺高职院校发展，形成可持续的合作机制，需要较长的周期催生服务动力。因此，政府的支持力是驱动引擎，能够牵引与激发高职院校服务能力与市场发展力的动力效果，真正构建可持续的服务动力机制（见图 2-2）。

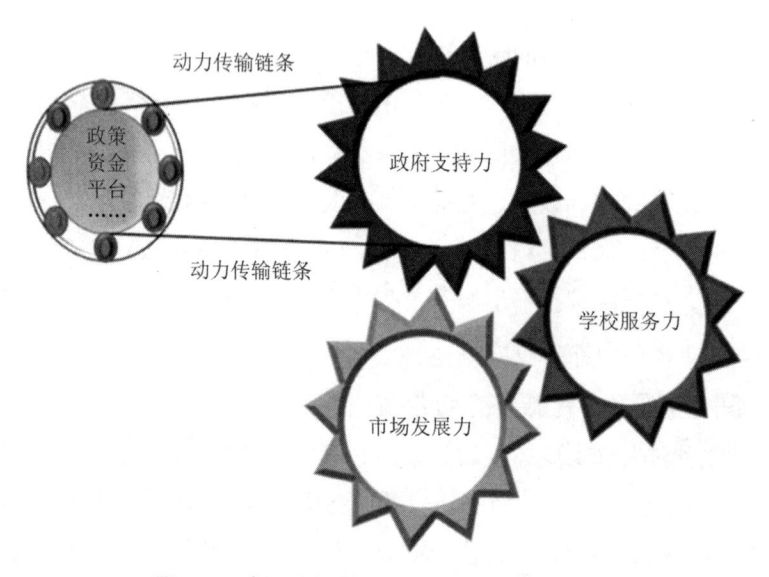

图 2-2 高职院校服务乡村振兴动力传输机制

1. 基于政府支持性的动力结构

自党的十九大提出乡村振兴战略以来，解决好"三农"问题成为新时代全党工作的重中之重。国务院关于乡村振兴的一系列重大规划方案体现了自上而下的政府行为，重点围绕农业发展、生态环境建设、乡村文化繁荣、治理体系建设、精准扶贫等内容，中央和地方两级政府有效的政策衔接与递进，成了乡村振兴发展的主导力。高职院校服务乡村发展是乡村振兴战略的重要组成部分，体现了国家顶层设计要求，具有较强的政策驱动性。政府利用高职院校的人力资源、技术资源、文化资源等，服务乡村产业发展、生态文明、文化创新与科学治理，同时给予政策、资金等动力支持。

（1）专项财政拨款提供了直接动能

政府统筹乡村振兴战略，编制服务"三农"的发展方案，设置时间表、任务单、线路图，明确各项服务指标，给予直接的财政支持。

（2）纳入绩效考核的辅助动能

政府将高职院校服务乡村振兴纳入对职业教育的整体绩效考核，根据服务质量情况核准生均事业费等。

（3）政策扶持的发展动能

政府给予高职院校配套支持政策，激活乡村地区的土地、产业经济、培训市场等资源，促进高职院校深化产教融合、校企合作，扩大高职院校的发展空间。

2. 基于高职院校服务性的动力结构

从职能属性的角度讲，高职院校基于人才供给、职业培训、技术支持、文化创新等方面提供服务，从中获取经济利益、社会价值与发展效益，这让看似单一的服务活动转变为双向互利共赢的行为，赋予了高职院校服务乡村振兴的内生动力。对于农业类高职院校，支持构建现代农业体系、调整农业产业结构、培养职业农民、净化乡村生态环境、构建乡村治理体系等成为主要着眼点，深化产教融合、校企合作的职业教育发展宗旨决定了农业类高职院校必须面向乡村办学，才能获取生存与发展的土壤。对于非农业类高职院校，结合自身的优势专业与特色项目在战略研究、技术应用、远程教育上大有可为，同乡村企业进行有效合作，也是有效促进乡村振兴的重要方式之一。在高校内部的动力系统中，开展职业培训与技术服务是实践转化的直接方式。打造不同类别的职业农民群体，带动乡村地区产业工人以及育婴师、老年照护师、物流配送员等第三产业人员职业素养的提升，能够有效释放高职院校的社会服务动能，获取社会效益的同时，也能带来一定的经济收益，其获取的动力最大，处于基础性地位。理念传输与文化创新作为高职院校服务乡村振兴的重要内容，在职业文化供给、党建文化移植、治理文化传递上具有可操作性，体现了系统文化的传播与传承，其在动力结构中处于从属地位；向乡村地区进行定向人才培养与输出，受制于地区吸引力不足、保障机制缺失等不利因素影响，具有较大的复杂性与阻力，在服务过程中难以获取较大的服务动力。

3. 基于乡村市场发展性的动力结构

乡村振兴首先是经济的振兴，带动文化、环境、教育及治理体系的完善与发展。乡村地区存在广阔的市场空间与发展潜力，亟须围绕资金链、产业链、技术链、人才链打造服务体系，形成各要素联动发展的运行机制，促进乡村地区经济发展。高职院校是服务体系中的重要一环，同时也能够从乡村市场中获取创新发展元素，实现双方价值的相互递进与融通。

（1）培育乡村工匠的动力

随着乡村地区老一辈工匠数量急剧下降，很多古老的技艺面临失传，农村劳动力的不断缩减，也让传统的师傅传帮带培养模式走进了死角。在现代学徒制的引领下，高职院校将传统的技艺本领以职业化培训的方式进行传承，为乡村工匠的培养提供了现代模式。乡村振兴战略的实施让埋没于民间的师傅参与职业培训，亦可作为兼职教师开展实践教学，将乡村技艺传承融入现代职业教育体系中，成为乡村工匠培育的重要力量。

（2）融合发展的动力

乡村振兴战略促使乡村发展要素流入高职办学体系中，以产业特征、文化特征形成"校村合作"的人才培养模式，在教学内容上体现乡土文化和技能化相结合，乡村地区在地域空间、市场潜力上为高职院校搞产学研合作，打造校外实训基地乃至乡村振兴学院、具有地域特色的混合所有制学院等提供了可能，也为高职院校创新发展提供了动力支持。

第四节 发展高职教育是培育乡风文明的重要途径

文化振兴是乡村振兴的核心，乡风文明是乡村文化的表征。高职教育通过区位分布、生源回流、定向就业、委托培训等途径，潜移默化地抑制和消灭乡村传统文化中的糟粕因素。发展高职教育为乡村输送源源不断的高素质技能人才，通过这些人才的道德修养、人文素质、行为操守等，改变乡村的不良社会风气，提升农民的精神风貌，优化乡村的公共文化服务，从而培育优良文明的乡风，为乡村振兴提供文化凝聚力。

一、我国农村文化建设亟待改进方面

（一）文化生活单调

文化活动的开展，可以让人们在劳动工作之余娱乐身心、丰富闲暇生活、提升自身素质。丰富多彩、积极向上的文化生活可以提升农民自身素质，从而促进农村社会经济的健康发展。反之，单调乏味的文化生活对提升农民素质、发展和谐的社会关系、提高农民收入等有一定的制约作用。随着农村社会经济的不断发展和科学技术水平的日益提高，劳动生产率提高了，农民的闲暇生活时间越来越多。在农村，人们的物质生活得到了改善，农

民需要丰富多彩的文化生活，但是，农村文化建设没有与时俱进，农民的文化生活十分简单，可以提供给农民的文化活动方式十分有限。广大农村地区没有体育锻炼的场所和体育健身器材；没有图书室、文化活动室，即使东部沿海有些农村有，大多也是虚有其名，要么经常锁着门，没有人员管理，要么活动器材匮乏，书籍更新缓慢；有些村虽然有广播，但基本没有从事文化的宣传和文化活动的服务。改革开放以来，大量农民外出到城市打工，仅有老人和幼儿留守农村，传统的文化民俗活动逐渐消亡。春节时的玩龙灯、舞狮子、划旱船，还有唱戏、农村歌舞、灯会、庙会等文艺活动日益减少。看书、看戏、看电影等这些在城市中能轻易进行的活动，在农村都面临着诸多困难。许多农民接受的教育有限，没有养成阅读的习惯，不能通过书本学习到新的农业技能和科技知识。

目前，我国农村绝大多数农民的主要娱乐方式是看电视。改革开放以来，随着我国经济的蒸蒸日上、人民生活水平的不断提高和家电产品价格的下调，我国大多数农民家庭拥有电视、电脑等，普及程度较高，大多数农民可以通过有线电视和安装卫星接收设备收看电视节目。很多农民的闲暇时光是在电视机前度过的，他们的大部分业余时间被电视所占用，所以，电视内容深刻影响着许多农民的所思所想和衣食住行，甚至对新农村文化建设也有着较大影响。但是如今的电视节目良莠不齐，反映农村题材的不多，与农村现实的生活现状也有比较大的差距，加之有些节目传播的世界观、价值观有待商榷，这些都十分容易使农民厌恶农村生活，想追求不切实际的生活方式，不利于新农村文化建设。而且，长时间坐在电视面前，不仅使人和人之间的交流匮乏，还使人缺乏必要的活动和运动，不利于农民强身健体。

（二）落后文化蔓延

在农村，落后文化活动有日益蔓延的趋势，各种落后文化活动犹如雨后春笋，不断冒头，其中最有代表性的是赌博和封建迷信活动。

在农村，各式各样的赌博现象普遍存在，甚至一些村民不顾农业生产活动，成天忙于赌博。由于赌博而造成的社会治安事件频频发生，导致村民之间打架斗殴、家破人亡、妻离子散。淳朴的民风被败坏，赌博极大地破坏了农村的和谐稳定，严重地阻碍了新农村文化的建设工作。赌博败坏了农村的社会风气；毒害了村民朴实的心灵；损害了农民的身心健康；严重影响了农村的生活生产工作秩序；诱发了犯罪，使人走向无底的深渊；造成了农民家庭破裂、六亲不认；极大影响了农村青少年的健康成长。农村赌博主要有以下特点：赌博式样不断翻新，赌资金额越来越大。参与赌博人员基数大，各个阶层均有人员参赌。赌博场所越来越隐蔽，呈现专业化趋势。村民基本没有现代法治意识，大部分村民甚至一些村镇干部都认为有些赌博行为算不上是赌博，只能算是一种娱乐。越来越多的外地人到农村赌博，有些参赌人员还带有黑社会性质。这些赌博现象普遍的主要原因是缺乏宣传教育，部分基层干部参与赌博，基层公安对农村赌博的打击力度不够等。

（三）农民文化素质有待提升

中国一直以来是农业社会、农业大国，农民占了人口的绝大多数，人们以农业耕种为主，对土地的依赖很深，在经济上自给自足。受这些历史、地理等因素的影响，我国大部分农村地区社会文明发展程度较低，经济、文化、教育水平落后，这些因素导致农民的思想观念、自身素质也随之落后。目前，我国相当一部分农村地区的农民思想观念落后和保守，跟不上时代发展的步伐，视野、心胸狭窄，传统淳朴的民风不在，有些甚至不能明辨是非，相当一部分村民存在着听天由命、安于现状、不思进取、"破罐子破摔"等消极观念，"等、靠、要"思想大量存在。这些都极大制约了农村社会、经济的健康发展，而农村社会、经济发展的落后又反过来进一步导致农民科学文化素质不高。有些农民把政府扶贫给他们的种子、幼崽直接卖掉，没多长时间把钱花完以后，又等着政府的救济，完全没有自力更生、劳动致富的观念。

广大农村地区教育水平较低，农民受教育的程度也不高，这造成了农民思想意识、价值取向和道德观念的偏差。农民中的自私、拜金主义等错误思想越来越严重，村民（组）之间也很少联系，人际关系淡薄，很多村（组）缺乏凝聚力。农村中传统的价值观、世界观被逐渐解体、瓦解；尊老爱幼、互相帮助等的良好传统受到动摇；村民之间也不像以前那样亲密，凡事"利"字打头；相当多的农民的"小农"意识及封建迷信思想严重，迷信活动卷土重来。农民的文化生活也很单调，文化生活品位不高。看报看书学习的农民很少见，更多的是没有钻研技术的人。大多数农民的闲暇时光基本就是看电视、漫无目的地走亲访友、"东家长、西家短"地闲聊。

新农村文化建设的主体是广大农民，他们是促进农村社会、经济、文化发展的主要驱动力。但是，在有些农村，受历史、经济条件和地理环境的影响，相当多的传统落后思想已经深深扎根于农民的意识中。故步自封的他们不愿意、不主动去接受新鲜事物和先进的文化思想，很难使他们摆脱根植于他们心中那些保守、狭隘、落后的小农思想。他们对新农村文化建设基本谈不上认识，更不要说积极参与其中。对他们来说，吃穿住行更重要，还有就是娶妻生子、传宗接代。他们对什么都不主动、不关心、不积极，觉得这些都是国家、集体的事，都是领导干部的事情，跟自己基本没有什么关系，只关心自己眼前那点事。只有提高农民的自身素质，农民开阔了眼界、接受了先进的文化知识，新农村文化建设才有了广泛的群众基础，才有了前进的驱动力。

（四）非物质文化遗产日渐消失

中华民族有着悠久的历史、璀璨的文明，在5000年的历史长河中，不仅积累了大量的物质文化遗产，而且传承着丰富多彩、具有民族特色的非物质文化遗产。但是，目前我国农村的非物质文化遗产逐渐消亡现象较为严重，情况让人痛心。比如，有些农村地区的有民族特色的民曲、歌曲、仪式等，只有老一辈的村民才掌握。年轻的村民绝大部分都外出打工或读书，这些非物质文化遗产找不到传承人以至于无法保存、传承下去。这种现象非常普遍，由此可见，非物质文化遗产逐渐消亡的情况比较严重。一直以来，我国农村的非物质文化遗产多种多样，并且具有明显的地域特色和民族特色。但是，这些优秀的非物质文化遗产在改革开放之前的很长一段时间内都没有得到政府和民间的重视、保护，有些甚至遭受毁灭性破坏。近40年来，面对世界全球化的巨大冲击，非物质文化遗产更是在快速地消亡或处于自生自灭、后续乏人的状态，相当多的非物质文化遗产正在从我们身边逐渐消亡。随着老一辈农村艺人的离世，之前已经流传了几百、上千年的非物质文化遗产也流失殆尽。因为现在青年一辈农民的审美观也逐渐被西方、现代的因素影响，所以他们对传统的古老的非物质文化遗产的兴趣和热爱急剧下降。原来在传统的农耕社会中日积月累所形成的非物质文化遗产和在现代工业经济社会中快速发展所形成的现代文明、现代文化的矛盾日益突出。广大农民还没来得及整理、清理一下身旁的非物质文化遗产，就发现这些非物质文化遗产已经被西方、现代文化的巨大浪潮席卷而去。等到人们意识到需要对自己祖祖辈辈留下来的非物质文化遗产传承和保护的时候，很多已经为时晚矣，大家后悔不迭。

虽然，我国政府和民间已经认识到非物质文化遗产的宝贵，但是众所周知，非物质文化遗产的传承自身就需要一个漫长、连续的历程。目前，我们的非物质文化遗产传承已经出现了断层，有些流传了数千年的非物质文化遗产已经找不到了。

二、高职院校在新农村文化建设中的作用

（一）传播先进文化

社会主义新农村文化建设，主要指在加强农村公共文化建设的基础上，开展多种形式的、体现农村地方特色的群众文化活动，丰富农民群众的精神文化生活。要实现这一目标，必须清除陈规陋习，传播先进的现代文明，大力发展农村的教育、体育、科技、文化、卫生等事业，以提高农民的综合素质和文明程度，满足农民的精神文化需求。职业院校的师生都是受过多年教育，思想文化可以与时俱进的人群，许多师生具有活跃的思想、丰富的知识。职业院校在传播现代先进文化的同时，可以创新发展，结合我国农村的实际情况，用先进文化引领农村社会的可持续发展。职业院校能够通过产、学、研的密切融合，积极参与新农村文化建设，加快理论研究及其成果转化的步伐，努力为新农村文化建设提供智力支持。职业院校不仅要不断满足新农村文化建设的需要，而且应该促进农村文化事业又好又快地发展，持续满足广大农村人民群众日益增长的精神文明需求。职业院校能够运用自身先进的思想观念、现代的科学技术服务农村、教育农民，这样有利于消除目前有些农村愚昧落后的现状，培养符合时代发展的新型农民，加快社会主义新农村文化建设的进程。

职业院校能够讲授科学文化知识和劳动技能，在农业专业知识和技能等方面对农民进行培训；能够通过现代化的教学理念和手段，理论联系实践，大力宣传和普及农民需要的

科学知识、思想和技术，这样不仅能够将现代文明的技术、观念和知识传授给农民，培养农民现代的契约、平等与法治方面的意识，还能够有效地提高农民的思想素质和科学文化知识。职业院校还能够通过开展丰富多彩的科学文化知识普及活动，大力向农村欠发达地区传播科学文化知识，提高广大农民的科学文化素质。和普通院校相比较，职业院校更接地气、更容易走进农村、更容易接近农民，在新农村文化建设中，有着先天优势。综上所述，职业院校在新农村文化建设中占有很重要的地位。职业院校教给学生的不但是劳动技能，同时也能把先进文化、现代农业知识传播到农村。职业院校在教会学生劳动技能的同时，还把相关的劳动规范和职业道德要求教给了学生。

（二）培养新型农民

目前，我国仍有广大的农村地区和数亿农民。新农村建设和新农村文化建设需要大量具备现代文明素质和掌握现代科学文化知识的农民，我们把这样的农民称为新型农民。百年大计、教育为本，把传统农民培养成新型农民，只有通过教育。教育的完成主要通过学校，而职业院校所实施的职业教育，是教育中不可或缺的一种形式。如何培养新型农民呢？就是让广大农民了解更多的科技知识，掌握基本的科学方法，树立科学思想，崇尚科学精神，提高科学素质，在推进新农村文化建设中具有十分重要的意义。

1.职业院校能够传播科学文化知识

科技是一个国家、一个社会的第一生产力，是文化发展和经济发展的发动机。新型农民必须具有较高的科学文化素质，新农村文化建设才有坚实的基础。但是目前，我国有相当一部分农民的综合素质较低。大部分农村，特别是西部欠发达地区的农民还在采用传统的"面朝黄土背朝天"的耕种方式，基本没有接触过现代农业知识，生产效率十分低下，顶多能够自给自足，更谈不上经济的发展。根本原因是农民受的教育有限，有些仅仅完成了义务教育，十分缺乏科学文化知识。

职业院校能够有效、直接地向农民传播科学文化知识，改变"没有科技照种田"的局面，为新农村文化建设服务，可以通过下面四点，为农民学科学、用科学、科技致富提供服务：

第一，根据农村的实际情况和农民的实际需求，广泛开展面向农民的农村成人教育，在职业道德和职业技能两个方面，对农民进行教育、培训，在提高农民技能的同时，提升农民的思想道德修养。

第二，针对有条件的农村地区积极发展电视、网络教育，使农民足不出户就能学习科学文化知识和现代农业技能，降低农民受教育的成本，使农民愿意接受新知识、新文化。

第三，职业院校需要把科研成果转化为农村、农民需要的生产力，实现科学技术下乡，让科研成果在农村生根发芽，成为农民致富的火车头。

第四，针对不同农民的不同需求，有针对性地把农民需要的科学技术及时送到农民手中，实现个性化服务。职业院校为广大农民提供了科学技术的服务和指导，为农业增产、农民增收奠定了基础，农民增收能够促进农村经济发展，从而促进新农村文化建设。

2．职业院校能提升农民的就业能力

从古至今，思乡情节一直萦绕着中国人，深深地影响着每一个华夏儿女。在农村，农民们聚族而居，过着以农耕为主要生产方式的生活。农民对生育养育他们的土地有着深深的崇敬和依赖，土地是他们生存的根本，也是他们的生活来源。但是，随着我国社会、经济的快速发展，城市建设和城镇化的步伐不断加快，一些农村的土地被征收，许多农民失去了他们的土地。让这些失去土地的农民融入城市生活，在城市的生产中就业，是建构和谐社会的重要保障。然而，由于农民接受的教育有限，许多人不具备必需的科学文化知识和技能，他们只能从事繁重的体力劳动。他们从事这些体力劳动不仅累、粗、脏、危险，技术含量较低，而且劳动报酬很低，难以脱贫致富，在城市中站稳脚跟。职业院校通过对农民劳动知识技能的教育和培训能够化解很多农村地区存在的劳动力过剩但缺乏人力资源的矛盾。经过职业院校的培训后，农民们既能提高自己的思想道德修养和综合素质，又能掌握实用的职业技术，在增强就业能力的同时，不仅就业质量提高了，而且工资收入也增加了。对于一些不愿离开农村外出到城市打工的农民，通过职业技术的教育和培训，能够将他们培训成为有文化和技术的新型农民，用科学技术从事农业生产同样也能够脱贫致富。对农民进行职业道德和职业技术的教育，是提升农民在城市中就业和劳动能力的有效途径，也是实现新农村文化建设的基本保证。

目前，我国有农村富余劳动力转移培训工程、新型农民创业培植工程、农民远程培训工程和青年农民科技培训工程等。这些面向农民的培训工程是国家为了加强对农民的培训工作，提高农民的科学文化素养而推出的。可见，国家十分重视对农民的教育、培训工作。农民在经过职业院校的教育和培训后，拥有了一技之长，实现了农村劳动力跨区域流动。许多农民离开了世世代代居住的农村，摆脱了土地对他们的束缚。相当一部分农民融入了城市生产生活，能够凭借一技之长在城市生存，不再是完全依赖于土地，不受制于土地。外出到城市里打工的农民经过多年积累，有些带着外出打工所收获的资金、技术和管理经验，回到家乡创办了自己的企业，带领一方的经济发展，改变了留守在农村的农民的生活习惯和思想观念，为新农村文化建设发挥了巨大作用。职业院校可以以五大工程为核心，根据自身的特点和优势通过各种方式、使用远程教育结合面授的教育手段，有针对性地培养教育农民，提高他们的就业能力和现代农业的科技能力。只有农民的能力提高了，他们的收入才会提高；只有收入提高了，才需要更高层次的精神文化，新农村文化建设才有了源源不断的动力。

3.职业院校能培养农民的综合素质

传统农民和社会主义新农村新型农民最重要的区别之一体现在综合素质上，培养新型农民首先必须提高他们的综合素质。这样才能从根本上改变农村、农业和农民的落后面貌，才能实现新农村文化建设。农民综合素质的提高主要依靠教育。职业院校自身的办学特点决定了它更有利于实现农村和农民的知识化、技能化和现代化，更能有效地提高农民的综合素质，将农民培养成适应现代社会发展的新型农民。新型农民还应该具备现代的思想道德及法律素养。目前，由于农民受教育程度不够，综合素质普遍较低，很多农民没有基本的法律常识，法治意识淡薄，在遇到各种纠纷、冲突和矛盾时，不会拿起法律武器保护自己，往往造成"亲者痛、仇者快"的局面。职业院校可以采取宣讲会、知识讲座、发放传单、横幅标语、知识竞赛等活动方式，培养农民的法治意识、增加农民的法律常识，让农民懂法、守法，学会运用法律武器来保护自己的正当权益，使自身的合法权益不受侵害。

健康文明的生活方式和良好文明的行为习惯也是新型农民必须具备的。职业院校通过形式多样的教育能够有效提高农民的思想素质和文明意识。职业院校可以首先教育培养出一批思想道德积极向上、科学文化水平和综合素质较高的农民。他们通过自身的努力不但能够成为脱贫致富的带头人，同时也能成为新农村文化建设的领头羊，让他们形成爱国、爱党、爱集体、爱人民的思想。这样可以更好地促进农民的经济生活、政治生活和思想观念的深刻变化。通过职业院校的教育和培训，农民们不但可以吸收文明、卫生、健康等积极观念，还能改变过去那些不良的生活、行为习惯，有效地克服与现代文明不相符的陈规陋习，逐渐养成积极、健康的现代文明生活方式。这样新农村文化才有了生根发芽的土壤，新农村文化建设才有了坚实的地基。

职业院校在增强农民适应现代社会发展的能力时，还可以提高农民的自身修养和素质。职业院校有许多来自农村的学生，这些学生经过职业院校在职业道德和职业技术上的培养后，有相当一部分经过自己的努力拼搏而在城市中站稳脚跟。他们能够源源不断地把城市中新知识、新技术、新思想、新观念带回他们的农村老家，让家乡的父老乡亲耳濡目染地感受到城市的快速发展，感受到沿海发达地区的快速发展，使农民的眼界得以扩展。这些新的思想、技术、观念、知识由他们传播到亲友、邻里那里，然后传至整个乡村，他们在整个乡村和外面的世界之间搭起了一座桥梁。

（三）传承非物质文化遗产

目前，保护我国的非物质文化遗产已经是一项迫在眉睫的任务。保护非物质文化遗产对于继承、发扬中华民族优秀的传统文化，增强民族自豪感、自信心和凝聚力，促进新农村文化建设等具有举足轻重的意义。职业院校开展传承非物质文化遗产的教育工作，能够使学生对民族文化产生强烈的自豪感和认同感，更容易让学生形成社会主义核心价值观；能够提升学生的爱国情怀和民族精神，弘扬爱国主义精神，提升民族自信心；能够培养学生的审美理想和人文修养，激发向上奋斗的拼搏精神，提高学生的人格和魅力；能够培养学生的实践能力及创新精神，激发学生的创新意识，提高实践能力；能够提高学生各方面的综合素质，提升其人文素养及文化品位，增强学生的可持续发展能力。职业院校传承非物质文化遗产的教育工作是提高人才培养质量的重要措施。在传承非物质文化遗产的教育上，各个地方的职业院校不仅责无旁贷，还能大有作为，可以从教育的目标、项目的内容、运作的模式、运行的机制及保护的功能等诸多方面完成对非物质文化遗产传承人的教育培养工作。职业院校有许多学有所成的老师和志存高远的学生，他们可以成为传承非物质文化遗产的主体。职业院校拥有的丰富智力资源，能够对非物质文化遗产的传承和保护工作提供智力支持。职业院校还拥有科研及创新的优势，能够深入开展非物质文化遗产传承和保护的理论研究工作和教育实践，调动学校各个方面的力量，积极争取政府和民间支持，举办各类学术研讨会，有针对性地设立研究机构，展示研究成果，为传承非物质文化遗产的教育工作提供理论支撑和实践保证。我国许多灿烂的民间文化及优秀的民间艺术中，例如，龙舟、陶瓷、戏曲、耍蚌壳、绘画、剪纸、编织、杂技、舞狮舞龙、雕刻、皮影、建筑、泥塑等，都可以经过职业技术教育的加工、吸收、消化和传播，传承和保护这些非物质文化遗产。职业院校可以把开展传承非物质文化遗产工作和对学生的思政工作、人才培养结合起来。在校园文化建设中，通过开展传承非物质文化遗产工作，可以在学生中弘扬中华民族优秀的传统文化，让学生在优秀传统文化的熏陶中成长。在人才培养模式上，职业院校可以改造民间传统的手工艺父子师徒口传身授、世代相继的传承模式，使非物质文化遗产的传承更加规范、系统和科学。职业院校还应该围绕非物质文化遗产的传承与保护，调整专业设置，加强专业建设，更新课程内容，创新教学方式，实施对口培养，为非物质文化遗产的传承、创新、研究和管理提供有力的人才支持。

三、乡村传统手工艺在高职院校教育的传承

大学生是国家实施创新驱动发展战略和推动大众创业、万众创新的主力军。高职院校以培养高素质、高技能应用型人才为导向，围绕国家创新驱动发展战略，积极探索创新教育模式，深入挖掘乡村传统手工艺等传统文化资源，进一步完善创新教育机制与教学阵地建设，引导学生从乡村传统手工艺文化中坚定文化自信，汲取创新创意灵感，提升学生的创新精神和实践水平能力。

（一）乡村传统手工艺资源在高职院校创新教育中的重要意义

西方国家拥有强大的技术发明与科技创新能力，这一竞争优势的获得很大程度上应该归功于对自己国家传统文化以及人文精神的保护与弘扬。乡村传统手工艺资源是中华文明的重要结晶和宝贵财富，具有鲜明的民族性和地域性。千百年来，勤劳勇敢的中华民族通过建筑、农耕、服饰、歌舞、工艺、习俗等形式，呈现出千姿百态、绚丽多彩的乡村传统手工艺文化形态，是中华民族得以延续的传统文化命脉之一。作为非物质文化遗产，乡村传统手工艺包含广大劳动人民无限的情感，蕴含丰富而又深远的意义和价值。

1.有利于实现传统手工艺的现代转型

乡村传统手工艺是中华民族创造的一笔宝贵的文化财富，是现代工业社会采用流水化生产线生产的文化样式所不能代替的。乡村传统手工艺资源背后所依附的是传统农业社会

手工生产方式，在工业化和城市化的冲击下，传统手工艺的发展现状并不乐观，成为亟待保护的非物质文化遗产的一部分。因此，传承保护传统手工艺就是保护和弘扬中华民族文化的多样性。在新时代学生日益受西方文化影响的今天，高职院校整合挖掘乡村传统手工艺资源，寻找让传统手工艺推向国际、形成品牌发展的路子，把文化创意、专业设计、产业需求三者衔接起来，力争使之成为促进文化创意产业发展和创意设计的重要平台，在传承保护乡村传统手工艺发展的同时，找到传统手工艺魅力与现代便捷的科技手段之间的契合点，实现传统手工艺的现代转型。

2. 有利于全面增强和提升学生情感表达能力和审美意识水平

改革教育，倡导在重新学习中找到解决经济增长局限的困境与减小人类之间差距的方案。有别于传统应试教育，素质教育的实施就是一个全面培养学生综合素质提高的阶段过程，创新教育是素质教育最重要的一部分。在传统农业时代，传统手工艺是人们用双手亲自创造出来的，在手与来自自然的材料接触中人与创造的物品建立起紧密的情感联系，这个过程是一种自我情感表达和审美满足。工业时代以来，一个人只要有了闲暇时间，就不得不接受文化制造商提供给他的产品。康德的形式主义依然期待个人的作用。在他看来，个人完全可以在各种各样的感性经验与基本概念之间建立一定的联系；然而，工业却掠夺了个人的这种作用。一旦它首先为消费者提供了服务，就会将消费者图式化。因此，在高职院校创新教育中加入乡村传统手工艺资源，学生在学习了解乡村传统手工艺的过程中拉近人与自然、人与人之间的亲近感，感受一个民族的历史文化传统，获取一种审美需求的满足。

3. 有利于促进创新成果的实际转化

创新教育离不开实践，实践也是检验创新教育成果最重要的标准之一。科技的发展与进步使得人类越来越依赖科技成果，变得缺乏创造力而逐渐麻木。作为"生产者的艺术"，传统手工艺由于纯手工劳动、技术复杂、工序繁多，也直接造就了精益求精、坚守专注的工匠精神。

随着"中国制造2025"战略计划的提出，表明我国政府开始重视中国制造的质量和产品品质。要想提高产品质量和品质，获得世界工业强国地位，关键在于我们每一位劳动者对待工作的态度和素养。在高职院校创新教育中继承和弘扬传统手工艺以及背后所体现的工匠精神，才能使学生在走向工作岗位后，养成认真对待和完成工作的良好品质，用实际行动去支持我国向工业强国的转型。同时，传统手工艺本身就包含丰富的创造智慧，通过教育引导学生充分运用乡村传统手工艺积淀和民族特色优势，促进传统手工艺产品向文化创意产业转换。

（二）乡村传统手工艺资源在高职院校创新教育中的开展

当前，我国社会正处于社会转型的关键时期，创新型人才培养的数量、质量以及结构，在很大程度上决定了我国"两个一百年"奋斗目标的顺利实现。青年是最活跃的群体，具有无穷的发展动力和创造力，在改革进行到攻坚阶段，正需要青年人的活力和创造力来克服一个个艰难险阻。青年时期是培养、训练创新思维方法和思维能力的关键时期，而在培养青年创新思维和能力的过程中，教育的主导地位毋庸置疑。培养创新型人才、建设创新型国家的基础在于教育创新。

作为高职院校，开展创新教育既是教育创新成果的具体体现，也要把握好历史和时代发展方向，为青年指明人生奋斗路上的关键点。高职院校在创新教育中，有针对性地把乡村传统手工艺资源融入创新型人才培养的全过程，通过营造校园公共文化环境氛围、建设传统手工艺大师校内工作室等教学方法来探索实践创新教育开展的具体途径，注重培养和训练学生科学的创新思维方法，引导学生运用科学创新思维方法探索和追求真理，细心观察和辩证思考社会生活现象，把创新发展作为联结乡村传统手工艺资源和学生创新教育的纽带，促进乡村传统手工艺资源与高职院校创新教育的相互借鉴、相互融合。

1.构建乡村传统手工艺资源的保护交流展示平台

集合校园公共文化服务体系，营造浓郁的传统手工艺校园文化氛围，最大限度地发挥文化育人的功效，坚定学生对本民族的文化自信。坚定文化自信，就是实现中国特色社会主义道路自信、理论自信、制度自信的中华民族文化根基。在经济全球化和文化多元化背景下，只有坚定文化自信，才能在世界舞台上讲好中国故事，用更加开放、包容、创新的姿态加强与世界各国文化之间的交流与合作。与传统的第一课堂教学形式相比，校园文化活动是学生最喜闻乐见、易于接受的教育形式。

根据党的十八届三中全会建设社会主义文化强国，推进社会主义文化大发展、大繁荣以及教育部、文化部、国家民委《关于推进职业院校民族文化传承与创新工作的意见》（教职成〔2013〕2号）文件精神的指导，高职院校应该充分利用自身校园文化环境优势，在原有的图书馆、博物馆、剧院、文化中心、美术馆等校园公共文化服务设施基础上，建设一批致力于传统手工艺美术作品、资料的收集、整理、展示与宣传的各类传统手工艺场馆和传习所。这些场馆除收藏展示各种传统手工艺以外，还可以借助举办工艺展示、旅游推介等活动，把"传统手工艺走进大学生""传统手工艺大师专题讲座""乡村传统手工艺体验课"等原本在第一课堂要展开的教学任务与内容巧妙地融入校园文化环境氛围，将理论讲座和传统手工艺展示等多种教育途径相结合，边讲边演、边教边学，向学生全方位展示不同民族传统手工艺背后的历史文化、服饰文化、歌舞文化、饮食文化、节日文化等传统文化活动，丰富校园文化生活，给学生以最真切、最直接的乡村传统手工艺艺术感受和熏陶，加深学生对乡村传统手工艺的认识体验。

2.完善大师工作室现代师徒传承机制建设

针对民族文化遗产的传承与保护，党的十八届五中全会提出"构建中华优秀传统文化传承体系，加强文化遗产保护，振兴传统工艺"的新要求。2017年3月，国务院办公厅转发了文化部、工业和信息化部、财政部《中国传统工艺振兴计划》（国办发〔2017〕25号）

的文件，为民间传统工艺的振兴提出了明确要求，提出了贯彻实施的主要任务和具体措施。传统手工艺在过去一般采用"父子相传，师徒相授"的传承方式，即大概从亲戚知交辈中，择其十二三岁以上之子弟，教养之以为徒弟者也，又往往于亲戚朋友以外，寄同乡者之子弟，亦教养之。然而大抵无他乡之缘者，则不养也。这种技艺传承方式虽然封闭具有排他性，但也保持了技艺传承的稳定性，对高校的教学模式以及师生关系等都有一定的借鉴意义。高职院校在教学模式上与传统手工艺"父子相传，师徒相授"的传承方式有一定的相似性。

因此，高职院校完全可以汲取传统手工艺传统传承模式的精华，通过转变教学观念，聘请传统手工艺大师建立校内大师工作室，形成工艺美术大师、非遗传承人与专业教师相结合的师资团队，将传统手工艺活态传承与职业教育有机融合，全方位打造公共基础知识、文化艺术素养、非遗基础理论、工艺美术基础、现代设计艺术和专业技能知识等多元融合的课程体系，完善并形成以口传身授的活态传承形式培养人才的大师工作室现代师徒传承制。高职院校结合职业教育特色，对传统手工艺中父子师徒相继、口传身授的技艺传承模式进行借鉴创新，完善了大师工作室现代师徒传承制，推动了传统手工艺传承向现代职业教育师徒制改革，并最终形成系统性、规范性以及科学性的传承模式，使学生既能掌握传统师徒传承中的核心技艺，又能学习现代设计教育理念与创作方式，提高了学生对传统手工艺和专业学习的兴趣，推进了职业教育创新型人才培养与传统手工艺传承的结合。

3.搭建创新教育与乡村传统手工艺保护传承双向互动的实践平台

推动传统手工艺融入现代生活，促进农村传统文化生态保护的振兴。城市化是人类社会走向文明的必由之路。随着我国近二十年来城市化进程的加速，大部分城市的面貌发生了巨大变化，人民的生活水平有了显著提高。但取得这些成就的代价却是不少城市和地区只看到眼前经济利益，盲目和过度开发，忽视了对传统手工艺在内的文化遗产的有效保护。农村原本枝繁叶茂的优秀传统文化和传统手工艺正在农村青年群体中逐步消失，在城市化和工业化的车轮挤压下其生存空间日益萎缩。传统文化和传统手工艺的褪色导致长期活跃在农村的手艺人在村民生活中渐行渐远。中国农村文化素来以地域文化丰富、文化种类多样而著称，所谓"百里不同风、十里不同俗"。基于地缘之上的乡村传统手工艺生态系统在乡村尤其古村落的保存相对完整。服务地方文化发展、繁荣文化的创新之路是高职院校的基本任务之一。

在我国城乡一体化和美丽乡村建设中，高职院校一方面发挥职业教育教学、科研优势，主动与地方政府、工艺美术协会、行业企业等开展合作，充分发掘整理广大乡村地区的乡村传统手工艺资源，帮助地方探索建立科学有效的乡村传统手工艺遗产的保护传承机制，为拥有丰富乡村传统手工艺资源的乡村培养非遗保护和传承人才，帮助传统手工艺大师建立团队，成立乡村传统手工艺合作社，建立互联网营销机制，设立传统手工艺品销售平台，帮助推介传统手工艺产品，扩大农民就业创业，提升农民的收入水平。另一方面，传统手工艺要想适应当代社会经济生活发展需求，就应该积极主动实现改变和创新，真正做到"在变中求不变、在不变中求变"。

因此，高职院校以银饰、刺绣等适合当代人生活的传统手工艺项目为重点，挖掘传统手工艺中的当代传承价值，结合现代生活需求，改进设计，改善材料，改良制作，提高传统手工艺产品的整体品质和市场竞争力，推动传统手工艺融入现代生活，为扎根在农村的传统手工艺传承人提供科研保障和技术服务。目前，我国经济社会发展进入新常态。原有的以高投入、高耗能为主的经济增长模式已经不适应我国现阶段的经济发展要求，这就需要党和政府加快国家创新驱动发展战略的落实，促进科技创新成果向产业化转换，在国内形成"大众创业，万众创新"的良好环境氛围。创新教育在高职院校的开展，既顺应了社会经济发展对职业教育的外在要求，又是高职院校提升核心竞争力的内在需要。因此，高职院校要充分发挥职业教育特色优势，尊重教育教学规律和学生实际特点，不断强化创新教育改革力度，结合乡村传统手工艺的传承与保护，有针对性地开展学生创新思维训练，培养学生创新精神和创新意识，积极引导学生把传统手工艺创新训练项目向实际项目转化，提高学生创新实践与对接平台的产业孵化能力以及知名度和影响力，最终形成高职院校创新教育的专业化、特色化、实践化。

第三章 服务乡村振兴战略高职院校技术技能人才培养的必要性

第一节 服务乡村振兴战略高职院校技术技能人才培养的优势

一、高职院校技术技能人才培养的特征

（一）技术技能人才

从技能型人才到技术技能型人才再到技术技能人才，无论文本表达与语义程度如何变更，对于职业教育人才培养的目标始终围绕着生产活动展开，都以职业能力为基础。技术和技能，既是伴随人类社会发展而共生的复杂现象，又是凸显人类实践活动且内存的特殊智慧。

一般而言，技术是指人类在认识自然和利用自然的过程中积累起来并在生产劳动中体现出来的体验和知识，而技能是指掌握和运用技术的能力。

从逻辑结构上看，技术是技能积累的凝练集合，是技能行为产生的源头活水，技能是依附于技术在与人结合后衍生而成的生产能力；从知识向度来看，技术是内隐的技能之和，技能是外显的技术扩散；从实践层面来看，技能更强调劳动者在生产工作中熟练地掌握技术知识和操作要领，而技术除了包括娴熟的职业生产能力外，还要求一种工程能力，即工艺升级和创新的能力。具体到职业教育领域，以及在所有强调知识应用的教育领域，尤其要提高作为技术装备和技术规则的创造者和应用者，亦即"造物者"或"用物者"的能力。这个能力更多地体现为个体在生活或工作中与世界打交道所需要的经验、知识和技艺、技巧。

（二）我国高职院校技术技能人才培养的维度分析

标准是人才培养的先行引导，技能是人才培养的核心要素，质量是人才培养的根本指标。职业教育人才培养标准的制定在完成学校培养计划的基础上，需加入企业的从业资格标准，突出标准的双重属性。在产业结构升级、智能化推进的基础上，产教融合的人才

培养需具有动态性，强化人力资源配备对经济社会发展的逻辑遵循度。产品质量之所以缺位，从根本上来说还是由工具主义过度赋魅所致，需在人才培养的初始环节赋予工匠身份认同，规制职业角色素养。

1. 标准维度

任何一种职业必须纳入社会统一管理的范畴，就是职业的社会化。只要职业向社会化动态靠拢就需要制度化规约，即标准以绝对权威参与职业资格管理，引导劳动力市场准入由无序走向有序，维护劳动力市场运行的结构性平衡。我国战国时期先哲擅长运用标准帮助社会在盲目涣散、规范消解的危机中，发挥排他性监督作用，辨认专业性自律。正如韩非子主张"悬衡而知平，设规而知圆"。标准是一个绝对理性的衡量尺度，参与差异辨认与规范引导。以职业标准作为评价的参照物，对职业教育毕业生群体进行评估，为遴选合格毕业生提供必要依据，能够对被观察对象的达标情况进行科学合理的判断。

其次，标准属于对员工入职条件做出价值判断的活动，若以标准作为指南可及时发现问题，并通过改进人才培养方案、优化人才培养体系等，帮助学生塑造工作角色，建立起培养主体与标准之间的有效信息传递。

职业教育因其办学宗旨的独特性，形成特殊的人才培养目标，从而使其人才培养标准必须具有双重领域特征，即既完成学校颁布的专业教学标准，又满足职业界制定的职业标准。每个领域的专业知识都具有独立性，一个领域的知识如果由该专业指导会加强指导的权威性，这就要求教育界与职业界，产业范畴与教育范畴，学校与企业在专业教学标准与职业标准形成指向性一致、对象性连续、内容性互映。德国在双轨制人才培养模式背景下，秉持教学标准与学校教育存在高度关联的理念，对于以企业培养为主体的双轨制职业教育来说，"职业教育条例"不仅是教育企业培训的基本标准，同时也是职业学校设计与实施专业教学的根本标准。

要素视角和权力论视角都认为知识（knowledge）基础的构建和自主权（autonomy）的获取是促进个体专业化的关键。

标准应该同时包含知识与自主权两个要素。知识是指以学校标准为表征的技术技能知识；自主权是指以企业门槛为要求的职业水平内化。因此，为充分重视职业人才的知识与自主权开发，在强调理论知识积累的同时，加强学生在实践中生产工作的能力；在强调完成教学任务的同时，加强学生的职业规范训练。

2. 技术技能维度

1940年，英国经济学家克拉克（Colin Clark）在英国古典经济学家威廉·配第（WilliamPetty）的基础上归纳整理出产业升级定律。他认为随着经济的发展，劳动力首先由第一产业向第二产业转移，然后再向第三产业转移。目前在我国产业优化升级过程中，第三产业即服务业的增长值比重不断提升，并且在智能化时代加持的背景下，催生了高新技术产业的生长与成熟。简单、重复的低技能劳动力需求相应减少，而技术密集型的劳动力出现用工荒的现象。《高技能人才队伍建设中长期规划（2010—2020）》指出，"到2020年，全国技能劳动者总量将达到1.4亿人，其中高级工以上的高技能人才达到3900万人"。

面对产业升级的时代要求，职业教育作为技术技能人才储备器，须不断提高其服务经济的能力和发挥适应产业结构的功能，完成经济社会发展对职业教育提出的价值期待，形成高技能人才和高技术人才两种人才培养规格。职业教育是依托产业结构的教育，产业不仅充当职业教育的服务对象，同时也是职业教育的需求主体，为了更好地稳定产业与教育之间的同构性，职业教育人才培养需要及时做好岗位要求分析，着重考察各行业领域不同岗位、不同层次对人才的需求情况。一方面，破除"机器换人"的舆论，改变"流水线"式工人的培养模式，转而培养拥有高端、高能、高附加值专业能力的技能人才；另一方面，新兴产业快速崛起，技术创新步伐随之加快，在人才培养环节需要借助企业和产业的平台吸收新技术、承接技术扩散，并且主动承担在实践操作中技术进步的任务，在优化实践环节，引领创造性生产技术，形成分工明确、层次分明、适应产业、顺应时代的技术技能人才培养格局。

3. 质量维度

人才培养质量是职业院校转型升级的评估指标，职业教育走内涵式发展道路的核心指标在于培养能够胜任工作岗位的优秀行业代表，而人才培养的质量从基础上决定了职业院校的质量。

人类借助技术技能参与生产实践活动，价值理性的祛魅化和道德伦理的衰微之态不仅使生产的产品与提供的服务陷入质量缺失的陷阱，而且加剧人的工具化。职业教育人才培养的质量价值观包括促进人的全面发展和适应社会发展的需求，这意味着韦伯设想的价值理性与工具理性应该处于和谐共生、互利互惠的矛盾性平衡关系中。我国虽享有制造业大国的称号，却陷于"差不多先生"的囹圄困囿。在向制造业强国转型过程中，工匠精神的提出无疑为"中国质造"开出了一剂良方。工匠精神并不是"拿来主义"的异化，也不是无的放矢的精神标杆，而是传统工艺坚守与现代理性思维有机结合的产物，是面对傲慢与偏见的再次质量出发。职业教育学生作为工业生产的预备军，职业素养的培养应该与工匠精神形成价值耦合，例如，知行合一、爱岗敬业、精益求精、德艺并举等。而这些价值向度的培养仅有院校的参与是不够的。根据生物界的烙印理论解释，特定阶段的环境特征会对个体或组织产生影响。在产教融合的人才培养路径下，处于成长阶段的学生接受来自企业行业和职业院校的双重烙印，从源头培养上突出两大培养主体的角色效应，在理论知识的获取过程中接受院校的文化、制度教育；在生产能力的习得中承袭职业操守规范，让工匠精神的培育既有教化之地，又有浸润之所，以期有效发挥工匠精神对于规范劳动者职业素质的质量引领作用。

（三）我国高职院校技术技能人才培养的基本特征

人才培养模式是职业教育人力资源开发与配置的基本载体。在政策文本中经历了从工学结合到校企合作再到产教融合的解说演进，语义内涵层层递进，产业与教育之间的互动性不断加强，联系越来越稳定。职业性一再强调高职院校技术技能人才培养须具有职业精神，即有业者乐业。创新驱动发展战略是我国经济转型升级的必要条件，创新性是高职院校深化创新改革的重点，也成为评估院校人才输出的重要指标。终身性的职业特征强调消解技术技能人才群体被边缘化倾向，即在确认其身份认同的同时，形成可操作化工作渠道，强调高职学生专业技能时，重视组织技术技能的专业遵从。

1. 职业性

人才培养是院校的重要职责之一，对于高职院校而言，其办学任务在于培养完整的职业人。对于技术技能人才来说，基于工作岗位要求的职业性是规制其专业能力和评估其培养质量的基础。职业性不仅要求高职院校把技术技能人才的培养定位于习得岗位技能的准员工，同时也要求践行职业精神，养成职业承诺。美国社会学家利伯曼（Lieberman.M）认为评判某一职业的专业化标准除了包括专业理论知识、提供社会服务、具有自主权、经过组织化与程序化过程外，还应该具有"对从事该项活动有典型的伦理规范"。以客体引导形式催生职业人主体道德自觉，在一定程度上能够防范职业道德产生消退而呈衰微之态的不正常现象。爱岗敬业是职业认同增值的动态过程，是建立在谋生的生存状态基础上的主体能动自觉与职业意义追求。因为技术技能人才的职业特殊性，这种爱岗敬业产生于教学实践和职场活动中，不仅塑造着技术技能人才的专业理想，支配着职业行为，同时也决定着受教育者的学习体验与获得。职业性的价值逻辑内涵不单单在于对技术技能人才职业行为起强制规约作用，更重要的是职业人个体在对价值观念理性解读的基础上，探索价值逻辑，达到职业自律，持续提高教育服务社会的附加值，保障优质技术技能劳动力资源供给。

2. 创新性

创新驱动发展战略是我国经济转型升级的必要条件，高职院校也需要通过创新发展来推动内涵式进程，对于高职院校培养的技术技能人才而言，创新性成为评估院校人才输出的重要指标。2010年，教育部印发《关于大力推进高等学校创新创业教育和大学生自主创业工作的意见》（教办〔2010〕3号），该文件提出要大力推进高等学校创新创业教育工作，以创新意识培养为目的，把创业教育作为人才培养的重要模式。2014年9月，夏季达沃斯论坛上，李克强总理在讲话中明确提出"大众创业，万众创新"，以此，"双创"发展成为我国主动适应经济全球化和积极应对世界范围内技术创新挑战的国家重要战略。创新性是技术技能人才对于高职院校深化创新改革的主动回应，也是落实国家"双创"战略的具体表征。高职院校在技术技能人才培养过程中须把握好当前"大众创业，万众创新"的战略发展机遇，在着力学生专业能力的同时，重点培养学生适应社会需求的能力，例如，面对机器时代的来临，"机器换人"的言论众说纷纭，只有具有创新意识的职业人才能更好地契合未来社会发展需求。另外，技术技能人才的创新性还体现在自主创业，互联网的高速发展衍生出一系列新兴产业，具有创新性的技术技能人才可以把在院校习得的技术技能与社会需求相结合，主动参与创业，不仅可以降低失业风险，培养创业企业家精神，而且可以在创新驱动发展中实现人生出彩，成就个人事业。

3.终身性

终身性表现为技术技能人才对职业的认同感与遵从感。职业认同是通过专业性命名对个体进行角色赋予以及社会对个体的专业性肯定而构建起来的，清晰化社会认同指向最优化个人效用，这意味着职业认同不仅制约个体对身份的真实感受，同时也成为影响个人职业行为和决定个人绩效的非替代性因素。早期的工匠人对于自身只有有高度的职业认同，穷尽一生只为做好一项工作，在工作中恪守岗位，并且有强烈的衣钵传承意识。师父对于学徒的教导常常在口传心授中演化成学徒对于手工技巧的传承。随着高等教育越来越受到社会大众的重视，"学而优则仕"与"劳心者治人，劳力者治于人"等思想的泛滥导致高职教育始终处于低位运行。把高职院校排除在高等院校范围之外，看似给予高职院校特殊对待，实际上却用对象划分把高职院校限制于"外来人口"的困围中，让高职院校的身份处于尴尬境地，这种身份认可的排他性与角色认知的不稳定性越发加剧高职学生的自我迷茫程度，当长期的身份渴望无法从社会得到肯定，也止步于名称赋予时，将不可避免地导致高职院校学生陷于自我怀疑与焦虑的桎梏中，导致高职院校学生对岗位的懈怠，其职业终身性也滑入式微之地。

终身性的职业特征不仅在于消解技术技能人才群体被边缘化倾向，更在于他们获得平等的必要资源分配权，即在确认其身份认同的同时，形成可操作化工作渠道；在强调高职学生专业技能的同时，重视组织技术技能的专业遵从；在强化专业能力的同时，不断加强高职学生的职业自豪感与获得感。这不仅保障了技术技能人才的准入质量，也将会在一定程度上增进技术技能人才的身份认同，激发工作热情，实现技术技能人才在企业与院校之间的良性循环，推进校企合作、产教融合。

二、"乡村振兴战略"赋予涉农高职院校的特殊使命

2019年国务院的《国家职业教育改革实施方案》（简称《职教20条》）对职业教育提出了新的时代要求，提出职业教育要为促进经济社会发展和提高国家竞争力提供优质人才资源支撑。但目前在乡村振兴的新形势下，涉农高职院校的人才培养、科技创新、社会服务、文化传承等职能的发挥还远不能满足其需求，具体体现在专业设置与产业结构的匹配度不够高、专业教师的教学与科研水平有待加强、服务产业发展能力不足、招生数量与质量有待提高等。从国家政策导向来看，国家在朝着有利于区域现代农业的发展方向倾斜。"农"字头或偏农类高职院校以及涉农专业在示范建设中受到重视和支持，这表明国家是希望加快发展面向农村职业教育、加强涉农专业建设的。实施乡村振兴战略是新时代"三农"工作的总抓手。对于涉农高职院校而言，"涉农"基因决定着服务乡村振兴是其重要

职责和历史使命，作为高校属性具备的文化优势、创新优势和智库优势是践行职责和使命的重要资本。涉农高职院校应如何在"乡村振兴战略"背景下，与乡村实现"同频共振"？

（一）为乡村振兴提供人才与智力支持

乡村要振兴，人才是关键。当前，农村人力资源短缺和专业人才匮乏并存。没有人才支撑，乡村振兴就缺乏基础，便无法建立乡村可持续的内生增长机制。在乡村振兴人才支撑计划中，专门提到了，包括农业科研杰出人才和杰出青年农业科学家以及乡土人才培育在内的人才支持计划。

一方面，乡村振兴战略的实施有赖于乡村干部的主动性和专业技术人员的创新驱动，以激发乡村发展活力。改革开放40余年来，农村人力资源是单向流动的，主要是从农村流向城市。在乡村振兴战略下，要实现双向流动，让城市的人才流到农村去，为农村的经济社会发展注入活力。

另一方面，新型职业农民的培训是重点项目。根据《"十三五"全国新型职业农民培育发展规划》，到2020年必须实现的指标包括：所有的农业县市区均要开展新型职业农民培育工作，要全面建立"一主多元"新型职业农民教育培训体系（即以公益性教育培训机构为主体、多种资源和市场主体有序参与），计划培养新型职业农民的总量超过2000万人，培训新型农业经营主体带头人的数量年均增长达到60万人等。

为此，涉农高职院校首先应该精准对接乡村振兴战略的人才需求，制定人才培养方案。涉农高职院校应该积极参与到新型职业农民培育工程、乡村专业人才培育工程、科技人才下乡等政府的重大措施中去，具体可以通过三个途径来实现。

第一，推动农业人才培养流程再造、打造学科专业集群，改革专业设置供给，通过体制机制创新，培育懂农业懂农村懂农民、愿意到农村去的大学生。

第二，利用专业优势和人才优势，通过组织有针对性地培训项目，助力这些青年农民成为新时代农村的中坚力量。

第三，积极参与政府的定向培养方案，例如"定制村官"培养工程等，培养一批农村发展急需、政治素质好、发展能力强、留得住扎下根的村官。

通过以上三个途径，涉农高职院校可以比较精准地对接乡村人才的需求，培养当地的致富带头人，鼓励优秀的青年农民回乡创业、反哺家乡建设，围绕当地农业和农村的现代化发展需要，以培养模式创新带动培养质量提升。

（二）产教融合促进高校与乡村同步发展

乡村要振兴，产业兴旺是前提。从国家层面讲，产业兴旺方能确保国家粮食安全，更丰富优质的农产品才能满足人们对美好生活的需要。从地区层面讲，产业兴旺才能为乡村政治、文化、社会和生态文明建设提供物质条件和基础，创造更多的就业机会和岗位，吸引更强大的人才队伍,实现持续发展。从个人层面讲,产业兴旺方能为农村居民保障收入来源,缩小城乡居民收入差距,提升农民生活的幸福感。发展农村的产业是一、二、三产业的深度融合发展,基础是种养业,实现价值延伸的是农产品加工业、商贸物流服务业。除此之外,新兴的支柱产业包括农业与旅游、教育、文化、健康养老等开展的深度融合。基于此,涉农高职院校应该通过统筹优势专业、特色专业参与到农业生产经营各环节全方位。通过产学研结合,大力开展应用科学研究、技术推广及科技服务项目。

一方面,加大农业科技成果转化和应用的力度,积极推进农科教结合、产学研协作,针对乡村振兴的产业发展需要建立课题项目进行系统梳理探析,积极推进一、二、三产业的融合发展,组建创新创业师生团队帮助打造特色产业。

另一方面,依托"互联网+"和大数据思维,利用新理念、新技术、新模式、新渠道协同参与开发农业农村资源,挖掘优势特色产业。以产教融合推动高校和乡村的共同发展,通过和业界、行业或者企业形成实体或者虚拟的产业学院,这样既可以实现将企业资源有效引入校内,聚集社会各方人才,又可以打通智力、技术、下乡通道,服务乡村振兴战略。

(三)文化振兴打造乡村振兴的源头活水

乡村振兴战略超越了产业发展和经济范畴,综合涵盖了经济、政治、社会、生态文化多个领域,与农村、产业、生态和文化建设均密切关联。"产业兴旺、生态宜居、乡风文明、治理有效、生活富裕"这20个字五项任务便是乡村振兴的图景。根据任务解读可知,文化是乡村振兴之魂,只有注入先进文化,才能活化乡村精气神和建设现代乡村文明。要实现乡风文明就必须加强农村的思想道德建设。中华优秀传统文化是立足点,应该结合历史和物质资源,继承、创新发展当地优秀乡土文化,尤其是发掘和发展具有农耕特质、民族特色或区域特点的物质或非物质文化遗产;此外,还要有良好的乡风村规,大力宣传加强农村移风易俗工作。

基于此,涉农高职院校可以充分发挥文化传承的职能,参与到乡村的思想道德建设、先进文化阵地建设和移风易俗行动中去,深入挖掘中华优秀传统文化的思想观念、人文精神、道德规范,结合时代要求,组织师生开展调研,参与中华优秀传统文化在乡村的创造性转化和创新性发展。在校园文化中重点宣传中华文化的和谐、孝道、五伦等,建立课题探究乡村的伦理秩序和文化生态,使大学生深刻了解中华民族传统优秀美德,鼓励他们以多种形式带到乡民的生活当中。此外,院校还可以组织志愿者参与到乡村的公共文化服务中去,丰富乡村图书馆、博物馆、文化活动等建设,活跃乡民的文化生活,在潜移默化中提升乡民道德水平,改善乡村风气。

三、高职院校在服务新农村经济建设中的人才培养优势

为社会经济建设服务是当代高校的重要职能。因此,高职院校主动参与服务新农村经

济建设,是义不容辞的社会责任。而且,与其他类型和层次的学校相比,具有明显的行业办学、企业办学或地方办学特点的高职院校,在参与新农村经济建设中还具有以下独特的优势:

(一)人才培养目标定位较适合的优势

新农村经济建设目标的实现,需要大量能下得去、留得住的实用型、技能型人才。普通高等学校主要培养理论型、研究型的高级专门人才,从目前来看,普通高校的毕业生即使下得去也未必留得住。目前在我国,实用型、技能型人才是多数高等职业院校的人才培养目标,新农村经济建设为广大高职毕业生施展技能和才华提供了广阔的舞台。而且,有数据表明,高职院校招收的学生大多数来自农村,了解农村,对农村有更深的感情,更容易适应农村的工作和生活环境。只要政策配套合理,他们更愿意到农村基层就业和创业。这批人最可能成为新农村经济建设人才队伍的中坚力量。

(二)专业设置较灵活的优势

目前,高职院校的办学方向已经普遍确立"以市场为导向"的原则,这使得高职院校的专业更能根据市场的需求来设置,具有开放式、灵活性、定向性、专门化、规格多样、宽窄皆宜的特点,能在较短的时间内适应经济结构的调整与劳动力市场(就业结构)的变化,并能把发展的焦点瞄准在短缺人才上。因此,更加容易根据新农村经济建设的人才需求结构来调整专业设置,为新农村经济建设培养更多的紧缺型、适用型人才。

(三)实用科学技术资源较丰富、技术转化较直接的优势

高职院校由于其面向地方和一线培养人才的特殊办学定位,决定了它与地方经济、生产一线的联系更加紧密,更关注实用科学技术资源的开发和储备;此外,高职院校拥有既能从事实用科学技术教学又能从事实用科学技术应用和开发的"双师型"教师队伍,因此,具有实用科学技术资源较丰富、技术转化较直接的优势。这就是高职院校在改变传统农村生产方式、改良农业品种、推广农业技术、开发适合农村经济发展的项目、参与新农村建设规划等方面以及根据农村道路硬化、村庄绿化、路灯亮化、卫生洁化、河道净化的要求,帮助推进农村改路、改水、改厕、改房,发展农村生态家园,改善农村生态环境和人居环境等方面,可以大有作为。

(四)教育培训资源较独特的优势

高职教育既可以适应学历教育,又能适应任职资格(职业培训)、职业技能培训的需要,这种专业口径的宽窄结合、高职课程综合化与专门化的结合、专业设定长短结合的优势,是普通高等教育很难匹敌的。特别是高职教育在满足市场对人才类别、数量和质量要求上更具针对性,培养的人才更具"创新"素质,专业设置及教学内容更贴近经济建设与发展。因此,高职院校能够利用这些培训教育资源的独特优势,为新农村经济建设的技术骨干、致富带头人和农村干部以及广大农村剩余劳动力转移就业进行技能培训,培养更多

有就业能力和创业能力的新型农民。

四、高职教育对接新农村建设人才培养的可行性分析

（一）高职教育对接新农村建设人才培养质量上有保证

社会主义新农村建设需要的是具有一定的理论知识基础的实用型、复合型人才。这类人才的特点是实践能力强、动手操作水平较高，但又不仅懂技能还必须掌握相关的理论知识；在具备实践技能的同时还有必要的奉献精神和开放意识，能自觉主观地带动周围农民一起创业致富；不仅对农村很了解，有一定的农村、农业的出生背景，而且对"三农"问题很关注并愿意主动参与其中，这类人才培养和教育主要由高职教育来实施。

众所周知，本科及以上的学校培养的是理论研究人才，这类人才在新农村建设中表现为"大事干不了，小事又不干"，而且所学知识很难在农村发挥作用，学生也不会首先选择服务农村和基层，农村没有他们施展才能的天空，即使被分配到农村也不一定留得住。社会主义新农村建设需要具备非农户口专业的高技能型人才，但相对于农业的发展、农村经济建设而言，非农专业人才的需求相对较少。新农村建设最紧缺的是立志为农服务，愿意扎根农村，掌握农村实用技术和农村实际工作知识，具备开拓创新精神，能带动大家共同致富的各类人才。

中等职业教育的人才培养层次较低，侧重技能而轻理论，主要培养的是熟练工人，这类人才理论基础知识有限，常常不能适应新技术新设备的更新，同时由于理论高度不够、创新意识较差，故而很难完全满足新农村建设发展的要求。

高等职业技术教育培养的应用型人才具备相当的理论基础知识，他们能将理论知识有效与生产实际相结合，能够适应现代科技发展要求；这类人才既能从事生产实践，又能开展科学研究，具有人才的双重性。"高职教育培养的人才能够胜任新农村建设的任务要求，他们具有开阔的发展视野，具有较高的情商和良好的沟通应变能力，具有勇气面对实践第一线、合理运用实践技能应对富有创造性的挑战，具备优良的团队协作能力，具有经济与社会的协调发展观。"为加快社会主义新农村建设，正是需要以上这些既掌握一技之长又具备一定的理论基础知识和文化素养的人才。

（二）新农村建设迫切要求高职教育的积极参与

在现阶段，新农村建设的主体——农民普遍文化素质较差，劳动技能缺乏，要从根本上缩小城乡之间的差距，尤其是思想观念和经济文化的差距，最有效的方法是将职业教育普及到广大农村和农民身上，让他们成为创业的能人、发展农村经济的能手，才能真正满足新农村建设要求。当农村经济真正发展起来了，人们的各种精神需求将随之提升，那些落后文化将再无市场。职业教育在培训劳动技能的同时，使农民的思想素质、文化素质大有提高，从而为服务新农村建设提供了良好的精神保障和智力支持。

五、高职教育与新农村建设的互补关系

（一）高职教育在新农村建设人才培养中的重要作用

建设新农村是一项巨大的综合工程，需要数以千万计的建设者和几代人的不懈奋斗才能得以实现。这就对人才提出了客观要求，人才来自各个方面，各种层次，但主要的还是依靠新农村建设的主体——农民。农民素质的提高直接决定着社会主义新农村建设能否实现。当前农民整体素质堪忧，农村技能型复合型人才匮乏，农业科技队伍缺乏，农民富余劳动力不能有效合理流动，农业的生产化程度有待进一步提高等。这些现实状况要求我们必须务实有效地解决新农村建设人才培养问题，实施以职业教育特别是高等职业教育为主导，其他教育形式并举的教育模式，努力改善农村人才状况。高等职业教育作为服务区域经济，以培养社会主义新农村建设所需要的高技能型人才为目标，被赋予了历史的使命。

高职教育主要培养的对象是社会主义的新生代农民，对他们实施的人才培养工程将直接受益于社会主义新农村建设；高职教育同时还为农村的继续教育发挥着重要作用。目前的高职教育大多都成立了培训学院或农村技能培训中心，对新农村建设的主体开展技能培训，实用技术的培训，执业医师资格考试培训以及各资格证考试的考前培训，这些形式多样的继续教育对于提高农民的综合素质，促进再就业具有十分重要的意义。

（二）新农村建设为高职教育健康发展提供了广阔市场前景

1.新农村建设极大改善了高职教育的招生状况

近年来，国家大力扶持农村经济建设，农村经济状况有了明显的改善。农民不再仅仅满足于温饱，同时对精神文化需求也随着经济的发展而不断提高。他们不再将子女的就业定位只限于从事传统手工技艺、传统农业的生产、种植、养殖等。他们寄希望于自己的子女到高校深造学习，提高知识文化水平。自国家实施扩招政策以来，高等学校入学率有了明显提高，对于不能进入本科院校深造的农村子女来说，进入高职院校深造学习成为一种可能。国家各项政策大力发展职业教育，职业院校办学条件的改善极大地刺激了农村子女的入学欲望，进入高职院校学习和掌握一技之长，实现父辈的大学梦想，成为许多学子的学习目标。实现农民的持续增产增收，这些必须提高新生代农民的素质，在这些大的背景条件下，高职教育面临难得的发展机遇。

2.新农村建设促进高职教育更好地适应市场需求

从目前在校生的生源性质来看，绝大部分的高职生都来自农村，为了改变目前落后的经济生产状况，需要对高职生进行各种专业技能、实用技术，特别是动手操作能力的培养，只有这样，才能适应新农村建设的需要，而作为培养新农村建设者的高职院校应该顺应市场的客观需求，以服务地方农村经济为宗旨，在专业的设置和人才培养目标上进行主动调整，科学处理好职业性与学术性的关系，重视高职生职业能力的培养，加强高职生实践技能的训练。从目前高职院校专业设置的情况来看，涉农专业显然太少，高职生可选择

的余地很小。有的学生有学习农口专业的志向，但是进入高职后，没有开设相应的专业；有的高职院校虽然是本地区唯一的高职院校，目前也很少设置农口专业；有的高职院校有少量的涉农专业，但是没有形成农业专业体系，不能系统培养新生代农民。为了适应社会主义新农村建设需要，特别是新农村建设对人才的需求，高职院校必须更新教育观念和培养目标，加强专业结构的调整与优化，适应新农村建设的需要，对专业结构进行调整的同时，也要对专业进行整合，优化专业结构。

3. 新农村建设可拉动高职院校毕业生就业市场

近年来，国家扩招政策的实施，扩大对人才培养数量的同时，也给就业市场带来前所未有的压力，另外，我国工业现代化水平不断提升，劳动力需求量明显减少，城市富余劳动力有向城镇转移的迹象。对于高职生来说，要想在工业化城市里站稳脚跟，没有高深的理论水平、扎实的专业知识是无法想象的。在新农村建设的历史机遇面前，将所学技能运用到新农村建设的实践中是最佳选择，在国家各项优惠政策的引导下，大批高职生毅然选择服务基层、服务农村，这一良好的就业观念有效地缓解了大学毕业生的就业压力，也为真正实现培养新农村建设所需要的下得去、留得住、懂技术、能经营、会管理的人才创造了条件。

六、涉农人才培养的结构与农村产业结构升级的关系

（一）高职院校涉农人才培养结构

目前，涉农技能型人才在农村经济结构调整时供不应求。要使农业人才满足农村经济的要求，在进行人才培养时就要注意培养结构的构建，而结构问题的主要表现是涉农专业、学科以及课程设置与农村经济发展相脱节。培养涉农人才时应注意的人才培养结构有以下几点：

在高职涉农专业培养人才时，知识结构、能力结构和素质结构的特点主要体现在以下几个方面：

1. 知识结构

高职涉农专业所培养的人才应具备基本的科学文化基础知识及扎实的专业技术知识，前者是一个人的基本修养要求，也是其可持续发展的要求；后者是其从事职业所必备的，标志着其专业修养水平。

（1）科学文化基础知识

高职涉农专业的学生无须具备高深的学术水平，但是文化知识不能全丢，在基础知识方面，必须掌握一些基本的思想政治基础知识、基本的人文社会科学知识、自然科学基础知识等。同时加强自然科学基础知识类的数学基础知识、写作能力、英语阅读能力及计算机等科目的教学，使之达到高等教育的基本要求。例如，作为一名兽医，不仅要懂得动物生物化学、动物解剖、动物生理、动物微生物、动物营养与饲料加工等专业性的课程，与

职业相关的动物生产、兽医临床诊断、动物普通病、动物疫病、宠物疾病防治等拓展性的知识也要掌握，这就要求任何一名农业工作人员要有基本的学习能力。

（2）专业技术知识

专业技术知识是一些关于专业类的回答做什么和怎么做的知识，着重把科学知识运用到各种人类活动中解决实际问题，实用性、定向性强。它向上联结着科学，向下联结着生产，是高职教育涉农专业学生应重点掌握的一类知识。在这部分学习中，不仅要扎实、融会贯通，还要强调前沿性、实用性和适应性等。例如花卉生产与应用技术等知识，这些专业的教学内容必须紧跟园林花卉产业的最新发展，及时更新授课内容，并且要根据省内园林花卉产业生产实际和栽培模式，增加园林花卉设施栽培方面的内容。

2.能力结构

能力结构主要包括专业能力和关键能力，专业能力体现专业本领，而关键能力则体现从业者的综合本领。

（1）专业能力

高职涉农专业培养人才的专业能力是指从事农业生产、经营、服务等活动所需要的工作能力，它是知识和技能的综合，是能力结构的核心部分，是从业者胜任工作、赖以生存的本领。它也是涉农专业人才区分于其他专业的根本所在，如高职类园林技术专业所培养的专业能力是具备园林工程预算能力、具有标书制作能力、具有园林施工与组织管理能力和具有绿化栽植工程的施工与养护能力的人才。

（2）关键能力

高职涉农专业培养的关键能力是指对劳动者从事农业生产劳动必不可少的跨职业的基本能力。它包括解决实际问题、合作交流、使用新的生产技术及信息的运用等基本的关键能力。现阶段为了适应从业者换岗及不断适应新技术，更加重视关键能力的培养。

3.素质结构

高职涉农专业培养的素质结构主要包括基础素质和专业素质。

（1）基础素质

基础素质主要包括基本的思想道德素质、科学文化素质、健康的身心素质等。高职涉农专业学生基本素质突出表现在吃苦耐劳、热爱劳动的观念和团结协作的精神等方面。

（2）专业素质

专业素质是专业知识和专业能力的综合与升华。高职涉农专业学生要具备对农业新技术的接受和理解力、产品质量意识、生产安全意识、经济观念等，并且具备能够从事农业生产劳动第一线的适应能力。专业素质是整个素质结构中的核心素质，它也是高职教育涉农专业的特色所在，因此，高职教育涉农专业的培养目标应该着重突出专业素质的特点。

（二）农村产业结构升级的主要趋势

随着全球经济一体化的进程和我国农业生产力水平的提高，农业国际化趋势越来越明显、农产品供求关系的变化表明农村靠增加农产品数量或提高农产品价格来提升经济水平的潜力不大。同时，城镇居民对农产品质量要求逐渐上升，农村的产业结构升级势在必行。农村产业结构升级主要表现为以下几个趋势：

1. 强化科技指导

强化农业的科技培养，提高农业现代化水平。农业现代化是科学技术在农业生产中的应用、农业管理方式的创新。农业现代化让农民告别老旧的农业器具用上现代化的农耕机械，使农产品优质生产、经济高效发展。农业现代化也催生了现代农业园区的建设，许多地方的农业园区采取技术手段促进当地优势农产品的培育与销售，并且随着社会的进步，农业现代化的标准与程度将不断提高。

2. 特色产业成为主流

随着各地农村现代农业园区的增多，农业标准化基地也快速提升，一些地区抓住机会发展现代特色效益农业。

3. 增强农业品牌建设

充分利用电子商务、农博会、户外广告、直销网点等，将农业营销市场不断扩展，对该地的农村产业进行宣传，产业得以做大做强。展开农业行业的招商引资，给予农村产业结构升级经济上的支持。例如，湖北宜昌红花套镇的"土老憨"鱼骨酱，就是利用当地旅游资源宣传出来的。当地村民向前来游玩的游客销售三峡特产鱼骨酱，再借助互联网的宣传，将该地具有三峡特色的农业品牌推向市场，品牌知名度和影响力不断提升，助力其农村产业结构升级。

4. 环保意识提高

在农村产业结构升级过程中，农民的环保意识有了大幅提高。农业环境资源保护有序开展，绿色防控、节水滴灌等环保生产技术已走入农户家。曾经最让人头痛的农作物秸秆焚烧，进行禁烧管控，一些地区还制定了秸秆综合利用补贴标准，鼓励收贮利用。加快发展生态循环农业，既发展了经济又保护了生态系统，使农村资源得到合理利用，巩固了农村产业结构的转型升级。

（三）高职院校涉农人才培养结构要与农村产业结构相匹配

农村产业结构的升级使其走向高级化、知识化、合理化，对于涉农岗位的要求也有所提高，对涉农人才的需求量不断增加。农村产业结构变化会对高职院校涉农专业产生直接影响。以新技术、新科技、高素质、增加产业附加值为标志的产业结构升级，会提高农业技术层次，对涉农人才要求也更高，同时要求高职院校的涉农人才培养结构要跟随农村产业结构的高级化而高级化。而产业结构调整后产生的新的农业岗位与所需农业人才之间却存在时滞效益，这就给高职院校带来了挑战。首先，高职院校了解产业布局。以其发展趋势为主导，坚持科学性、创新性与前瞻性的统一，提高人才培养结构与农村产业结构的对应度。其次，立足于农村经济发展来进行专业设置与人才培养，为农村产业结构的升级提供相当数量的高技能农业人才，例如应用型技术人才、管理人才和大批熟练的技术人员等。人才培养结构只有与农村产业结构相吻合，才能培养出合格的涉农人才，帮助农村产业结构升级成功。紧抓农村经济建设重点，培养其所急需紧缺的农业人才，让高职院校人才培养结构与农村产业结构达到内外统一。最后，二者在结构上的相互匹配，也增加了农业行业的技术工种的用工量，从而提高了相关专业的毕业生就业率，反之，高技能的涉农人才在今后的农村产业结构转型中，起到的促进作用是不可估量的，可见高职院校涉农人才培养结构与农村产业结构的匹配是可以使二者相互促进共同发展的。

第二节　服务乡村振兴战略高职院校技术技能人才培养的意义

一、服务乡村振兴战略高职院校技术技能人才培养的定位

不同类型、不同层次的人才需要不同类型、不同层次的高校来培养，因此，为了使高职涉农专业人才的培养具有特色，保证人才培养的质量，必须对高职涉农专业人才培养模式进行定位。在人才培养模式中，首先要明确人才培养目标，它是对人才培养质量的规定。下面从规格、类型、层次三个方面论述人才培养的定位。

（一）高职涉农专业人才培养规格

高职教育培养目标由两个方面构成：一是为谁培养人，即社会性；二是培养什么人，即人才规格，这是制定培养目标的核心问题。概括地讲，人才规格包括三大方面，分别是知识结构、能力结构和素质结构。

一般而言，知识是能力和素质发展的重要基础，但错误的知识和僵化的知识都不利于人的身心发展。能力是知识的抽象和内化。素质内涵又比能力丰富，是知识和能力的升华和高层次表现。知识的存在形式不仅有头脑，还有书本等，但能力和素质则必须附属于人本身，并表现在实践中。

（二）高职涉农专业人才培养类型

职业教育是由多类型教育构成的完整体系。不同类型的职业教育所培养的人才有所区别，因此，人才类型问题也是分析培养目标之前须予以明确的。从生产或工作活动的过程和目标角度来划分，主要包括学术型和应用型两类人才，学术型重理论，应用型重实践。随着科学技术加速发展和劳动分工的逐渐细化，科学原理转化为生产手段和生产过程的环节不断增多，与之相应的人才类型也不断增加，即在科学家与技术工人之间出现了工程师和技术员这一人才类型。就此形成了四类人才，即与学术型、工程型、技术型和技能型相

对应的科学家、工程师、技术员和技术工人,而第三类人才——技术员就是高职教育所要培养的人才。因此,高职涉农专业所培养的技术型(工艺型、执行型、中间型)人才,就是在农业生产第一线或工作现场从事为社会谋取直接利益的工作的人,只有经过他们的实践活动才能使工程型人才的设计、规划、决策转变为物质形态或者对社会产生具体作用。技术型人才可分为三类人才:

生产类,如工厂技术员、工艺工程师、工地施工员、农艺师、畜牧师、植保技术员等。

管理类,如车间主任、作业长、工段长、设备科长以及行政机关中的中高级职员。

职业类,如会计、出纳、统计、助产士、农业生产经营者等。

因此,高职涉农专业的培养类型是能够从事农业生产、建设、管理和服务工作的高级技术应用型和高技能型人才。

(三)高职涉农专业人才培养层次

高职阶段的教育具有双重属性,一是因为它是高等教育的组成部分,因而具有高等性;二是它是职业教育的一部分,因此具有职业性。高职培养的人才要具备与高等教育相适应的基本理论知识,同时要具备职业人才的实践技能。高职技能型人才区别于普通高等教育的关键就是要提高实践动手能力和分析、解决生产实际问题的能力;而与中等职业教育的差异在于高职技能型人才具备较宽的知识面和较深厚的基础理论知识。

二、高职院校涉农类大学生服务"三农"意识的必要性

实施乡村振兴战略,不仅是党的十九大的重大决策部署,而且是决胜全面建成小康社会、全面建设社会主义现代化国家的重大历史任务,还是新时代"三农"工作的首要一环。实施乡村振兴战略的关键一步是人才振兴,高职院校涉农类大学生有责任肩负起新时代赋予的"三农"使命。而高职院校作为培养"三农"专业人才的培养基地,应始终坚持立德树人的目标,把乡村振兴战略融入高职院校涉农类大学生"课程思政"过程中,培育高职院校涉农类大学生服务"三农"意识,引导高职院校涉农类大学生积极服务"三农",鼓励高职院校涉农类大学生毕业后积极到农村创业就业。在乡村振兴这个时代背景下,培育高职院校涉农类大学生服务"三农"意识意义重大。

(一)服务"三农"意识

服务"三农"意识从字面上看是由服务"三农"和意识两个部分组成的,而从词语的核心要素上看,意识是这个词语的核心部分。

一方面,从马克思主义哲学的学科角度来说,意识是物质世界在大脑的主观反映,其本质是人脑对于看见的、听到的、想象的客观事物所形成认识的概括和反映。就意识的基本内容上看,意识是知、情、意三个要素的结合体,"知"是知识,指人类对世界的知识性与理性的追求,即人类对于社会有客观的理性的认知,是人类对科学规律和生活经验的

总结;"情"是情感,指人类对客观事物的感受和评价,即人类对事物产生和发展的过程,在情绪上的一种表达方式;而"意"是意志,指人类追求某种目的和理想时表现出来的自我克制力、毅力、信心和顽强不屈等精神状态,即人们在处理客观事物过程中,通过已有的经验表现出来的一种心理品质。另一方面,从现代心理学的角度上看,广义上的意识是直接经验的个人主观印象,意识活动的特点是有层次性,表现为意识活动划分为认知、情绪情感和意志三种层次的活动。

而服务"三农"意识是指人类在现有认识的基础上对未来即将发生的事情的判断和思考,产生的从事服务"三农"实践活动的动机。从马克思主义实践论来说,实践是认识的基础,也是认识的来源,它是认识能够不断发展的动力,也是检验人类认识的唯一标准。认识虽然来源于实践,但是它可以指导人类日常生活实践,服务于实践活动。所以,高职院校对大学生服务"三农"意识的培育很重要,只有形成良好的服务"三农"意识,才能使高职院校涉农类大学生发自内心地"学农爱农"。

服务"三农"意识的内涵具体包括以下三方面内容:

第一,服务"三农"意识是一种特殊的社会意识,是人们在乡村振兴实践中对"三农"问题的含义、内容、价值以及各种"三农"现象的一种主观上的认识。

第二,服务"三农"意识的特点是有层次性,首先,人们要有对农业的认知,具体可表现为人们掌握一定的农业知识、正确评价农业政策及献身农业领域的思维;其次,人们要有关于农村的特殊情感,可表现为对农村的喜欢或者是感恩等;最后,人们要有关于农民的喜爱之情,表现为愿意成为"三农"工作者的热情。

第三,服务"三农"意识是人们在"三农"实践中形成的一种思想认识和价值选择,引导人们坚定服务"三农"理想,帮助人们提升自身服务"三农"的能力。一方面,服务"三农"实践者在实践过程中易产生不安、恐惧与焦虑的心理状况,而服务"三农"意识具有心理安定剂的作用,为服务"三农"实践者提供心理支撑。另一方面,服务"三农"意识是促进服务"三农"实践者实现成功的动力。因此,服务"三农"意识具有指导和辅助作用,服务"三农"实践者应认识到培育服务"三农"意识的重要意义,从而取得服务"三农"实践的成功。

(二)服务"三农"意识的培育

服务"三农"意识的培育是指对人们进行有关服务"三农"认识、情感、态度的教育,就是教育者运用国情、乡村振兴战略、农业政策和"三农"人物等相关知识对人们进行有目的、有计划、有组织的培养,使他们形成强烈的"三农"意识,自觉参与服务"三农"的教育实践活动。而高职院校涉农类大学生服务"三农"意识的培育是指对高职院校涉农类大学生进行有关服务"三农"认识、情感、态度的教育,就是以高职院校涉农类大学生为教育主体,运用"三农"相关内容,开展思想政治教育、专业教育和"三农"情怀教育,培养高职院校涉农类大学生的服务"三农"意识,鼓励高职院校涉农类大学生去了解我国农业文明的发展历史、关注农村发展现状以及农民生活情况等，从被动接受知识转变为积极主动去了解"三农"。

高职院校涉农类大学生服务"三农"意识的培育包括以下内容：

1. 对"三农"有一定的认知

高职院校涉农类大学生必须了解"三农"方面的最新资讯，熟悉国家出台的"三农"政策及乡村振兴战略，才能通过乡村振兴战略融入"课程思政"的形式来引导高职院校涉农类大学生形成正确的三观，转变高职院校涉农类大学生对"三农"的错误认知，摒除从事"三农"没有出路的消极思想。

2. 拥有丰富的农业理论知识

高职院校涉农类大学生必须具有丰富的专业知识和比较系统的知识体系，能够在服务"三农"的过程中了解专业对口的行业发展，而"三农"专业人才需要的专业知识复杂又全面，主要包括农业生产发展的基础理论知识、乡村建设与规划相关知识和新型职业农民培育知识。因此，高职院校需要加强思政课、通识课、专业课的教育教学，提高高职院校涉农类大学生的理论知识水平。

3. 具备一定的专业技能

专业技能是指人们在工作中利用自己所掌握的专业知识解决相关问题的能力。高职院校涉农类大学生还需要有较为完备的专业技术，而专业技能正是提高服务意识的一种实践能力的体现。高职院校涉农类大学生的专业技能就是通过"三农"实践平台展示其农作物生产技术、农业推广、生产开发、城乡规划等服务"三农"的能力。

4. 有"懂农业、爱农村、爱农民"的理念

由于高职院校涉农类大学生现有的思想状况在一定程度上会影响其就业选择，高职院校涉农类大学生必须转变"学农不爱农"的思想，才能自觉把服务"三农"作为就业方向，才能树立扎根基层、服务"三农"的择业观和服务"三农"的意愿，从而实现人生价值和个人理想。

5. 有强烈的使命感和责任感

在服务"三农"过程中，高职院校涉农类大学生获得一定的社会地位和经济收入、得到社会的尊重和支持，可以激发出高职院校涉农类大学生服务"三农"的热情。当高职院校涉农类大学生享受到政府出台的鼓励大学生服务"三农"的优惠政策、得到相关的机制体制的保障及优良的工作环境时，高职院校涉农类大学生会更加热爱自身岗位，不断地创造社会价值。当社会通过多种方式和途径大力宣传"三农"各行业各领域的杰出代表以及感人事迹，弘扬服务"三农"精神，主动关注高职院校涉农类大学生的成长成才，支持高职院校涉农类大学生参与乡村振兴战略，高职院校涉农类大学生会在服务"三农"的过程中产生强烈的"强农兴农"的使命感和责任感。

通过对高职院校涉农类大学生服务"三农"意识的培育，高职院校涉农类大学生能够

在充满机遇与挑战的服务"三农"实践过程中，掌握基础的农业理论知识和专业技能，更了解国家的"三农"政策，探索成为"懂农业、爱农村、爱农民"的"三农"工作者，对就业岗位有强烈的使命感和责任感，坚定服务"三农"的理想信念，自觉提升服务"三农"的技能，通过不断学习知识接受教育，为"三农"行业的发展提供专业又全面的服务。

（三）培育高职院校涉农类大学生服务"三农"意识的必要性

高职院校应清楚地认识到培育高职院校涉农类大学生服务"三农"意识的必要性，重视培育高职院校涉农类大学生服务"三农"意识，对于高职院校涉农类大学生在大学阶段的成长成才具有重要意义。

1. 建设中国特色社会主义的必然要求

高职院校涉农类大学生应清楚地认识自身在社会发展和历史进步这一进程中所起的作用和占有的地位，把服务"三农"意识培育的目标和内容与个人理想结合起来，意识到中国梦不仅仅是国家的富强梦，更是实现自我价值的幸福梦。由此可以看出，加强高职院校涉农类大学生服务"三农"意识培育对于建设中国特色社会主义有重要意义。

因此，培育高职院校涉农类大学生服务"三农"意识，要增强高职院校涉农类大学生对马克思主义理论的学习，坚定服务"三农"的理想信念，引导高职院校涉农类大学生为中国特色社会主义事业的发展献身"三农"行业。

2. 推动"三农"行业发展的有力保障

高职院校涉农类大学生作为"三农"领域的后援军，其就业问题影响着"懂农业、爱农村、爱农民"的"三农"专业人才队伍建设。而我国社会发展面临着严峻的新形势，高职院校涉农类大学生的世界观、人生观和价值观受国内外两个大环境的影响，对"三农"行业存在误解，导致高职院校涉农类大学生服务"三农"领域的意愿不高，或者说"三农"意识培养不够，高职院校涉农类大学生缺乏服务"三农"意识，造成高职院校涉农类大学生农业理论知识掌握不够、"学农不爱农"、不愿成为"三农"工作者等问题层出不穷。

因此，高职院校通过各种方式了解学生服务"三农"的意愿，为高职院校涉农类大学生提供就业指导与服务，举办各具特色的服务"三农"的实践活动，培养高职院校涉农类大学生"三农"情怀，鼓励高职院校涉农类大学生积极响应国家政策的号召，引导高职院校涉农类大学生去农村就业创业，利用"互联网+"的方式与各行各业融合起来，从而带动农村经济的飞速发展，为"三农"的发展提供人才优势。

3. 创新"三农"人才培养模式的源泉动力

2018年，中央"1号文件"《中共中央国务院关于实施乡村振兴战略的意见》指出："支持地方高等学校、职业院校综合利用教育培训资源，根据社会热点和需求设置各学科专业，创新高校人才培养模式，为实现乡村振兴培养'三农'专业化人才。"而高职院校涉农类大学生从事"三农"行业，可以通过理论与实践的方式在"三农"领域发挥自身所学本领，服务"三农"。

培育高职院校涉农类大学生服务"三农"意识，一方面，高职院校根据乡村振兴人才需求实施"卓越农林人才教育培养计划2.0"，通过创新科教结合、产教融合的方式实现协同育人的模式，培养"三农"领域所需要的不同类型农林专业人才。另一方面，不仅可以创新高职院校教学体系，为适应高职院校涉农类大学生自身的特点和时事热点及时调整教学方式，促进"课程思政"的教学内容改革，还可以根据新时代社会发展的要求为高职院校各学科建设制定科学的发展规划，对农林专业进行升级改造，对交叉学科和新型农林专业加强建设与融合，以此推动乡村振兴战略融入高职院校"课程思政"建设。

因此，重视高职院校涉农类大学生服务"三农"意识的培育，有利于推进高职院校涉农类大学生到"三农"领域就业创业工作的开展，提高高职院校毕业生的就业率，保障高职院校在招生过程中有充足的生源，助推农业高等教育朝现代化的方向发展。

4.高职院校涉农类大学生成长成才的内在需要

作为适应新时代要求孕育而生的高职院校涉农类大学生，要有创新思维，培养创新能力，要勇于创业、敢闯敢干，努力在改革开放中闯新路、创新业，不断开辟事业发展新天地。

一方面，培育高职院校涉农类大学生服务"三农"意识在高职院校涉农类大学生的成长过程中有重要意义。当今世界正处于文化多元化的激烈碰撞下，西方价值观已无形渗透到社会各领域，而内部则道德滑坡，部分高职院校涉农类大学生功利主义思想较重，造成理想信念的缺失，不关心农业的发展，不积极参与乡村建设，不愿意成为"三农"工作者。面对当今内外环境复杂多样的形势，高职院校涉农类大学生坚定理想信念已迫在眉睫。树立服务"三农"意识有利于高职院校涉农类大学生坚定服务"三农"的理想信念，培育"三农"情怀。

另一方面，在高职院校涉农类大学生的成才过程中，由于高职院校涉农类大学生受自身评价与定位不准确等因素的影响，大部分就业选择留在大城市、大企业、研究所，或者考公务员等，而本该是高职院校涉农类大学生考虑的农村、农场、林场、基层单位等就业方向却无人问津，造成高职院校涉农类大学生就业专业不对口、就业困难等问题。而高职院校"课程思政"的任务就是让高职院校涉农类大学生清楚地认识自身所肩负的社会责任以及历史使命，弘扬敢于吃苦在前、享受在后的奉献精神，激发其勇于创新创业的拼搏之情，引导高职院校涉农类大学生树立正确的择业观和就业观，鼓励高职院校涉农类大学生从事"三农"行业，在服务"三农"中大有作为。因此，培育高职院校涉农类大学生服务"三农"意识，不仅为"三农"行业的发展提供一大批专业人才，也帮助高职院校涉农类大学生在成长成才过程中实现全面发展。

三、高职院校人才培养对服务乡村振兴战略的作用

随着现代农业的快速发展，社会主义新农村成为建设重点，而人才缺乏是制约发展的

重要因素。现代农业建设需要农业科技、农业信息技术、农业管理、农业生态能源、农业规划设计等高技能型人才，而农业高职院校作为人才培养基地，为乡村振兴战略培养高技能型人才，并定期开设农民培训班，提升农民专业技术水平，提高农民素质，在推动和加快乡村振兴战略方面起到很好的促进作用。

（一）人才匮乏是制约社会主义乡村振兴战略的"瓶颈性"因素

随着现代农业发展，农业增长方式开始发生变化，由粗放型向集约型转变，这样对人才知识和技术提出更高的要求，需要高技能型人才的数量越来越多，高技能型人才不仅要掌握先进的农业生产技术，而且要具有较强的管理能力。农村的落后面貌在社会成员头脑中根深蒂固，因此在选择就业地点时，绝大多数人才依然选择留在城市。

以高校大学毕业生为例，有调查显示，在毕业生供需差距巨大的情况下，城市高校的应届毕业生，不论是城市生源还是农村生源，70%以上愿意留在城市而不愿意回农村。一方面是城里的人才"无业可就"或者"有业不就"，不愿意下基层到农村；另一方面在广大的农村，人才成了"稀缺资源"。农村劳动力文化低下已经成为制约农民增收的主要原因，缺乏有知识、有技能、有眼光的人才成为严重制约乡村振兴战略的"瓶颈"。我国现在农村产业化和现代化的发展速度慢，主要原因是从事农业生产的劳动者的素质比较低，大多是老年人。

因此，笔者强烈主张加大力度发展农业职业教育，定期和定量地为乡村振兴战略培训和培养人才，培养出"下得去、用得上、留得住"的高技能型人才，这也是当代农业职业教育的职责和使命。

（二）社会主义乡村振兴战略所需农业高技能人才类型

"农业高技能人才"是一个伴随国家"高技能人才"队伍建设战略的提出而产生的新概念。农业高技能人才是农业产业大军中的优秀代表，他们熟练掌握了专门的知识和技术，具备精湛的操作技能，并能在生产服务的关键环节发挥作用，解决生产操作难题，在加快农业产业结构调整、提高农产品市场竞争力、推动农业技术创新和科技成果转化应用等方面发挥着重要作用。乡村振兴战略需要以下几种农业高技能人才：

1.农业科技人才

农业生产实践过程中，出现很多技术难题，例如农机落后、农业机械化程度低、资源利用率低等农业生态难题，需要有较强的农业科技人才去解决，而解决过程就是创造发明的过程。在此基础上建设资源节约农业，实施节约成本增加工程，就是鲜活的实例。所以不断地培养农业科技人才为乡村振兴战略服务，解决各种农业生产难题。

2.农业信息技术人才

乡村振兴战略提倡对农户进行信息服务，实行信息服务进村入户工程，大力推行"百万农民上网工程"，构建省、市、县、乡、村五级贯通，上下互动、服务到村、信息入户的多功能全方位信息服务，很好地架起政府与农民、市场与农民、专家与农民之间的桥梁。所有这些都需要很好地掌握计算机专业的人才。现在会计算机的人不少，但是既会计算机又懂农业技术的人才不多，需要培养"双技能"人才。

3. 农业管理人才

目前生产力的发展越来越受到自然资源的有限性以及消耗过程的有害性的严重制约，以知识为基础的产业逐步上升为社会的主导产业，高科技产业迅速成长。"人才资源是第一资源。"作为农业各项生产要素的重中之重，通过建设农业经营管理人才队伍，可以更加有效配置各种要素，克服经济发展中自然资源等其他要素的不足，消除这些要素边际效应。而农村严重缺乏农业管理人才，急需培养。

4. 农业生态能源人才

现在农村居住环境比较差，又脏又乱。建设新农村需要改善农村的居住环境，指导农民转变观念，改变落后的生产和生活方式，大力推广太阳能热水器、被动式太阳能采暖房和高效预制组装架空炕连灶和秸秆气化工程等，逐步解决农村脏乱差问题，逐渐地改善农民居住环境，提高生活条件，建立现代化的生态农业，这样就需要懂农业生态和节能方面的高技能型人才，来带领和指导广大农民解决一个又一个现实问题。

5. 农业规划设计人才

城市发展得快，主要是因为城市发展中有大量的城市规划人才，加快了城市发展的步伐，而农村发展得缓慢，主要是从事农业规划的人才比较少，使乡村振兴战略发展得比较缓慢。乡村振兴战略需要一大批对农村建设合理规划、统一设计的人才，规划体现长效、可持续无公害发展农业的导向。

（三）高职院校对乡村振兴战略的促进作用

为乡村振兴战略培养高技能人才。近年来，农业职业院校明确了办学方向，转变改革思路，建立与此相配套的人才培养模式。首要任务是培养乡村振兴战略高技能型人才，培养懂技术、有文化、会管理和会经营的乡村振兴战略需要的人才。乡村振兴战略急需设施农业、生态农业、电气化与农业机械、旅游和观光农业、农产品深加工与保鲜、农业信息、农产品质量安全检测、农副产品经营、农村物流配送等方面的高技能型人才。我国农业高等职业教育在培养这些人才方面发挥着不可替代的作用，对我国农业和农村经济的发展，起到积极的促进作用。

开设农民培训班，增加农民专业技术水平，提高农民素质，加快乡村振兴战略步伐。随着我国产业结构的调整，劳动力结构发生变化，只有初高中文化程度的知识不能满足经济社会发展的需要，要想就业，必须经过技能培训和职业教育。而农业职业院校定期开设农民培训班，对其进行专业教育和技能培训，使其尽快就业；另外，专门培训农业技术骨干和能够脱贫致富的带头人，推动农村建设，加快乡村振兴战略步伐。

近年来，随着乡村振兴战略的发展，农民自主建立了各种类型的专业合作社，主要从事蔬菜、林果、花卉苗木、禽畜养殖、水产、加工等方面的生产、加工、销售。组建的形式多样，有"普通农户+示范专业大户+合作社""农户+农业龙头企业+合作社""农户+合作社"等组合模式，农民专业合作组织增加了农民的收入，促进了农业产业化发展。但是各专业合作组织普遍存在一个严重的问题，缺乏管理技术人员，各种农业专业合作组织管理不规范，使发展的速度受到限制，所以迫切需要这样的管理人才，农业高职院校积极响应发展需要，为农民专业合作培养管理人才，并提供人才培养的支撑。为适应乡村振兴战略的需要，国家推出了"一村一名大学生计划"，即从县（区）、乡（镇）级机关国家公务员和事业单位人员以及承担帮扶农村脱贫任务的单位中选派有培养前途的年轻干部到农村进行一线挂职锻炼；从农村选派有一定文化基础、管理能力和培养前途的优秀人员到高职院校进行培养；从农村选拔有一定文化基础的优秀人员参加在职大专学历教育。而农业高职院校作为"一村一名大学生计划"培养人才的基地，在农村选拔人才和委托培养农业高技能型人才素质的提升方面起到很好的促进作用。

四、涉农人才培养特色与农村经济发展优势、特色关系

（一）高职院校涉农人才培养的现有特色

1. "经营+技能"复合型人才培养机制

随着农业不断发展，部分高职院校开始从专业设置、课程内容、学生就业实习等一些方面进行改革，大力开展特色涉农专业，为农村输送农业人才。"经营+技能"的复合型人才培养，就是由广东省韶关市技师学院建立的新型的培养机制，属于该校涉农人才培养的特色。该校为培养更多涉农人才服务农业的发展，依托现代化的大型畜牧场、种植场、农产品外贸基地和珠三角地区及本地区资源丰富、条件好的农牧企业，为学生搭建实践平台。加大师资队伍建设，悉心指导学生实操课程，使学生熟练掌握无土栽培、建温室大棚、果树嫁接等基本农业技能。并鼓励学生创业、参加农业技术比赛，培养学生浓厚的农业兴趣，让其毕业后既能就业又能自主创业。

2. 紧贴"农"字的人才培养模式

农业院校招生面临困难的局面，当不少涉农高校更名升级摆脱"农"字样校名时，广东农工商职业技术学院依旧坚持以农为首，办出自己的特色，并总结自身多年人才培养实践经验，提出了基于"核心技术+核心知识"的人才培养模式。学院要求各类专业的建设"以农为体"，以广东农垦企业为依托，与农垦技术中心寻求合作，将农场放入校园中，共同构建了"场校合一"的教学环境，成为南亚热带农业科技示范园区。同时，依据农业生产季节性强的特点，采取灵活学期制，依据热带作物农时设计专业课程体系，做到以农时教学；聘请农企专家、到校园农场进行农业核心课程教学；以农业企业的岗位要求、知识结构来安排教学内容；学生在学习中参加农耕劳作，体验了农垦企业的生产过程，为其提供了"且耕且读"的学习过程。简单概括就是"跟农时、聘农师、符农岗、务农事"，紧

贴"农"字，跟进农业发展态势，培养出来的涉农人才更具"农味"。为其他高职院校涉农人才的培养提供了参考模板。

3. 服务社会的人才培养方式

河南商丘职业技术学院依据当地经济特点来定位特色专业，对农作物生产技术、园艺技术、畜牧兽医和食品加工这四个国家重点涉农专业进行重点建设，并以服务当地经济和社会发展为前提，进行人才培养。并以这四个涉农类重点专业为依托，挖掘教学资源，成立了生物工程系的农业生物技术研发中心、动物工程系的畜禽生产技术和预防兽医技术服务推广中心等，为学生创造了便利的实训条件，让学生更加熟练掌握专业知识的同时，还以"学校+企业+农户"一体化方式，让专业师生为企业和农户进行上门指导，提供技术扶持，成为其技术顾问。安排师生定期去企业、农村举办咨询讲座，进行农业技术推广，形成了"培训到现场、送教到基层"的服务模式。服务社会的人才培养方式，让学生全程参与此类活动，利用培养其服务农村、服务社会的职业素养，为将来投身农业建设打下了扎实的思想基础。

（二）农村经济发展的优势和特色

1. 农村经济发展的优势

首先，农村具备丰富的资源优势，可以发展资源型农村经济模式，充分挖掘自身内部丰富的自然资源，如牧场、梯田、森林、矿产等，从而发挥其辐射作用，带动与该类资源相关的行业发展，全面拉动农村经济发展。

其次，农村还有一定的区位优势。并不是所有农村都地处偏远山区，像一些靠近经济发达大城市的农村就具备这样的区位优势。城乡之间可以互补，农村可以为大城市提供辅助性较高的配套支持、大城市能带给农村便利的交通，通过通畅的陆路水路销售农产品。

最关键的是，农村可以从大城市的经济结构调整中得到发展机遇，以此为根基辅助支持经济。

2. 农村经济发展的特色

"特色"，顾名思义，就是特点与优势，即市场竞争力。农村的经济发展所具有的特色，即"宜农则农""宜商则商""宜游则游"的生态农业、旅游农业、畜牧农业等，独具特色的农业都是农村经济发展的特色。

生态农业，是一种从生态学理论基础出发，以现代科技和管理手段为辅，在农村因地制宜，结合有机农业和无机农业，从而发展特色生态农业，利于农村经济可持续发展实现良性循环的特色农业，即运用生态学原理去建立和管理一个在生态上能够自我维持，在低输入的经济上带来高效能的农业生态系统。

例如，山东省胶南市的小陈村，用养猪产生的废料形成沼气，产生的沼渣可以用作肥料再用来种植蔬菜粮食，建立了一条生态循环链，每年都能为全村节约大量的能源和化肥费，成为远近闻名的生态农业示范村。旅游农业，是利用当地丰富的自然景观和旅游资源，充分发挥旅游业对农村经济的辐射作用，带动其他行业发展，如农副产品加工业、农家乐等。每个地区的农村都有自己独特的民俗、风景，通过发展旅游业除了能吸引游客，还能吸引一些投资商，发展乡镇企业，让乡村旅游业成为农村经济发展的特色。河南周口许楼村便是借助其丰富旅游资源，实施"旅游立村"战略。在宣传其优美风景时不忘销售带有周口特色的商品，还开办了具有当地特色的泥人加工企业，让旅游业发挥辐射作用带动全村经济发展，成为全村经济发展的支柱产业。中国西北部干旱区，人们通过兴修水利开垦宜农地，种植小麦、棉花、少量水稻作物，发展绿洲农业。在高山地区的河谷地带，可以利用其气温高、地势低、土壤肥沃、降水条件好的优势，将河水当作灌溉水源，发展河谷农业，例如，青海省黄河谷地与湟水谷地都是河谷农业的典型代表。以上都是支持当地农村经济发展的特色农业。

（三）高职院校要借助农村经济发展优势形成涉农人才培养特色

农村经济发展的优势给高职院校培养涉农人才提供了丰厚且便利的资源。各个高职院校在涉农人才的培养方面也独具优势与特色，但是在面对农村经济的发展和农村特色农业所带来的财富之时，高职院校尚且未能及时抓住机遇去迎合农村经济发展所提出的需求，农业的特色之处完全未被开发利用到人才培养上。这就要求高职院校发挥自身的区域地理优势，深入挖掘农业内涵，开辟一条有农业特色的办学道路，借助农村经济自带的优势特点形成自己涉农人才培养特色，这也是高职院校得以生存的基础。

五、乡村振兴背景下高职院校助力农产品加工企业发展案例

乡村振兴战略的提出，为农业高职院校带来了前所未有的发展机遇，农业高职院校应积极响应国家战略，承担起人才培养、科技服务等方面的重任。农业高职院校如何培养出更多"下得去、留得住、用得上"，农业产业链上急需的高素质技能型人才，以及如何开展科技服务，为乡村振兴提供人才和技术支持，助力乡村振兴，是一个值得研究的重要课题。

（一）高职院校服务乡村农产品加工企业的人才培养现状

1.乡村农产品加工企业人才现状

目前，乡村农产品加工企业的人力资源现状是以农村大龄妇女为主，她们利用农闲时在企业打工，农忙时企业不得不停产。大学毕业生几乎没有，生产管理、质量检测、新品研发、机器维修技术、营销以及售后服务等人才严重不足，企业老板常常一人兼几个岗位工作，企业管理、研发、营销甚至机修岗位职责都是其亲自去做。人才的匮乏，使得乡村农产品加工企业很难做大做强，甚至维持正常的生产经营都成问题。

2.农业类高职院校人才培养以及科技服务现状

随着我国高等教育由精英教育向大众教育转变，高等职业教育亦随之快速发展。例如，仅JS省高职学校就达90多所，招生人数也在不断增加，但每年的高考人数却在不断

下降，由此出现了高职招生计划数大于每年生源数的现状，农业类高职学校招生更是举步维艰。就业方面，农业类高职学校毕业生就业大多在农村基层一线，然而不论是来自城市或农村的学生大多不愿意去农村工作，而是希望能够在城市就业或创业，在城市安家。受当前招生就业等多种因素的影响，农业类高职学校毕业生就业专业对口率较低，很多学生没有从事专业工作，到农牧业领域发展，而是在城市从事与所学无关的工业或服务业，导致换工作现象较频繁，学生择业满意度低。即使有进入农牧业产业工作的学生，也常常会因乡村的工作环境或待遇等问题而选择辞职。因此，如何引导涉农专业毕业生愿意到乡村去，长期从事农牧业产业的工作，为乡村振兴出谋划策是一个值得研究的课题。

另外，农业类高职院校专业教师因其在职称评定、工资福利、社会保障等方面的顾虑，大多不愿意到乡村农产品加工企业挂职、兼职或离岗创新创业，因乡村农产品加工企业财力方面的原因，专业教师在科技服务方面也不愿意与其合作。那么，如何激发农业类高职院校各类专业技术人员服务乡村企业发展的积极性，鼓励专业教师直接参与乡村农产品加工企业技术创新，助力企业创新发展，把在企业生产中遇到的问题作为科研课题，积极参与企业生产过程，协助企业建立全面质量管理制度，规范企业生产和管理，提高产品质量，全面建立起专业技术人员到乡村企业挂职、兼职和离岗创新创业制度，保障其在职称评定、工资福利、社会保障等方面的权益，也是一个值得深入研究的课题。

（二）乡村振兴给农牧业高职学校发展带来的机遇

1. 拓展了农业高职院校招生培训的领域

国家乡村振兴战略支持并鼓励新型职业农民积极参与弹性学制的农业类职业教育；支持地方农业高职院校综合利用教学资源，加强新型农民培训；根据乡村振兴的需求情况，灵活设置专业（方向），创新人才培养方案和教学模式，实现职业教育与岗位的无缝对接，为乡村振兴培养急需的专业人才。这对于当前农业高职院校招生困难的情况下，乡村振兴战略是农业职业院校招生工作方面的"利好"政策。农业高职学校应当抓住国家战略机遇，一方面，应大力宣传乡村振兴给涉农专业学生就业带来的利好，鼓励学生积极服务国家战略，实现自己的人生理想；另一方面，完善招生办法，采取注册入学的方式，积极吸纳有志于服务乡村振兴的农村初高中毕业生到校学习技能，并积极参与到新型职业农民职业能力培训中去，进一步拓展招生培训对象，从传统主要面向初高中毕业生的招生宣传，走向面对广泛的社会人员学历提升的招生和技能培训。

2. 助力农业高职学校专业结构优化

乡村振兴战略积极鼓励在城市发展的各方面的能人企业家回乡创业，把城里的先进管理模式和农产品深加工技术带回家乡，促进乡村现代农业和农产品深加工新产业的发展。能人回乡创立现代农业新产业，这必将带来许多与之相应的新职业，促进乡村新技术专门人才和创新人才的成长。这将促进农业高职院校不断调整优化专业结构，建设与现代农牧业人才需求相应的优势学科和专业，不断提高人才培养的质量，以更好地服务乡村振兴战略,并使自身获得更长远的发展。

随着国家乡村振兴战略的深入实施,乡村"三产"的融合发展,乡村将成为更多优秀农业新产业人才施展才华的地方,这也为农业高职学校涉农毕业生提供了更多的就业机会和更好的职业发展机遇。

3. 带动了农业高职学校人才培养方案的改革

现代农业产业的发展,需要先进的现代农业新技术和优秀人才的支撑,国家乡村振兴战略中特别提到要发挥农业人才的引领和示范作用。因此,农业高职院校要全面实施服务乡村振兴的农业产业链上需求的各方面的人才培养,与乡村农产品加工企业建立紧密的人才培养合作关系,根据农产品加工企业现状及各岗位职业能力的要求,改革人才培养方案,实现人才培养与企业人才规格要求"零距离"。建立有效激励机制,鼓励涉农专业学生投身乡村建设,激励涉农专业毕业生积极服务于"三农"、服务于国家乡村振兴战略,实现自我价值。

4. 促进了农业高职院校科技服务和科技创新能力的提升

乡村振兴战略为乡村农产品加工企业带来了前所未有的快速发展机遇,更对农业高职学校的科技创新和科技服务能力提出了同步提升得更高要求。中央文件精神明确提出了要大力提高农产品质量以及科技含量,努力培育品牌农产品,加快农产品由粗加工向提质深加工转变。新时代急需农业高职学校不断提升农产品深加工新技术研发能力、校企协同创新能力以及科技成果转化能力,校企密切合作架起农产品深加工技术及时实现生产能力的桥梁,提高农业高职院校科技服务贡献力,全力服务国家质量兴农战略。新技术的运用是乡村农产品加工企业实现跨越发展的"引擎",农业高职院校要通过打造一批科技创新平台、创建一批乡村农产品加工科技示范典型企业,以及建设一支助力农产品加工企业发展的高水平科研队伍,充分发挥科技创新对乡村农产品企业发展的引领作用。

(三)高职院校助力乡村农产品加工企业发展案例分析

1. 调整专业结构设置,形成服务乡村农产品加工企业的办学特色

在国家大力发展实施乡村振兴的背景下,JS农牧科技职业学院积极与乡村农产品加工企业对接,在专业设置上紧密结合区域农产品深加工产业链的需要,适时调整涉农专业方向,并根据需要适时设置涉农新专业,如休闲农业、现代农业、农产品加工与检测、农产品电子商务、农业物联网技术等专业重点建设,努力打造特色涉农专业,形成自身的办学优势和专业特色,实现与同类高职院校错位竞争。并改革人才培养模式,更新教学内容、优化教学手段提高人才培养质量,以期实现与乡村农产品加工企业的岗位能力要求"零距离",最大限度地满足企业需求。

2. 深化产教融合,校企共同培养农产品加工优秀人才

农业高职人才的培养目标是体现高素质、高技能,因此,深化产教融合,加强校企联合培养人才机制,确保农业高职人才培养的高质量。为此,JS农牧科技职业学院积极探索

深度校企合作的模式，在国家政策的支持下，本着有利于培养学生的目的，同时农产品加工企业也能获得国家税收减免和解决人才紧缺的问题，校企双方通过友好协商，签订共同培养学生协议，明确双方的权利与责任。通过定向招生、减免学费、安排就业、订单式培养、现代学徒制人才培养方式，面向农产品加工企业定向培养所需人才。譬如，JS 农牧科技职业学院与 JS 兴化伽力森公司以及 JS 宿迁益客公司的现代学徒制合作培养农产品加工人才的模式受到了各方的广泛好评。在实践教学方面，采取边做边教的现实一体情境教学模式，尽可能在真实的生产环境下开展实践教学，专业教师带领学生到合作企业生产一线学习实践技能，让学生在真实生产环境中实践，学习真实技能，充分体现了农业高职人才培养必须在真实岗位上培养的理念，真正实现高职人才培养质量与企业岗位能力要求无缝对接的培养目标，从而培养出了符合农产品加工企业要求的人才。

3. 深化产学研合作，促进乡村农产品加工企业创新发展

鉴于乡村农产品加工企业新产品研发及深加工技术创新能力不足的现状，JS 农牧科技职业学院立足当地特色农业，依托乡村农产品加工企业，结合本校的专业优势和人才优势进行深度校企合作，把科研成果转化为生产力。坚持走产学研相结合之路，积极鼓励和组织科研水平高的专业教师以科研合作的方式深入乡村农产品加工企业，带领学生积极与企业对接，深化产学研合作，直接参与企业技术创新，助力企业创新发展。把在企业生产中遇到的问题作为科研课题，组织学生参与创新团队努力为企业解决问题，增强教师以及学生服务企业的能力。

此外，鉴于乡村农产品加工企业生产过程质量管理体系制度建设的不足导致产品质量不稳定的现状，JS 农牧科技职业学院选派具有质量管理体系审核员资格证、审核经验丰富的专业教师，带领学生积极与相关企业对接，参与企业生产过程，协助企业建立健全质量管理制度，规范企业生产过程，助力企业规范管理，提高产品质量。借助校企产学研合作平台，高职院校的教师可以拓宽社会服务渠道，为本地发展特色农产品深加工出谋划策。学校和企业提供必要的人、财、物及政策支持，并形成科技服务激励机制，使科技服务人员"稳得住神、定得下心、下得乡去"，专心致志带领团队开展应用性、推广性、示范性的农产品深加工新技术研究，带领乡村农产品加工企业实现创新发展。

4. 校企协同配合，提升乡村农产品企业中农民工职业能力和素养

农业高职院校作为开展现代农产品加工技术培训和跟踪服务的重要载体，必须充分发挥科学研究优势，牢固树立为乡村振兴战略服务的职业教育思想，围绕新型职业农民工的培育进行积极改革，发挥自身优势，积极承担面向农民工的教育培训任务。JS 农牧科技职业学院专门配备优秀教学团队、思想政治辅导员，合作企业配置优秀师傅团队，对乡村农产品加工企业的农民工进行职业技能和职业素养辅导，及时跟踪分析农民工的实践技能和理论知识的学习情况，以及思想政治、生活等多方面的动态变化，确保企业的农民工在校企合作培养模式下职业素质和职业能力都取得明显的进步。通过校企共同参与农民工职业

能力和素养教育，让其理解在职业生涯中诚信做人、认真做事、敬业精神、质量意识、团队协作的重要意义，使农业高职院校真正成为农村高技能高素质劳动者培养基地，成为为农产品加工企业提供技术和信息服务的中心。

5.校企紧密合作，打造"双师型"教学团队

只有优秀的教学团队才能培养出高质量的农业人才，支持乡村振兴战略。在教师能力培养方面，JS农牧科技职业学院采取"内培外引"相结合的方式，每年选派优秀的骨干教师到农产品加工企业挂职锻炼，参与企业生产活动，了解企业新技术的发展方向，不断提升教师的专业实践技能。担任企业质量管理、技术开发等顾问，指导企业产品生产过程质量控制和新技术研发。

同时，学校与行业企业密切合作，从行业企业聘请一些实践经验丰富的、职业素养高的工程师，担任JS农牧科技职业学院兼职教师，共同打造具有行业影响力、结构合理的专兼职"双师型"师资队伍。

6.积极引导涉农专业学生服务乡村振兴的情怀

JS农牧科技职业学院针对涉农专业学生不愿意到农村就业创业的现状，从学生入校时就加强服务国家乡村振兴战略、报效祖国的思想教育，积极引导学生科学规划自己职业生涯，培养学生理性的择业观。

首先，加强国家乡村振兴政策的宣讲，让学生全面理解国家乡村振兴战略，使学生对"农业将成为有前途的新兴产业，农产品深加工相关专业将成为有吸引力的专业，乡村将成为环境优美、宜居乐业、城里人向往的美丽乡村"的未来乡村远景充满信心，逐步使学生树立起在乡村基层中实现人生价值的信心和理念。

其次，让学生多参与乡村人才需求市场调研，了解将来乡村人才需求方向、专业能力要求，分析自身的能力与不足，制订学业提升计划，让学生实现了解自我、规划自我、定位准确、理性就业。

第四章　服务乡村振兴战略高职院校技术技能人才培养的制约因素

第一节　社会需求和培养目标之间的落差

乡村振兴需要的人才是能够将现代化、信息化和专业化融为一体的并且能够促进农业发展的复合型人才。这个复合表现为：一是从人才结构上看，乡村振兴需要的人才虽以经营型和生产型为主，但技术带动型和社会服务型必不可缺；二是从人才的文化素质上看，目前从事乡村振兴工作的实用型人才大多为初中及以下文化程度，但具备农业相关技术资格、职业资格以及广大的高学历农业科研人员也不可或缺。而广大的涉农高职院校为何会面临人才培养模式难以满足农业市场发展对人才的需求这一困境？其原因之一在于社会需求和实际的培养目标冲突明显。以一个二维象限图（见图4-1）来加以辅助说明：在横向上，按照人才培养质量的预设和结果，可以分为目标和结果两个维度；在纵向上，以人才供需为主线，分为社会需求与人才培养两个层面。最终在既关注涉农高职人才培养目标制定过程，又关注乡村振兴社会实际需求的基础上，搭建了人才培养目标领域的四象限，具体包括学校制定的人才培养目标、社会期望的人才培养目标、学校培养的人才和社会期望的人才。

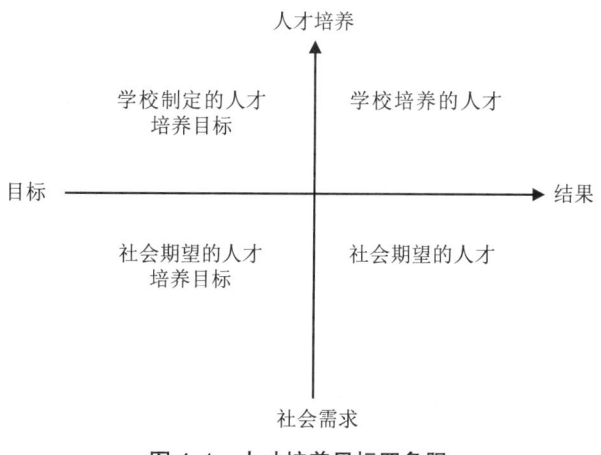

图4-1　人才培养目标四象限

学校制定的人才培养目标是指实然状态下，涉农高职院校所制定的人才培养目标。据初步统计和归纳，目前涉农高职院校的人才培养目标主要表现为以下三个问题。

一、目标内涵不清晰

在乡村振兴背景下，涉农高职院校是为"三农"服务的，反映的应该是乡村振兴发展并由此而产生的对人才发展的要求，包括人才的类型、规格和层次，但遗憾的是，涉农高职院校所提出的人才目标只是一种很模糊的人才概念，如服务"三农"的"技术型人才""技能型人才"等，并没有对这些人才的具体内涵进行升华和诠释。另外，现行的涉农高职院校所制定的人才培养目标，缺失了针对性和可操作性，不能客观有效地反映乡村振兴中的职业岗位（群）需求和人的发展需求。

二、目标分类不明确

这表现在两个方面：一方面，涉农高职院校的培养类型包含学历和非学历，虽然都是培养乡村振兴人才，但其培养目标应有明显差异，否则不能体现不同类型教育的特点；另一方面，涉农高职院校的培养对象来源性呈现多样化，包含农民子弟、农村剩余劳动力、涉农企业的员工以及有志于服务"三农"建设的青年等。对不同来源的对象，其培养目标也应呈现出差异化。例如，把农民子弟培养成现代农业、新型农村的建设者和接班人；把留守在农村的人培养成新型职业农民；把涉农企业的员工培养成懂技术、善经营、会管理的且具有开发创造能力的复合型人才。

三、目标更新缓慢

在信息化时代，农业市场因其经济和产业结构发生巨大变化，对农业人才也提出了更多要求，但部分涉农学校的人才培养活动，例如，人才培养目标的更新较为缓慢，难以体现出动态性和实效性。

社会期望的人才培养目标是指应然状态下依据乡村振兴战略所需要的人才来制定的培养目标。从目标分类上来讲，服务乡村振兴的人才包括生产型、建设型、管理型和服务型。乡村振兴战略的实施需要一大批具有农业理论知识和实践操作能力的生产、建设、管理和服务第一线的人才。这些人才能够直接为农业、农村经济建设服务，把可能的生产力转变为现实的生产力。例如，社会期望的人才培养目标最典型的是为乡村振兴培养一批新型职业农民。新型职业农民是乡村振兴人才的重要保障，他们有着较高的科技文化素质，可以快速提高其农业生产效率、致富能力以及主动参与乡村建设的积极性，从而改变农村的落后面貌。

学校培养的人才是指学校根据其人才培养目标经过系统的专业训练而培育出的人才。社会期望的人才是指社会希望的能够长期扎根于服务"三农"和乡村振兴的各类人才，包括直接在基层从事农业生产工作的技术型人才、从事农业技术和成果推广的实用型人才、拥有较高科学素养及实践能力的复合型人才、具备高文化素养的高尖端农业研究型人才等。从目前来看，学校实际培养出的人才与乡村振兴期望的人才有较大差距。

在新的形势和背景下，涉农高职院校本应不断调整人才培养模式和策略以适应乡村振兴对人才培养的新要求，但不少涉农高职院校却呈现出"普教化"的趋势，一味追求就业率，随意撤销涉农专业，甚至为了迎合"热门"专业，随意更改涉农专业的定位，淡化了其服务"三农"和乡村振兴的使命。涉农高职院校的生源主要是以高中毕业生为主，针对新型职业农民的扩招生人才培养计划和方案并不完善，其相关制度保障和组织实施方案都还在探索中。

第二节 高职院校技能人才培育内容单一

鉴于乡村振兴人才培养对象来源的多样性，既包含广大农村剩余劳动力、失地农民、农民子女、青年农场主，又包括有志于服务"三农"的青年、涉农企业员工等，应该拓宽人才培养的方式和渠道，并呈现出灵活多样，但实际上大部分涉农高职院校的人才培养方式仍然以讲授为主，而且局限于课堂，既不能扎根于广大农村实际，也不能将现代科学技术和新思维灵活运用其中。

一、长期规划意识的缺乏

乡村振兴战略作为一项长期战略，需要高职院校这一教育资源的配套服务，但有的高职院校缺乏面向农村的人才培养规划意识，在人才培养模式上仅临时性修改其他普通模式，无法适应乡村振兴战略规划的需要。某些政府部门对职业教育重视不够，经费投入方面长期不足，使得高职院校基础设施陈旧落后，实训设备缺乏，硬件软件都处于捉襟见肘的状态，导致高职院校在专业设置上存在限制性，这一现象在西部欠发达地区尤其严重。

（一）观念陈旧

职业学校涉农专业实践教学有利于学生职业技能培养，有助于学校的特色发展。涉农专业实践教学本应该受到学校及师生的高度重视，但是职业学校大部分师生认为实践教学相对理论教学而言，只是课堂理论教学的一种辅助形式和附属验证手段，很大程度上削弱了实践教学的育人功能。

究其原因如下：

1. 从理念上轻视涉农专业实践教学

我国大部分涉农职业学校存在地方小、实践教学施展不开等问题，使教学发展滞后于教学需求。许多老教师不愿意接受新知识新技能，导致新购置的仪器设备无人愿意去学，制约了实践教学的发展速度。此外，不仅理论课教师轻视实践环节，甚至许多负责实践教学的教师也不重视实践课程，认为承担实践课程就是完成教学任务，对自身的职业发展没有帮助。重视理论教学，忽视实践操作技能的提高，使得涉农专业学生操作训练受到限制，"好希望多去田间走一走、看一看，呼吸新鲜空气，吃一次自己种的菜"，这是在调查中许多涉农专业学生迫切希望的事情。

2.对涉农专业实践教学的特点认识不够

涉农类实践教学要培养的是职业人而非工具人，所以，实践教学要培养的不仅仅是专业知识及操作能力，还需要培养学生面对突发情况时的心理建设和思考问题时的逻辑分析能力以及沟通协调能力等。涉农类实践教学的成效更注重过程和细节，但是通过对师生的访谈发现，有的实践教学往往只是教师简单地讲解项目的操作步骤后大家各自练习，或者是为了学生加深记忆，让大家反复枯燥练习，或者许多学生到了试验田里只是"到此一游"，这样的培养方式忽略了学生个性化培养、因材施教以及职业素养的养成。

涉农专业实验实训课程的开设因为涉及动植物等不可反复利用的实验材料，相较于其他专业的实验成本偏高，由于涉农行业大部分经济效益不高，因此该专业获取资金支持的能力较弱，很难形成多元的投资机制，经费不足，实践教学条件难于满足实践教学的需求。针对这些特点，学校应该正视涉农专业实践教学问题的存在，充分认识实践教学的特点，重视实践教学各方面的建设。

（二）涉农专业实践教学设施更新滞后

职业教育开办的初衷是希望培养的人才直接接轨就业市场，但事实上，因为诸多条件的约束，这种对接存在很大差距，其中，实践教学作为职业学校的特色教育形式，其条件得不到有效保障的问题是非常重要的原因。目前，职业学校涉农专业实践教学硬件设施设备数量严重不足，生均工位数也无法达到要求。

究其原因如下：

1.经费来源形式单一

国家对于涉农职业教育的重视程度逐年增加，尤其是实践教学的重视度。近年来，中央和地方政府均不同程度加大了对涉农职业实践教学基地和教学设备的政策及资金扶持。但是，由于涉农行业需求的技术手段革新快，对设备的更新速度也提出了很高要求，职业学校在培养涉农专业学生时要及时增添最先进的教学设备，这使得资金不足的问题便暴露出来。由于受实践教学投入经费的限制，来自农业企业的设备捐赠又非常有限，职业学校学生实践课程陷入没有足够的仪器动手操作的尴尬局面，严重制约了实践教学的发展。

2.职业教育发展过快导致基础硬件设施的建设薄弱

虽然近年来职业学校涉农专业在学生数量和规模上得到了高速发展，但其配套设施及教学硬件条件的相对滞后成了制约涉农专业实践教学发展的重要矛盾，实践教学的硬件和仪器设备水平直接关系到学生实践教学的质量和效果。目前，我国大部分涉农专业实验室的分散管理导致设备重复购置率偏高。一大部分高级设备价格昂贵、使用率极低，出现了实验设备和仪器的使用忙闲不均的状况。涉农专业实验设备管理制度不严导致了设备的损坏和丢失,报废制度不完善导致坏的仪器占用了原本就狭小的实验实训室空间。

此外,实验设备的采购缺乏远见性,由于涉农专业大型设备都较为昂贵,需通过招投标的形式进行采购,但是整个流程下来少则三四个月多则一年,这就导致好不容易采购回来的设备已经达不到实验要求及标准而直接被搁置和淘汰,造成浪费。

二、课程设置与社会需求脱节

有些高职院校的课程设置照搬全日制普通高等院校,不能满足市场对技能人才的要求,学生的实训实践时间严重不足;有些高职院校定位高远,建设目标宏大,然而自身的部分专业设置与农村建设和市场需求相差甚远,导致学生学非所用。

(一)涉农专业实践教学各环节亟待完善

1. 职业学校涉农专业实践教材建设落后

在提升涉农职业教育实践教学质量方面,教材建设是其中的一个关键因素,教材的好坏与实践教学效果有着直接联系。但是,通过调查问卷的结果得知了学生对涉农实践教学教材方面的诉求,目前针对涉农专业实践教学特色的教材建设相对落后,且形式单一、枯燥,按实践需求专门编制的启发性教材非常少,与社会的生产实际相脱节。

究其原因如下:

(1)实践教材缺乏

由于近年来国家对职业学校的重视程度增加,连年的扩招使得涉农职业学校教学资源匮乏,教材的建设更是明显落后于整体的发展,很多实践课教材无法体现出最新的技术技能。通过学校教师们编写的涉农专业实践教材缺乏农业行业企业指导,光凭任课教师的经验和想象,没有根据理论与实践相结合的特点,不能切实满足学生的实际需要,缺乏农业行业特色及行业文化素养,严重影响了实践教学的效果,这些都是目前职业学校涉农专业实践教材建设亟待解决的问题。

(2)缺少完整的实践教材建设体系

目前,职业学校涉农专业实践教育教学正在持续稳步推进,实践教材建设在保证实践教学质量上起着举足轻重的作用。但据调查,目前的涉农专业实践教材建设体系并未形成,主要表现为形式上以文字配以图表注释为主,实用性内容较少,知识内容浅显,抑制了学生追求高层次知识的动力,偏离了职业学校的教育理念。如果通过单一的教材来反映涉农专业实践教学内容的话会比较抽象和单薄,因此,完整的实践教材体系需要配合影像、案例等教辅资料来达到更好的指导效果。

2. 职业学校涉农专业实践教学内容"一刀切"

长期以来我国教育发展不平衡,城乡教育差距大,因此,相对于农村学生居多的职业学校涉农专业来说,传统的一刀切教学内容不利于其实践教学效果的提升,应充分考虑学生的个性差异和知识背景来适时调整实践教学内容，做到因材施教，因势利导。

（1）涉农专业实践教学内容和实际的生产相脱节

传统的实验教学内容大部分是验证性的，孤立而不具连续性，大多是让学生按指定的步骤去做，学生大多搞不清原理就依葫芦画瓢地机械操作，很少有发挥主观能动性的余地。因此，缺少人才市场需求的调查，一律沿用之前传统的实践教学内容，不与时俱进，容易导致实践教学内容与当前的生产实际相脱节，难以实现学生从学校到农业工作岗位的无缝衔接和完美转换。

（2）涉农专业实践教学内容未做到因材施教

农业作为我国的第一产业，其重要性自然不言而喻，随着社会的进步，农业科学技术正在不断更新、不断调整。然而，当前作为直接培养新型职业农民的职业学校涉农专业，却未能及时更新教学内容，陈旧的教学内容无法调动学生的学习兴趣，对学生间的个体差异及适时调整教学内容缺乏考虑，并未实现因材施教。

3.职业学校涉农专业实践教学方式不适合"齐步走"

现阶段，职业学校涉农专业实践教学方式主要包括：操作演示、教师讲授、观看视频、案例分析、仿真模拟、实地参观等。目前，实践教学质量不高仍然是困扰多数涉农职业学校的突出问题，其中，教学方式的"齐步走"模式是导致实践教学质量不高的重要因素之一。

（1）缺乏充分考虑不同层次学生的差异性

职业学校涉农专业的学生之前的学习经历各不相同，因此，他们对于知识的理解能力及动手操作能力存在很大的差异，据个别访谈得知，目前的职业学校涉农专业实践课程在教学方法的运用上，缺乏充分考虑不同层次学生的差异性思考，采取"齐步走"的教学方式，学生在学习中多数处在被动的位置，导致学生学习的积极性不高。

（2）职业学校涉农专业实践教学方式单调

涉农专业的部分实践课程方式仅采用教师讲授及操作演示或者直接让学生看录像视频的方式，实践过程中学生直接参与的非常少，这样的情况下导致学生上课走神、分心、注意力不集中，专业技术能力掌握程度低下，十分不利于实践教学目标的实现。

4.职业学校涉农专业实践教学考核体系不完善

职业教育在理论教学方面早已形成了成熟的考核体系，相比较而言，现行教学质量考核体系虽然对实践教学有所顾忌，但围绕实践教学质量建立的系统性监控考核体系尚不完善，职业学校的涉农专业亦是如此。实践教学参与人员管理考核并不严谨，包括进行教学的指导教师、参与实践的学生和教学辅助人员。多方参与教育考核的体制还不健全，在一定程度上抑制了实践教学质量。

究其原因如下：

（1）涉农专业的实践教学过程监控不全面

在以往的职业教育教学过程监控中，往往偏重于课堂理论教学，对于学生的各种实践环节及过程很少监控,考核方式不够严谨,实践教学质量缺乏保障。

(2)涉农专业的实践教学质量考核不完善

目前的职业学校涉农专业实践教学质量考核体系,更为注重的是对学生的各方面评价考核,很少涉及实践教师指导水平和教学方法及教学效果以及合作的行业企业是否对口等评价考核体系指标。

(二)涉农专业实践教学管理弊端显现

在谈及涉农职业教育实践教学时,校内外实践教学的管理机制,包括课堂管理、安全管理、课程设置等方面必须引起高度重视,目前各管理机制均有待完善。

1. 职业学校涉农专业实践课堂管理差强人意

目前,职业学校涉农专业大部分学生课堂表现良好,能认真听讲并顺利完成每一次的实践操作,但是仍有部分同学存在注意力不集中、实践操作应付了事等负面情况。究其原因如下:

(1)涉农专业学生自身的原因

由于学生个体在遗传、性格、行为习惯、兴趣爱好等方面各有不同,这种差异势必会对课堂表现产生影响,有的涉农专业学生自控能力强,可以排除干扰,集中注意力;但有的却自我要求低、自控能力差,往往意志力较差,注意力不集中,扰乱课堂纪律。职业教育年龄段的学生正处于价值观形成的关键期,如果好好引导,学生在接受新鲜事物、自我控制等方面将得到增强,反之,学生会变得更加叛逆,出现上课玩游戏、聊天等严重影响课堂纪律的行为。

(2)实践教师的课堂管理方式有缺陷

课堂管理质量的好坏、效能的高低,直接决定了涉农专业人才培养的质量和成效。据调查,目前,我国职业学校涉农专业实践教师对课堂管理的手段已有所提高,但是,由于环境、场地和设备等问题的存在,实践课堂的管理难度比一般理论课要高得多,学生之间互相借用仪器设备、商量实验过程等导致实践课堂嘈杂和混乱的现象时常发生,实践教师往往一个人很难在课堂上顾及所有学生,导致部分学生出现对抗性情绪。

2. 职业学校涉农专业安全管理仍需加强

学生的实践课程安全管理是涉农专业实践教学中的永恒主题,正所谓"安全生产高于一切",但是据问卷调查及访谈了解到:目前,部分涉农专业实验室由于历史原因导致空间小、工位少,且存在行政班级学生越来越多、学生的纪律性较差等原因,很容易出现安全事故,使得实践教学的安全管理面临着巨大的挑战。

究其原因如下:

(1)涉农专业学生的安全意识淡薄

具体体现在:学生对于实践教学的设备、器皿、试剂充满好奇,但是缺乏相关的操作知识和安全常识,此外,涉农专业学生接触的实践课程多数与"农"相关,很多都是检测性的实验，需要用到强酸强碱强腐蚀性等危险性试剂，部分学生对于化学检测试剂的危害性含混不清，自我保护能力低下，安全意识淡薄。

（2）职业学校涉农专业安全监督机制不够

具体体现在：目前，部分涉农职业学校实践教学的设备老化、年久失修，仪器设备的安全使用规章制度不够完善，危险物质的标志等不够显著，安全责任制未落实等问题，均有可能造成较大的经济损失以及危害人身安全。

（三）校企双方需求不平衡

企业生存的核心是效益，但实际上校企合作对企业的业绩帮助并不大，培养的学生最后未必留在本单位就业，导致校企合作融合不够，形成了学校"剃头挑子一头热"的现状。目前，校企合作中多数涉农企业的角色只是给学生提供实践参观，并没有深度参与实习指导及考评等，积极性不高，仅靠学校的热情难以与企业深度合作。我国校企合作尚处于起步阶段，存在着学校专业设置没有真正从企业需求的角度出发，缺乏长期合作的有效形式。

究其原因如下：

1.涉农职业学校与企业对待合作态度不同

目前，大部分职业学校涉农专业与企业合作的形式主要是提供学生的实习形式，在联系交流过程中学校一般处于被动地位。教育自始至终都是一个长期的系统工程，其短期的收效并不明显，涉农职业学校需要依靠相关农业企业的帮助，了解最新的行业前沿，企业对于学校合作内容的选择具有功利性，很难从教育人的角度考虑，企业的合作意识不够强烈，参与多有人情因素。

2.校企合作未形成完善的协同管理机制

校企合作的主要目的是提高学生的专业实践能力，毕业后能够更快更好地融入企业，学生可以直接受益，学校也可以通过校企合作提高就业质量和比率，但是，企业却要承担学生的管理成本及风险成本，无法直接受益。此外，学生在进入农业企业实习后主要的学习和管理就基本上由企业完成，学校所负的责任相对较少，许多企业认为学生只是来看看玩玩，为了完成学校布置的硬性任务，很快就会离开，对学生的管理也就没有系统的机制，只是把他们当成廉价劳动力，使学生产生厌烦情绪，积极性不高。

第三节 培养过程与生产过程的落差

培养过程是实现农业人才与农业市场对接的关键环节与节点，是实现农业生产的重要步骤，但现实中培养过程与农业生产过程的背离，使得农业人才的培养成为无源之水、无本之木。目前，"乡村产业基础仍不牢固，农村基础设施欠账较多，农村民生保障水平需要进一步提升,农村投入机制有待强化"。

一、高职人才培养与农村人才需求之间存在的问题

高职教育要通过深化产教融合赋能乡村振兴战略,在实际过程中还存在一些不匹配的问题。

(一)高职教育专业体系与乡村社会治理、产业发展需求不匹配

目前,高职教育和乡村社会治理、产业发展尚未统筹融合、良性互动,需求导向的专业人才培养体系亟待完善,一些涉农高职院校不自觉地将发展非农专业作为办学的主要目标和主攻方向,轻农、去农、离农现象十分严重。

1. 专业体系与乡村发展全产业链未能有效对接

随着精准扶贫和乡村振兴战略的接续实施,以及工业4.0和信息化2.0的持续助力,乡村经济、社会、文化、卫生等多个领域均发生了较大的变化,农业及农产品加工业与其他产业深度融合发展出了乡村特色文旅、乡村特色餐饮、乡村康养、乡村电子商务等新业态,但高职教育涉农专业门类和专业方向的调整步伐明显滞后于乡村社会和产业发展,依然是以畜牧兽医、园林技术、园艺技术三大类专业为主导,未能围绕乡村发展全产业链打造结构合理的专业体系。

2. 专业建设同质化现象严重

一些高职院校忽略地方农业产业基础、学校自身办学条件和专业内涵建设优势,在未经过充分调研与论证的情况下,盲目对接政策热点,新增涉农专业和专业方向,但其往往只是在学校已开设专业的内核基础上新增少数几门差异化课程,甚至仅仅是换了几个课程名称,与原有专业同质化现象严重。

(二)高职教育人才培养规格与乡村人才需求不匹配

高职教育供给侧与乡村需求侧存在结构性矛盾,高职涉农教育毕业生的培养成效难以达到预期,爱农业、懂技术、善经营的创新创业型乡村人才培养目标尚未实现,无法有效满足乡村振兴的人才需要。

1. 涉农专业生源质量有待提高

市场化导向促使高职院校和家长、学生均盲目追求热门专业,导致涉农专业陷入招生难,招生成本增加。整体而言,涉农专业学生高考分数和综合能力均偏低,相当一部分学生属于专业调剂生,学习的主观能动性较差。

2. 涉农专业人才培养质量有待提高

一是人才培养尚未完全脱离学科教学的桎梏,人才培养模式、教学资源、教学内容等脱离乡村发展实际,教学改革步伐无法跟上当代乡村的快速发展。

二是高职院校多地处城市,乡村实践基地建设滞后,同时由于农业产业易受土地、防疫、季节、天气、空间距离等因素的制约,涉农专业产教融合难度较大,实训实践体系构

建的开放性不足，实训组织困难、耗材严重，部分技能培训流于形式，与生产实际存在脱节现象。

三是创新创业能力培养不足，农业产业资金投入较大，投资周期较长，投资风险较大，高职创新创业教育依然停留在"写方案"阶段，很难做到由虚入实的转变。

3.涉农专业人才培养乡村情怀教育亟待加强

长期从事乡村产业首先要源于对乡村的热爱，目前涉农专业人才培养在一定程度上忽略了学生的乡村情怀教育。虽然涉农专业学生大多数来自农村，但由于乡村产业发展不充分，社会配套不齐全，所能提供的工作岗位在工作环境、薪资待遇等方面与城市特别是长三角、珠三角城市群有较大的差距，加上社会舆论对于"农民"这一职业的偏见，他们普遍有"跳出农门"的思想。即便涉农专业毕业生的初次对口就业率较高，但往往难以持续，随后的流失率居高不下。

（三）高职教育社会服务供给与乡村社会发展需求不匹配

高职教育的社会培训、科学研究与科技推广、文化传播等社会服务工作还有很大的提升空间，对乡村产业发展、社会治理的支撑作用还有待于进一步增强。

1.高职涉农专业缺乏科研基地和科技推广基地

农业产业科技发展的一大要素是土地资源，涉农高职院校由于搬迁、城市发展等因素大多数已没有成规模的产业基地，与农业产业化企业的联系又不够紧密，一些科研项目和科技推广工作缺乏坚实支撑，难以有效落地。

2.高职院校教师的社会服务能力和动力有待提高

一方面，目前高职院校教师的主体依然是"从学校到学校"的高校毕业生，下企业轮岗实践未得到高质量实施，教师自身缺乏一线生产实践经验，难以胜任乡村社会服务工作；另一方面，高职院校缺乏相应的配套政策和成熟的社会服务运行机制，教师开展社会服务的付出和回报不成比例，开展社会服务的动力不足。

3.农民教育培训质量有待提高

农民教育培训不成体系，对农民教育培训需求调研不足，培训针对性不强，一些职业院校开展的农民培训流于形式，不仅没有根据农业生产实际合理安排培训时间，甚至出现影响农业生产活动、最终损害农民利益的情况。

4."三下乡"活动尚未常态化

乡村社会发展需要科技、文化、卫生等方面的知识普及和活动开展，高职院校师生在"三下乡"活动中开展了一系列工作，作出了一定的成绩，但与广大村民的期待值仍然有一定距离，对于乡村社会公共必需品的供给依然不足。

（四）乡村文化振兴功能偏弱

高校的三大功能之一是社会服务功能。高职院校应当在乡村文化振兴中占有一席之地，在学习、研究、宣传、实践等方面均可发挥其独特的作用，但现状是许多高职院校的文化研究、宣传、实践活动多局限于校内，即使是走出校外的学习、研究、宣传、实践等，也是蜻蜓点水，或者和乡风文明没有关联，对乡村文化振兴的贡献不大。

1.涉农专业学生就业实践初期待遇低

例如，实习通常在远离市区并充斥着异味的养殖场、有着传染病威胁的宠物医院等，都在一定程度上削弱了涉农专业学生学习专业技术的积极性。以往涉农类专业的毕业实习大部分是到国有农场、推广站等单位开展，学生的专业技能和管理问题比较容易解决，而且大部分都是令人羡慕的"铁饭碗"，但是随着国家政策的变化，这些单位体制的改革，使得涉农专业学生的毕业实习等实践环节遇到了不少困难和"瓶颈"，影响了这些涉农专业学生实践能力的提升和就业前景。被呵护着长大的"95"后、"00"后们，非常有个性和主见，但文凭层次决定了他们在职场初期只能从事简单、枯燥和重复的工作，很多学生难以坚持下来。

2.农业专业人才不能真正为农服务、留不住

涉农专业学生的学费有减免政策，这在很大程度上左右了困难学生家庭的选择，事实上，由于长时间的"城乡二元体制"造成农民家庭更愿意跳出农门去城市，他们选择就读涉农专业主要是看中其学费优惠政策。涉农专业属于艰苦行业，就业实践方向也偏艰苦，学生大部分毕业后进入次要劳动力市场进行实习。目前，我国从事农业生产的劳动者素质与发展现代农业的要求还有较大差距，且每年需要劳动者数量不断增长，但是愿意从事农业生产的劳动者，特别是具有较高专业技术的青年农民急剧减少，农业的先进科技成果得不到有效转化，成为制约农业发展的关键问题。

二、高职人才培养与农村人才需求之间存在的问题及其原因

（一）农村对高职人才培养认识不足影响农村人才培育发展

当前，在许多农村地区，相关政府部门对高职人才培养的理解不足，对高职人才培养建设内容的认识还不充分，导致政府未能有效整合高职人才培养的具体政策。除了政府部门对高职人才培养认识薄弱以外，由于互联网等新技术新理念仍处于发展阶段，农民对农业生产生活前景的把握跟不上时代的步伐，尤其在一些偏远地区，农村生活节奏慢，农民的生活及思维方式比较落后，文化水平低，对新事物的接收缓慢，任何盲目的尝试都可能导致严重的经济损失。这种思想导致农村部分人对新技术新方法有一定抵触，甚至抵制新事物，所需的技能人才往往被忽视，严重影响高职人才培养的传播和发展。农村振兴需要新的专业农民的支持。但是，目前中国的高职人才培养还没有形成统一的资源共享机制。与城市相比，农村人口密集度较低、技术装备落后，经济落后，高职教育的发展相对不足。特别是对农业生产资料和农产品的发展认识不足。农村居民的消费观念较为传统，一提到教育总认为耗费代价太大，或者认为高职教育没什么前途，这在一定程度上制约了人

才培养的发展，最终影响了新农民的培育和发展。

（二）高职人才培养发展环境不完善影响高职农村人才供给

从外部环境来看，城乡发展差距仍然很大，农村公共设施和公共服务滞后，新老农业矛盾交织在一起。部分农产品价格持续下跌，农业效益下降，农民继续增加收入的压力一直很大。农村劳动力，特别是中青年劳动力的内部生产力普遍不足，这使农民要成为体面的职业任重道远。国家强调大力发展职业教育，但是高职人才培养培训投入不足也是影响我国人才培养的重要因素。此外，高职人才培养教师团队仍然是制约中国高职人才培养培训的关键。高职人才培养教育和培训教师队伍不稳定，实践经验不足，技能不突出，类型结构不合理，学历不合格等问题，无法满足地方经济快速发展和新型农业经营实体蓬勃发展的需要。

（三）农村人才培养理念影响农村人才培育

农村劳动力短缺，特别是专业人才短缺，已成为制约农村发展的重大问题。农村专业人才稀缺特别是缺乏熟练掌握农业经济运行规律的业务、技术、管理等复合型人才。这本该使高职面向农村进行人才培养的后劲更加充足，但相反，除了大部分涉农院校和涉农专业外，面向农村的高职教育发展并不突出，主要是生源不足。一方面，在许多农村地区，大多数农村居民都是老弱妇女和儿童，大部分对高职人才培养情况了解甚少，以至于对农村高职培养技能的认识还不足，依旧保持着比较传统的思想。另一方面，当地高职人才培养培训不足，没有相关的政策措施来引导和鼓励人才下乡。农民观念相对过时，接受和理解新事物的能力有限，不可能掌握开展高职人才培养工作所必需的各项应用技术。这些因素导致高职农村人才培养生源严重短缺，从而影响人才的培养。

（四）法律法规和标准化不健全影响高职人才培育

高职人才培养为了实现快速发展，离不开健全的法治和政府部门的支持。首先，政府对高职人才培养的支持很弱。高职人才培养的专项资金和技术支持不及时；其次，政府对市场秩序的监督不到位，导致严重的盲目投资和市场无序竞争；最后，与农业相关产品尤其是农副产品相关的质量标准和信用标准并不完善。没有一套相对成熟的标准或技术手段来规范，高职面向乡村的人才培养就缺乏目标性，从而导致高职人才培养发展缓慢，农村振兴背景下缺乏新的专业农民。

三、高职院校开展乡村振兴人才培养案例

实施乡村振兴战略，是党中央和国家的重要决策部署，是新时代"三农"工作的总抓手。以GX涉农高职院校为例，在此背景下，从GX涉农高职院校是否将乡村振兴战略纳入人才培养方案，是否为GX乡村振兴培养对标人才等方面进行研究，分析GX涉农高职院校服务区域乡村振兴的人才培养情况，并提出人才培养建议。

（一）学校开设专业是否紧扣乡村振兴战略

产业兴旺是乡村振兴的重要基础，是解决农村一切问题的前提。国家对现代种养业、乡土特色产业、农产品加工流通业、休闲旅游业、新型服务业、信息产业等乡村产业的壮大培育提出了要求。但乡村产业振兴需要专业人才作支撑，而职业院校则是培养专业人才的主阵地，发展职业教育则是推进乡村人才振兴的主抓手。根据职业教育专业目录（2021年），培植乡村产业相关的职业教育专业主要有农林牧渔、能源动力与材料、土木建筑、生物与化工、轻工纺织、食品药品与粮食、邮政、电子与信息、健康管理与促进、财经商贸、旅游、文化艺术、公共管理与服务几大类。

GX涉农高职院校服务地区乡村产业振兴的专业设置比较少且偏于低端，停留在种植、养殖、畜牧、生产、加工、检测检疫等基础工程层面，而与农产品深加工、流通与管理、绿色食品生产、休闲农业营运、食品贮运营销、农村电商、冷链物流、民族文化艺术、定制旅行开发管理与服务等中高端产业相关的专业相当缺乏，造成服务GX乡村产业振兴的整体人才培养结构不完整、不优化，乡村产业产品和服务易处于中低端水平，缺乏国际国内同比竞争优势，对GX乡村振兴长远发展不利。

（二）学校是否将服务乡村振兴写进专业人才培养方案

在GX农业职业技术学院、GX职业技术学院涉农专业人才培养方案的培养目标表述中，都从道德素养、专业技能、职业方向三方面提出了培养目标，但没有明确提出服务区域乡村振兴的目标。人才培养具体实施方案中也没有作"三农"思想政治课程或实践教育要求，没有旗帜鲜明地打着"农"字招牌，也没有紧贴国家乡村振兴战略发展要求。课题组在GX农业职业技术学院园艺技术专业开展毕业返乡意愿专项调研，数据显示：毕业后，打算返乡就业或创业的学生比例仅占40%；没有这个打算或犹豫不决的各占30%。要争取这60%学生群体加入返乡就业或创业行列，支持地区乡村产业建设，则需要学校将服务乡村振兴战略纳入涉农专业人才培养方案，在目标、措施、考核实施等教育教学各个环节提出来，培养大学生在农知农、在农懂农、在农爱农、在农扶农的情怀，提高大学生返乡就业创业的自觉性和积极性，为区域乡村产业振兴输出更多的人才。

（三）学校是否采取系列措施宣传和引导学生服务乡村振兴

1. 已开展GX乡镇农技人员定向培养

受GX农业农村厅领导和委培，自2020年开始，GX农业职业技术学院招收现代农业技术、畜牧兽医两个专业的乡镇农技人员定向培养生，面向GX县（市、区）户籍的高考考生招生，单设志愿，单独划线，在专科提前批次录取，执行专科批录取线。录取考生须在入学前与生源所在县（市、区）农业农村局或乡镇人民政府签署定向培养协议书，在校学习期间由GX农业农村厅发放补助经费（补助学费、住宿费、教材费和一定的生活费）。已录考生如拒绝签署定向培养协议书，将取消其入学资格。毕业后由协议县（市、区）按要求组织体检,体检合格后按协议安排就业并纳入事业编制实名制管理,到协议的乡镇农业推广机构从事基层农技推广服务工作5年以上。这一政策获得不少高考学子的青睐,两年来共招收定向培养学生279人,直接靶向GX乡村基层技术人才的培养和引进。这一群大学生犹如星星之火,对促进GX各乡村的农业、畜牧业发展呈燎原之势,对服务GX各地相应产业振兴更具针对性。

2. 已开展服务乡村振兴专题宣传报道

2003年以来,GX农业职业技术学院毕业的高职专业学生达3万多人,数以万计的毕业生扎根县乡基层就业、创业,直接服务农业农村农民。2021年学院开展了"寻访服务乡村振兴最美毕业生"活动。寻访对象为:

该院历届高职专科毕业生。

在县级及以下党政机关、企事业单位、社会团体、非公有制组织、国有企业、私有企业等单位就业的毕业生。

受聘在城市的企事业单位,长期驻点在县乡基层工作,服务农业农村和农民的毕业生。

在县乡自主创办独资公司、合伙企业、门店、经营部、网店、民宿、农庄、农场以及在城市创办与服务乡村振兴密切相关产业创业的毕业生。旨在大力宣传"服务乡村振兴最美毕业生",引导更多在校生毕业后回到基层反哺乡村。

3. 已将乡村振兴战略带进学生课堂形式与政策

作为公共基础必修课设1个学分,GX农业职业技术学院和GX职业技术学院在该门课中均设有乡村振兴专题,可见乡村振兴战略一部分走进大学生课堂,但有一点需要正视的是,仅仅一个专题2个课时无法速成大学生"三农"情怀。

(四)应届毕业生是否反映区域乡村

课题组从GX农业职业技术学院、GX职业技术学院近三年应届毕业生就业情况来分析(见表4-1、表4-2)。

表4-1　GX农业职业技术学院2018—2020届毕业生就业情况

毕业届	毕业人数(人)	GX区内就业率(%)	主要就业行业	主要就业职业	成为新型职业农民意愿
2018届	3375	80.94	农林牧渔业	农林牧渔业技术人员	—
2019届	3700	75.31	农林牧渔业	农林牧渔业技术人员	39.87%
2020届	4719	77.9	农林牧渔业	农林牧渔业技术人员	—

表 4-2　GX 工业职业技术学院 2018—2020 届毕业生就业情况

毕业届	GX 区内就业率（%）	主要就业行业	主要就业职业
2018 届	69	建筑业、零售商业、电子电气仪器设备及电脑制造业	财务/审计/税务/统计、销售、行政/后勤
2019 届	67	建筑业、零售业、住宿和餐饮业、农/林/牧/渔业、其他服务业（除行政服务）	销售、财务/审计/税务/统计、行政/后勤、建筑工程
2020 届	64.4	建筑业、农/林/牧/渔业、零售业	销售、餐饮/娱乐、农/林/牧/渔类、行政/后勤等

从两所高校毕业生就业数据对比看，"姓农名农"的 GX 农业职业技术学院对 GX 区域发展人才输出贡献率较高，且主要集中在农林牧渔业。由此可见，乡村产业振兴关键在人才，GX 乡村专业人才培养关键在 GX 农业职业技术学院，只有扶持和壮大 GX 农业职业技术学院，做强和做优涉农专业，才能在 GX 乡村未来几年、几十年的发展关键阶段涌现出更多更专业的乡村产业人才做支撑。

综上所述，在全国上下共同推进乡村振兴战略行动中，作为"农"字招牌或有涉农专业的高职院校，对乡村产业振兴的专业人才培养方面，起着不可替代的重要作用。GX 涉农高职院校虽然为 GX 区域发展输出人才不少，但专业设置、人才培养、资源配置方面还有待改进。

一是专业设置方面，还需要增设更对口、更高端、更多的乡村产业振兴相关专业，如农村电商、文旅开发、农产品深加工、农特产品包装、营运及外贸等与现今时代需求紧密相关的新生产业专业，拓展现有乡村种养产业的延伸性和价值性，提高乡村产业发展的质量。

二是在涉农专业人才培养方案上，需要旗帜鲜明地指出服务乡村振兴战略，并增设培养大学生"三农"情怀的教学和实践课程，广泛开展大学生思想政治教育活动，使涉农专业大学生真正知农、懂农，才能更爱农。

三是涉农人才培养实践方面，还需要开放、大胆、创新，联合地区农业科研院所、农资企业、农民行家的优势资源，共同培养人才，把农民专家请进教室，把学生课堂搬到田间地头，把农民问题摆到学生实验室，把学生角色换成农庄主，让涉农学生上得了课堂、用得好农具、种得好庄稼、养得好牲畜、管得好农庄、卖得好产品，成为真正适应乡村振兴发展需要的有用人才，能在乡村留得住，从而更好地为 GX 乡村振兴服务。

第四节　高技能师资短缺

大多数高职院校过于看重学历，教师尽管具备理论基础，但是缺乏足够的实践经验，尤其是"三农"实践经验，导致教学内容缺少实用性，学生缺乏兴趣。有的教师虽然有一定的实践经验，但是在新时代背景下，理论知识陈旧，缺乏及时更新，继续提升空间较小，进而影响教学效果，影响学生对实践技能的把握。

一、高职教师参与乡村振兴的素质有待提高

近年来，应届毕业的硕士生是当前我国职业学校实践教师的主要来源，由企业技术人员调入当老师的比例很小，他们的学缘结构单一，虽拥有较高的理论知识和能力，但是大部分对于实践经验方面的经验并不足，有些可能只是在完成毕业论文的过程中真正接触过。然而，对于来自企事业单位的实践教师，他们能够给学生传授最新的技术和工艺，但是他们缺乏教育学理论背景的支撑，很难清晰地洞悉学生，常常困于教学方法的应用。此外，涉农专业兼职教师稳定性差，虽清晰了解企业对于人才的需求，但对于学生的培养方法并不了解，由于一些学校地理位置相对偏远，离市中心有一定距离，许多企业专家嫌路远、课时费又低，不大愿意过来上课，大部分兼职教师上完课就走了，与学生的联系最多通过QQ、微信等方式，实践教学质量效果很难得到保证。

（一）教师队伍数量不足

从全国范围来看，农业高职院校往往所处地理位置较偏，区位优势较弱。此外，虽然这两年中央加大了对农业的投入，对农业进行了一些补贴并减免了农业税，但这并没有从根本上改变大部分人轻视农业的现状，农业依然是弱势产业，由此导致农业高职院校难以吸引优秀教师，各农业高职院校都不同程度地存在教师数量缺口的问题。调查显示，大部分农业高职院校的生师比例过高，较教育部确定的16∶1的要求相去甚远，教师队伍规模无法满足教学、科研和人才培养的需要。

（二）教师队伍结构不尽合理

现有的农业高职院校大部分都是由中专升格或组建而成，教师队伍的学缘结构、学历结构以及年龄结构分布不尽合理。具体体现在：年龄结构方面，青年教师比重偏大；专业结构方面，基础学科的教师相对过剩，专业师资缺口较大，基础课、专业课和实习指导教师比例失调，新设专业的专业课教师紧缺，专职实习（实训）指导教师比例较低；学历结构方面，学历层次普遍偏低，高学历、高职称教师偏少，能够率领团队开展教学、科研、社会实践的专业带头人、学术骨干匮乏。

（三）教师实践教学能力亟待提高

一方面，我国农业职教师资培养起步较晚，农业高职院校中毕业于非师范类院校的教师占有较大比例，他们缺乏相应的职业教育理论知识，对职业教育的认识不到位，教育教学技能有待提高。另一方面，由于农业高职院校的教学与农业行业的生产特点关系密切，农业生产的周期性、季节性以及受自然环境的影响较大，这一特点决定了农业类专业实践性更强。而目前大多数农业高职的教师来源单一，且是在学科型模式下培养出来的，多数教师实践动手能力较弱。同时，随着高职院校扩招和办学规模的扩大，专职教师大多处于超负荷状态，很难有机会长时间到农业行业生产第一线锻炼，教师实践动手能力差的问题

较为突出，严重制约了教学质量的提高。

二、高职教师参与乡村振兴的竞争激励机制不健全

教师是高职院校人才培养的核心与灵魂，教师的发展与学校的发展是捆绑在一起的，高职院校历来重视对教师的评价与激励，如何做好对教师的评价一直是高职院校十分关心的问题，它直接关系到教师队伍的成长与发展。我国的高职院校大多从中专转制升格过来，办学时间都不太长，高职教师的评价起步较晚，大多都沿用了我国教育领域传统的奖惩性评价方式，奖惩性评价方式历史悠久，也十分成熟，确实在多个领域发挥了评价考核的激励作用，但是随着时代的进步，教育的发展，奖惩性评价的激励作用越来越显现出单薄和无力的一面，教师们越来越追求个性化发展和职业生涯的规划，更加强调个人发展与集体发展的有机统一，因此，发展性评价就显得有其优越性和系统性，它着眼于教师的个人发展，以促进教师个人成长进步为出发点，实现教师发展融入学校发展之中。奖惩性评价和发展性评价的有机结合应成为高职院校推动教师队伍建设的重要方法与手段。

（一）评价与激励机制

目前，高职院校对教师的评价主要有两种类型：一是教师奖惩性评价；二是教师发展性评价。这两种评价都是为了考核与观察某一时期教师的工作业绩与个人成长，但由于其着眼点不同，导致两种评价方式侧重上有较大差别，大多数高职院校以采用教师奖惩性评价为主，少数优质高职院校同时采用了教师发展性评价。

1. 教师奖惩性评价

教师奖惩性评价是一种目的性很强而且具有一定功利性的评价方式，强调的是物质刺激与奖励，以结论性为标志。它对教师过去一定时期内所做出的成绩给予总结性评判，并以此为依据做出如职称晋升、加薪、奖金以及人事方面的管理等。特点是面向过去的、终结性的和物质化的表现形式，常常用于绩效考核，所以又通常被称作"绩效管理评价制度"。这种方式奖罚分明，通过奖励少数考评优胜者和惩罚部分不称职的教师，从而达到促进优秀教师更好发展与进步，同时也鞭策落后教师奋勇直追，进一步促进教育水平的提高。它的评价主体相对单一，一般由学校领导或校内外同行专家来担任评价者，单一主体的评价也容易发生评价信息的偏离和缺少民主参与，评价结果主观性相对较强。奖惩性评价重点关注可达到且相对短期的目标，强调一定时期内的业绩与能力，忽视了过程性的东西，这种评价机制的主要原则有：公平性、责任性、奖惩性、激励性和竞争性。

2. 教师发展性评价

教师发展性评价是一种舶来品，也是近十几年来高校才开始重视并研究的一种新型评价方式，强调的是过程性与发展性，以面向教师未来的发展为重点，以系统性的思想来看待教师的发展过程，它把教师的成长与发展看成一个相对长的时期来考察与分析，这种评价方式是一种动态的评价过程，通过多元化的评价主体来达到对教师的评价更加科学化、

民主化和全面化，能充分调动教师的主观能动性，努力做到教师的发展与学校的发展更好地统一与融洽。

发展性评价主要有以下几个特点：一是注重教师的中长期发展；二是采用定量与定性相结合的方式；三是强调整体素质与综合素质双评价的结合；四是评价主体多元化，体现个人的自我评价；五是把个人的发展与学校的发展紧密联系在一起。

（二）教师评价存在的主要问题

1. 评价机制与技术技能型人才培养不一致

高职院校培养的是面向生产、建设、服务与管理一线的技术技能型人才，它与普通本科学校是完全不同性质的培养体制，但是我们大多数高职院校沿用了本科院校的教师评价体制，虽然意识到了这个问题，但是由于习惯意识和主导意识的作用，总体评价方式上没有根本性体现高职教育的个性特点，依然对教师的科研和技术服务依从过多，职称评定上过多依据论文的发表，高职院校的职业性与实践性没有较好体现出来。高职教师更多要求其双师素质能力，教学过程要做到开放性、职业性和实践性的有机统一，很显然，目前的评价机制不能很好地对高职教师作出全面准确的评价，这势必影响教师的工作积极性和创新性。

2. 评价机制不够完整

发展性评价与奖惩性评价是教师评价的两种经典形式，但它们的评价角度不同，最终落脚点也相去甚远。当前高职院校大多采用奖惩性评价方式，奖惩性评价主要以教师进行量化考评，形成阶段性结论性结果，并将结果用于对教师的奖惩、评优、绩效分配及人事方面的管理。奖惩性评价在激励教师成长推进人事良性管理方面起到了极大的作用，但是光有奖惩性评价机制，那就忽略了教师个人的发展与个性化成长，教师的能力也无法有效提升和发展。教师职业生涯的规划与实现更多体现在发展性的成长过程之中，特别是近年来毕业的年轻教师较多，如能把他们的职业生涯发展紧紧地与学校的发展结合起来，那必将给高职教育增添无穷的力量。

3. 教师评价指标不够科学

高职教师评价机制的理论体系研究较晚，研究成果不多，实用性强的成果少见。高职院校大多从本科高校照抄照搬过来，没有经过深入的研究与分析，通过简单的裁剪拼接就用于高职院校教师考评。高职教师的评价指标一般都有几十项，其中哪些指标重要，哪些指标的权重多少，指标应是具体的还是概括性的，怎么分类合理等都缺少科学的思考与研究。高职院校以教学为主，评价指标中一般会更多重视教学方面因素。教学是一个过程，教师的知识、经验、能力等只有在教学过程中体现，学生是教学对象，但是高职学生总体素质较差，对教学质量指标认知与理解十分有限，大多数高职院校过多地采用学生评教信息，在一定程度上也会导致偏差。

另外，在评价指标的设计上，也有可能只重教学而忽视科研与技术服务的现象。评价指标科学与否，能否较全面地反映教师的教学、科研与技术服务三方面的客观情况，直接影响最终的教师评价公平性。

4.评价体系反馈不畅

高职院校教师评价的真正目的是促进教师的个人发展，推进高职院校教师的整体素质提高，为培养高素质技术技能型人才服务。评价不是目的，评价是为了提醒和改进教师存在的这样或那样的问题，因此，需要建设顺畅的评价反馈机制才能落实教师评价的意义，但现实情况不太乐观，往往有了评价结果，缺少了信息反馈，学校只简单把评价作为奖惩的依据罢了。另外，评价的对象是教师，但实际评价过程中，大多采用自上而下的评价方式，评价主体主要由领导组成，教师总是处于被动的一方，教师们的意见和自我评价很难得以表达，教师对评价的认可度降低。

三、高职教师参与乡村振兴缺失"双师型"实践的培养体系

所谓"双师型"队伍，是指既具备教师资格也具有相关职业资格证的教学师资队伍。当然，各种证书的需求只是其中一小部分硬件，更重要的是实践教师本身具有的操作能力和创新实践能力以及综合素养。

（一）"双师型"教师培养是高等职业教育发展的迫切需要

1.从高等职业教育的培养目标看"双师型"教师培养的必要性

高等职业教育的职业性、应用性特点，要求培养的是应用型人才、专业技能强的高级专门人才，而不是理论研究人才。高等职业学校必须培养学生的专业技能、实际操作能力和应用性科研能力，使学生在校期间就能完成上岗前实践训练，并积累一定的工作经验，在取得学历证书的同时，取得职业资格证书。从这种特殊的教学要求中，我们可以看到，教育者必须先受教育，理想教师必须是学深艺高的"双师型"专门人才。所谓"双师型"人才，是指既能以扎实的专业理论知识授课，解决职业实践中出现的问题，又能以丰富的实践经验和熟练的技术指导学生实际操作的具有类似"教师是某个专业技术职称"的专门人才。只能讲不能练、不会操作、没有实践经验的教师，不可能培养出实践动手能力强和解决实际问题能力强的学生。目前，高等职业教育发展远远不适应社会发展需要，教师素质不高是制约其发展的"瓶颈"因素，培养"双师型"教师势在必行。

2.从高等职业教育的专业建设看"双师型"教师培养的必然性

高等职业教育作为高等教育的重要组成部分，承担着为社会开发劳动力资源，直接向社会输送实用型人才的重任。它的办学方向决定了专业设置的灵活性。一方面，根据市场经济对人才的需求及地方经济发展的需要，比较灵活地调整专业结构；另一方面，瞄准社会结构、经济结构的变化，及时调整专业设置，使之能够促进当地产业结构的调整。从一定意义上讲，高等职业教育的质量核心是专业建设。其中"双师型"教师的客观作用是不容忽视的。

职业教育的专业建设从教学模式上区别于传统的高等教育"学科中心"模式。它要求的是能力中心模式，是在分析某种职业岗位（专业群）所要求的各种具体业务能力的基础上有针对性地确定所需要的专业和基础知识内容。在实施这一模式过程中，从教学计划的制订，教材的选定，专业技能的考核到教学内容的改革，教学方法的创新以及实践性教学环节的指导，都离不开既有理论知识，又有实践经验的"双师型"专门人才。

（二）"双师型"教师是高职院校中最重要的人力资源

人力资源是指一定范围内的人口中所具有劳动能力的人的总称。它是包含在人体内的一种生产力，表现在劳动者身上并以劳动者的数量与质量来表示的资源。人力资源存在于人体之中，具有创造社会财富的能力。人的智慧、才能、经验、精力都包括在其中。人力资源与其他资源相比，具有支配性、成长性、自控性、社会性、消耗性的特点。

1. 培养"双师型"教师是高职院校师资队伍建设特色所在

高职院校师资队伍建设要坚持共性和个性的统一，既要具有一般高校师资队伍的共性，又要具备有别于一般高校师资队伍的个性，即特色。建立"双师型"教师队伍是高职师资队伍建设的最突出特色和创新举措。

教育部明确提出："双师型"教师队伍建设是提高高职高专教育教学质量的关键，对高职师资队伍建设有很强的针对性和很大的指导意义。当前高职普遍存在着专业理论教师不能指导实训教学，实训教师基础理论薄弱，不能讲授专业理论课的现象。专业理论教师和实训教师相分离影响了教育教学质量的提高和合格人才的培养。培养具有必要的理论知识和较强的实践能力的高等技术应用人才，迫切需要一支"双师型"教师队伍。高职院校建立一支"双师型"教师队伍，有利于制订理论与实践相结合的教学计划，有利于编写理论与实践相结合的教材，有利于进行理论联系实践的教学，有利于产学研相结合，有利于纠正学生重理论轻实践的不良倾向，有利于学校合理安排与调节专业理论课和实训课的任课教师，等等。总之，有利于缩短教学时间，提高教育教学质量。

2. "双师型"教师的数量和质量

与高职院校的生存和发展密切相关正反两方面的经验表明，高职院校的生存和发展与"双师型"教师的数量和质量密切相关。目前，国内有的院校正在对一些课程进行理论、实验、实训、设计"四位一体"的教学探索，并初步取得成效。而一些高职院校初步建立了一支"双师型"师资队伍，在办出特色、提高教育教学质量方面取得了决定成效。

我国有些高职院校没有充分认识到"双师型"教师在高职院校发展中的重要性，不重视"双师型"教师的培养，高职教改工作开展不好，职教特色不明显，毕业的学生理论知识不足，实际操作能力不强，就业困难，致使招生困难，学院的发展陷入了停滞不前的境况。

（三）"双师型"教师培养是教师自身专业性发展的客观需要

职业是依据人们参加社会劳动的性质、内容、形式等标准划分的社会劳动者群体。社会学者根据职业的本质、特征等将其划分为专门职业和普通职业。

通常来说，一种职业的专门化包括下列基本条件：一套具有一定学术地位的理论系统，其知识是大学教育中的一门；一套与理论体系相适应的专业技术，其知识具有不可或缺的社会功能；从业人员须具备忘我精神，对职业投入感强；从业人员须具备客观的服务态度，其服务公正不偏，只对服务对象负责；从业人员任职前须受过较长期的专业训练，有管理控制职业群体的自主权，对被管理者有极高的权威；有一套制度化的道德守则。

作为专门职业具有三个基本特征：需要专门技术和特殊智力，在职前必须接受过专门的教育；提供专门的社会服务，具有较高的职业道德和社会责任感；拥有专业自主权或控制权，如对从业人员聘用、解聘的专业权利不受专业外因素控制，表现为专业工作者应获得本专业资格证书，专业内部有不同的职称来标志专业水平差异等。

高等职业教育的特殊性决定了其教师专业发展的特殊性。教师专业化主要强调教师群体的外在的专业性提升，而教师专业发展则是教师个体的、内在的专业性的提高。教师个体的专业性发展是教师作为专业人员，从专业思想到专业知识、专业能力、专业心理品质等方面由不成熟到比较成熟的发展过程，即由一个专业新手发展成为专家型教师或教育家型教师的过程。取得教师资格证书并不意味着他是一个成熟的专业人员，当了一辈子教师也并不意味着专业性都得到了发展。教师专业化过程虽然与时间有关，但不仅仅是时间的自然延续，更是教师自身素质的提高和专业自我的形成，最终真正成为教育活动的创新者。高等职业教育既属于高等教育的范畴，又具有职业教育的特性。高等职业教育以培养适应生产、建设、管理、服务第一线需要的高等技术应用型专门人才为根本任务；以适应社会需要为目标，以培养技术应用能力为主线设计学生的知识、能力、素质结构和培养方案；以应用为主旨和特征构建课程和教学内容体系，实践教学在教学计划中占有较大比重。学校与社会用人部门相结合、师生与实际劳动者相结合、理论与实践相结合是高职人才培养的基本途径。高等职业教育的特殊性决定了其教师专业发展的特殊性。

"双师型"体现了高职学院教师专业性发展的特殊要求。由于职业教育的教学必须按照"实际、实用、实践"的原则，以理论知识的应用和实践能力的培养为教学重点，专业课更强化针对性和实用性，将教、学、做有机结合。因此，高职教师的素质明显具有"双师型"特征：一方面起到讲师从事理论教学传授知识的作用，另一方面又起到专业技术人员"工程师"从事实践教学传授技能的作用。"双师型"教师既是理论学习的领路人，又是实践技能的传授者。"双师型"体现了高职院校教师专业性发展的特殊要求，"双师型"是理想的教师培养和发展目标。

四、高职教师参与乡村振兴乡土文化自信的缺失

乡土文化是区别于城市文化的一种独特的文化形态，是中国传统文化的根脉。乡土文化中渗透着我国传统耕读文明的文化认同，饱含着当地农民的生存智慧和审美创造，渗透

于当地农村的风俗、礼仪、饮食、建筑、服饰等方面。乡土文化自信是文化主体对乡土文化价值的充分肯定和对乡土文化发展前景的坚定信念,是一种发自内心的文化自信心和自豪感。在乡村振兴的时代背景下,地方农业高职教师必须具有坚定的乡土文化自信,才能充分发挥地方农业高职院校在乡村振兴中的作用。因此,厚植地方农业高职教师的乡土文化自信具有重要意义。

(一)高职教师乡土文化自信的意义

由于地方农业高职院校自身的特殊性,厚植教师的乡土文化自信在实现地方农业高职院校为地方经济社会发展培养"三农"人才、农业科学研究和技术成果转化、传承创新乡土文化,以及直接服务当地社会等方面具有重要意义。

1.有利于地方农业高职院校实现为当地经济社会发展培养人才的职能

"三农"人才的社会职能人才培养是高校的首要职能。在乡村振兴的时代背景下,地方农业高职院校肩负着为当地社会培养具有"一懂""二会""三爱"素质的乡村建设者的责任。"一懂"即"懂技术",是对新"三农"工作者的技术素质要求;"二会"即"会经营,会管理",是对新"三农"工作者的市场素质要求;"三爱"即"爱农村、爱农业、爱乡土文化",是对新"三农"工作者的情感素质要求。这3项素质中,情感素质是最基本、最核心的素质,决定着"三农"工作者提高技术素质和市场素质的动力、热情和持久力。在"三爱"中,"爱乡土文化"尤为重要,只有"三农"工作者持有对乡土文化的高度认同和热爱,才会产生发自肺腑的农村情怀和农业情结。地方农业高职院校必须充分认识到厚植教师乡土文化自信对实现人才培养目标的重要性。只有教师真正热爱乡土文化,才会在学生的精神世界播下热爱"三农"的情感种子,激发学生为"三农"服务的理想和热情,鞭策学生掌握为"三农"服务的本领,从而更好地实现人才培养目标。

2.有利于地方农业高职院校实现农业科学研究和科技转化的职能

科学研究、科技转化是高校的基本职能。与其他高校相比,地方农业高职教师不仅需要丰富的专业知识储备,还需具备专业知识本土化的能力。厚植地方农业高职教师的乡土文化自信,真正了解本地政治、经济、文化发展状况以及特有的山川地貌、地质气候、人口结构、传统技术技艺、农业生产发展的历史与现状、现代农业科技的推广状况等,才可能及时调整科技创新方向,并根据当地农业需求积极推进农业科技成果转化,在推进农业提质增效、增强可持续发展能力、拓展农业产业链价值链、激活农业农村内生动力等方面为地方提供智库支持。

3.有利于地方农业高职院校更好地实现传承创新

乡土文化的职能传承创新文化是高校的重要职能。在国家现代化进程中,乡土文化在与城市文明的碰撞中日渐式微,传承创新乡土文化就具有了非凡的意义。地方农业高职教师只有熟悉、热爱乡土文化,具有坚定的乡土文化自信,才能自觉参与乡土文化的传承创新,使之与社会主义先进文化、时代精神充分融合,实现乡土文化的创造性转化和创新性发展。教师具有坚定的乡土文化自信，才能言传身教、潜移默化把乡土文化中蕴含的思想观念、人文精神、道德观念传递给学生，从而实现乡土文化的代际传递，为美丽乡村建设提供精神指引和文化氛围。

4. 有利于地方农业高职院校实现直接服务社会的职能

在实施乡村振兴战略的时代背景下，地方农业高职院校面临着巨大的发展机遇，厚植教师乡土文化自信，将有利于地方农业高职院校直接开展形式多样的社会服务，例如，利用自身的知识优势为农村三大产业的服务提供技术咨询，委派专家亲临一线进行技术指导，甚至可以尝试依托当地资源禀赋，结合自身优势兴办农业科技产业，积极推进农业科技成果向现实生产力的转化，直接参与当地经济社会发展。

（二）高职教师乡土文化自信缺失的表现

文化自觉、文化认同、文化实践是构成文化自信的3个维度。以某高职院校的200名教师为研究对象，通过问卷调查和个别约谈的方式从文化自觉、文化认同和文化践行3个方面研究当前高职教师的乡土文化自信状况。

1. 乡土文化自觉尚未形成

文化自觉是文化认同、文化自信的前提。乡土文化自觉是指乡土文化主体在认识乡土文化的表象和表现形式（是什么）的基础上，深入探究并理解形成这种文化的原因（为什么）以及形成的经过和未来的发展趋势（怎么样）。问卷调查结果显示，教师们在回答"最了解的乡土文化"时，13个选项中占比最多的前5项是"乡音""古建遗存""历史名人""传说故事""乡风民俗"；其次是"地质气候""传统技艺""传统礼仪""传统服饰""乡规民约"；选择"历史沿革""文化特征""文化机理及趋势"的偏少。在教师们发表的学术论文中，针对本乡本土实际情况开展相关研究的比重不足5%。这表明绝大多数教师对乡土文化的认知仅停留于乡土文化的物质表象，缺乏深入探究，乡土文化自觉尚未形成。

2. 乡土文化认同存在差异

文化认同建立在文化自觉的基础上，是文化自信的前提。调查结果显示：89%的教师认为"乡土文化是珍贵的历史遗产，应该大力弘扬"；86%的教师认为地方农业高职课程应该增加乡土文化内容；94%的教师表示未来农村建设应保留乡土味；68%的教师认为乡土文化的没落是一种趋势。与部分教师的约谈显示：他们对乡村清新的空气、缓慢的生活节奏、淳朴的民风、充满温情的邻里关系、童年时期的乡村生活经历等都充满了眷恋。不过，这种情感认同与年龄有一定的关系，中年教师对乡土文化有较多的了解和认同，年轻教师则表现出更多的淡漠，一些人甚至觉得乡土文化粗俗。

3. 缺乏对乡土文化的践行

文化实践是文化自觉、文化认同的重要方式，也是文化自信的体现。问卷调查显示，95%的教师肯定文化践行对文化认知、文化传承的重要意义，但是在回答"你希望通过哪种方式参与乡土文化践行"时，超过65%的教师选择"旅游观光"，23%的选择"科技下乡"，仅有12%的选择"挂职锻炼"。在问及"你是否愿意在乡间小住"时，绝大多数教师选择了"是"；在回答"你是否愿意在退休后长期居住在乡下"时，绝大多数教师作出了否定的回答，选择"不便利"的居多，其次是"不习惯"。调查结果还显示，64%的教师表示从未参与过校本教材的编写、修订或者乡土课程资源的系统开发和利用；79%的教师表示缺乏乡土文化践行的渠道。

（三）高职教师乡土文化自信缺失的原因剖析

1. 客观原因

长期的城乡二元体制客观上造成了农村与城市生活的巨大差异，农村成为落后的代名词，农民成为最卑微的社会身份，乡土文化也被冠以"土"和"俗"的印象。随着城镇化进程的加速，承载着农耕文明的土地被大肆侵蚀，附着在这块土地上的自然景观、风土人情、生活方式、价值观念也随之消失。在城市文明的吸引下，乡村精英家庭通过子女考学、经商等方式离开乡村，青壮年选择进城务工，老弱病残成为乡村的留守人。乡土文化遭到前所未有的传承危机。

2. 主观原因

地方农业高职院校通常设立在三、四线城市，对于乡村社会来说，是一个远离乡村生活的外来文化机构。虽然大部分教师出生在农村，有农村生活经历，但离乡离土的求学经历、成年后的生活和工作都在城市。幼年时期在农村经历的清苦生活是他们当初"跳出农门"的最初动力，农村曾是他们用整个青春得以逃脱的地方，他们对乡土文化的情感中有一种朦胧的亲切又有些许厌憎。这种复杂情感在一定程度上阻碍了他们正确审视乡土文化，抑制了他们的乡土情结。

第五章　服务乡村振兴战略高职院校技术技能人才培养改革的关键

第一节　乡村振兴战略是指引高职人才培养模式改革的需求源头

国以才立，业以才兴，农业人才供给侧结构性改革是新农村建设的关键要素。涉农高职是乡村振兴人才培养的主要基地，如何顺应时代的要求，对人才培养的目标、培养主体以及培养过程作出调整和变革，成为乡村振兴背景下涉农高职人才培养变革的必然要义。

一、乡村振兴战略是指引高职人才培养目标的构建

当前，我国已经到了"互联网+农业"的关键实践时期，高校传统的农业人才培养已经无法适应新形势下对于农业人才培养的需求。这就需要打破传统观念，体现高校学科发展交叉性的特点，不能一味地强调吃苦耐劳，而是要培养现代农业所需的人才。这就要求各地方高校结合新形势下农业发展需求，更新观念、创新人才培养模式，重新定位人才培养目标，构建以"一懂两爱三有四得"为培养目标的新型农业类人才，即要求涉农专业学生能够做到懂农业、爱农村、爱农民、有理想、有本领、有担当、下得去、留得住、干得好、用得上。

要从思想上更新大学生对于农业的理解，真正地做到懂农业。目前很多大学生对于农业的理解还很狭隘，一直停留在面朝黄土背朝天、风吹日晒苦耕田的传统农业阶段，不了解现代农业是可以很现代、很时尚、很高端的。因此懂农业是第一步，不仅是懂农业技术，更要懂得农业发展的未来，深入理解农业在国家发展中的重要地位，从思想上提高对现代农业的认知。

要在人才培养过程中给予大学生足够的农业现代知识和技能储备。这就需要构建合理的人才培养课程体系，让大学生能够学到知识，获得技能，以便于他们能够在短时间内满足农业对人才的要求，变成真正有真才实学的人，这样才能提高学生的成就感，让大学生爱上农村，扎根农业，爱做农民。

在高校人才培养过程中给学生提供充足的农业实践机会。通过实践提高学生发现问题、分析问题、解决问题的能力，只有在实践中不断地栽跟头、吃苦头、走弯路，才能真正让学生在成长快、代价最低的大学时代锤炼和锻造真本领。同时要加强学生的思想教育，鼓励学生思政进专业课堂，提高学生的社会责任感和担当感。通过实践教育、思想教育、素质教育，让学生从心底爱上农业，不摇摆、不反复，真心沉淀在农业领域，成为农业专家。为现代农业发展打造一批有理想、有本领、有担当的从业人才队伍。

拓宽学生视野，鼓励多学科助力农业专业。当下农业正步入"互联网+农业"时代，这就需要加强农业专业学生的互联网和信息化前沿科技教育，以全新的理念改造传统农业，以全新思维塑造农业专业人才。经过四年大学教育，让涉农专业人才能够做到全身心地投入农业事业，并能够在农业领域下得去、留得住、干得好、用得上。

二、职业教育在乡村振兴过程中的重新定位

乡村振兴战略的实施，是破解我国当前经济社会发展的重要抓手，也是我国现代化的基本政策，不仅关系"三农"问题，也决定着中华民族伟大复兴"中国梦"能否顺利实现。乡村振兴战略能否顺利实现依赖于多方面因素，一个不可忽略的就是教育的力量，特别是职业教育，因其与经济社会发展有着密切的联系，是乡村振兴战略顺利实施的一个推动力量。在乡村振兴战略实施中，人才是关键问题，职业教育的定位问题关系到乡村振兴战略能否顺利实施，因此需要对职业教育进行重新定位。

（一）职业教育的传统定位

职业教育的定位问题是职业教育发展的一个基本问题，自我国职业教育发展以来，就一直把它定位于"为农村"的教育。在我国职业教育恢复发展的初期，职业教育发展遇到很多困难，但农村职业学校无论从专业设置，还是人才培养模式等方面都较好地履行了立足农村，为农村经济社会发展服务的这一宗旨。在一段时期内，这些以"涉农"专业为主的农村职业学校获得较好的发展，但好景不长，这类学校呈现败落的趋势，为改变此种现状，许多学校开始减少"涉农"专业的设置，开始开设非农专业，学校再次获得较好的发展。在这一系列过程中，人们也开始质疑"职业教育到底应该为谁服务"这个问题。

学术界的学者对此展开了许多讨论，对职业教育的定位问题，先后出现了三种较有代表性的观点。第一种定位观点是"为当地经济发展服务论"，即职业教育要以培养本土人才为目标，着眼于当地经济发展，推动当地农村经济社会发展，为农民致富做贡献。第二种定位观点是"离农、守土兼并论"，即职业教育的定位应该以"离农"教育为主，"守土"教育为辅。第三种定位观点是"大职业教育论"，即"职业教育在为农村发展的教育服务时决不能囿于在农村中发生与进行的教育，同时还应该包括在城市中进行的一切可能为农村发展服务的教育"。这三种观点都强调了职业教育必须为"农"服务，都在一定程度上反映了职业教育的定位。但随着乡村振兴战略的推行，农村产业结构的变化，职业教

育的传统定位越来越不能满足乡村振兴的需求，其服务乡村振兴的能力明显不足。因此，为了保证乡村振兴战略的顺利实施，必须及时变革职业教育的传统定位，并对其进行重新定位，从而提升职业教育为乡村振兴服务的质量和效果。

（二）乡村振兴背景下职业教育定位调整的维度

职业教育在实施乡村振兴战略下需要重新调整定位，在此调整过程中需要考虑好以下几个问题：

1. 职业教育的服务对象

在乡村振兴战略实施过程中，新型农民的出现，要求职业教育根据受教育者的实际需求进行不同类别的教育。目前我国的职业教育主要属于中等职业教育，但随着乡村振兴战略的实行，职业教育要更好地服务于乡村振兴战略，需要逐步推进高职教育的发展，构建完整的农村职业体系。

2. 职业教育与产业发展的关系

职业教育在乡村振兴战略实施过程中不仅要为农村、农业、农民服务，培育新型农业经营主体，培养大量爱农业、懂技术、善管理的本土化新型职业农民，培养大量适应乡村振兴需求的各类专业化人才，培育适应第二、三产业的服务人才。当然，在职业教育定位的调整过程中，必须看到职业教育自身的不足，不能盲目夸大其对乡村振兴的作用。需要认清以下两个问题。

其一，需要认清楚乡村振兴是一个不断变化的过程，职业教育需要为乡村振兴提供人才支撑和智力支持。但在培养本土化人才的过程中不仅要注重人才的数量，更要注重本土化人才的质量。

其二，职业教育不能简单定义为"为农""离农"服务，而要立足于我国经济社会发展全局，立足于乡村振兴、城乡融合发展、农业现代化发展的布局。

（三）乡村振兴战略中职业教育的新定位

1. 服务城乡融合发展

城乡融合是社会发展的必然趋势，因此，职业教育在宏观定位上，需将服务城乡融合发展作为首要目标。受传统思维模式的影响，人们始终没有把城市和农村当作一个整体看待，难以实现城乡职业教育资源的整合利用，也影响了职业教育的定位，使其陷入了一个非彼即此的困境。在大力振兴乡村的今天，这种思想既不符合城市经济社会的发展规律，也不适合乡村振兴的发展规律。在对职业教育进行重新定位的时候，要紧密结合城乡的实际情况，将城乡融合作为其服务的目标。城乡融合发展，就是要将工业和农业、城市和农村、城镇居民和农村居民作为一个整体看待，从而实现城乡在技术、资源、人才等方面的共建共享和自由流动。城市和农村是一个共同发展的整体，城市的发展可以促进农村的发展，反之亦然。乡村振兴战略的实现实际上就是城乡融合发展，共同发展的实现，职业教育作为城乡的共同资源，就应该定位于服务城乡融合发展。

2. 坚持"三为"服务职业教育

在发展过程中，始终坚持为"农"服务。在振兴乡村过程中，职业教育要按照"农业强、农村美、农民富"的发展规划，把"三为"服务作为未来职业教育的发展定位。

首先，坚持服务"农业强"的发展定位。我国既是农业大国，又是农业弱国，农业作为农村的支柱产业，振兴乡村的第一步就是要振兴农业。目前，我国农业最大的问题就是仍然以传统农业为主，综合效益低、竞争力弱。因此，职业教育要树立服务"农村强"的发展定位，变革传统农业，依靠新兴技术大力发展现代农业，如开发特色农业、旅游农业和发展农村电商等，让职业教育真正服务于"农业强"。

其次，职业教育要坚持服务"农村美"的发展定位。"农村美"包括两层含义：一是农村绿水青山是外在环境美；二是"乡风文明"是内在的美。要实现"乡风文明"的内外美，就需要通过教育的教化。职业教育作为服务农村的教育类型，它是传播农村文化的载体和农村文化建设的重要手段。因此，职业教育在向人们进行技术技能培训的同时也教授他们相应的道德规范，把乡风文明建设所需要的文化知识、环境保护、卫生与保健等知识通过教育传授给农民，教会他们养成健康的生活和工作方式，从而为实现"农村美"奠定基础。

最后，坚持服务"农民富"的发展定位。实施乡村振兴战略的最终目的是解决农村地区的贫困问题，就是让农村地区的贫困农民摆脱贫困，走上生活富裕的道路。职业教育作为与农村经济社会发展联系最密切的教育类型，必须对农民进行脱贫致富教育，把"富农民"作为未来发展的新定位。通过职业教育扶贫，提高农村人口的智力和能力，通过提高贫困农民摆脱贫困的能力，进而阻断农村贫困的代际传递，实现"农民富"。可见，通过职业教育扶贫使农民富裕起来，是一种最稳定、最直接的扶贫方式，也是一种"造血式"的扶贫，是使农民贫困人群富裕起来的最佳方式。

3. 重点培育四类人才

教育的目的是培养人，不管职业教育的定位如何变化，其最终都是对人的培养。乡村振兴战略的顺利实施，人才是关键，是核心，因此，在职业教育的定位中也要着重对人的培养。从微观层面看，主要侧重于对以下几类人才的培育，他们不仅关系到乡村振兴战略的顺利实施，也关系到城乡融合发展的进程。

第一，培养新型职业农民。新型职业农民是乡村振兴的主力军。新型职业农民和传统意义上的农民的最大区别在于，他们需要接受职业教育的系统培养和教育。所谓的新型职业农民，就是以农业为职业，服务现代农业的从业人员，不仅要掌握一定的科学文化知识，也要掌握现代农业生产技术、现代农业经营能力和管理能力。这类人群所应具备的知识、技能、经营管理能力和价值观念等都需要接受职业教育的培训，只有通过职业教育才能使他们成为合格的新型职业农民。

第二，培养农村专业人才。他们是服务于乡村振兴各领域的专业人才。所谓的农村专业人才，是指掌握一定文化科学知识和某一专业方面的技能，能为农村各方面事业的发展提供咨询服务、技能指导，并起到带头示范作用的群体。他们包括农业经理人、经纪人、乡村工匠、文化能人和非物质文化遗产传承人。职业教育作为培育乡村各领域专业人才的重要基地，应该根据乡村振兴对不同类型人才的需求，充分利用学校自身的资源优势，联合其他院校，构建职业教育与培训网络，培养高素质、强技能、留得住的农村专业人才。

第三，注重对乡村非农人员的职业教育。乡村非农人员是指那些居住在农村，不直接从事农业生产，而是以从事第二、三产业为主的人群，他们也是农村产业结构调整后的重要经营主体。对从事第二、三产业群体，他们需要职业教育对其进行系统理论知识教育和职业技能培训，培养他们的职业素质和职业道德，提升他们的销售、经营和管理能力，使他们更好地服务于农村产业结构的调整。

第四，注重对农村居民的职业教育。农村居民是指生活在农村道德人群。职业教育必须能够满足农村居民接受教育的需求和终身学习的机会，为此，职业教育要能够及时为农村居民提供适合他们身心发展特点的各种类型的教育，满足他们的转行需求，满足农村居民的求知欲，提高他们的科学文化素质，树立其为服务乡村振兴的意识。

三、职业教育应对新定位的发展策略

（一）形成城乡职业教育融合

职业教育兴起以来，我国职业教育资源一直处于一种分散的状态，要实施乡村振兴战略，城乡职教融合发展是有效途径。因此，必须进行统筹管理，形成城乡职业教育融合发展。

首先，要在全国范围内有一个统一的行政管理体制来统筹管理城乡职业教育的发展。

其次，在县域范围内成立一个专门的机构管理县域职业教育，从而实现职业教育的统筹管理，打破职业教育条块分割、各自为政的不良局面。在统筹管理过程中，城市职业教育一方面要充分利用自身的师资、专业、课程等方面的优势资源，强化城乡职业教育学校的交流，从而实现优质职教资源的共享。另一方面，农村职业院校要主动完善自身的网络体系，充分利用远程技术资源，将城市职业教育的优质课程、项目等资源充分运用于自身的实际教学过程中，从而使城乡职业教育得到良性互动和共同发展，实现了统筹城乡职业教育各自的优势资源，提升职业教育的教学质量、发展水平和吸引力，使农村职业教育资源更好地用在"三为"服务上。

（二）实现办学主体多元化

到目前为止，我国职业教育的办学投资主体主要还是来自各级政府的财政性教育经费。各地区政府按照自身的经济发展实力和地区经济发展的实际需求，对职业教育进行投入，这在一定程度上解决了职业教育经费不足的问题，但单靠政府部门的单一投入机制并不能真正解决职业教育经费不足的问题，而且会加重职业教育的不平衡发展的矛盾。目前我国职业教育的办学机构主要集中在经济不发达的地方，如县城、乡镇等地方，这样的地区更需要职业教育和培训，但这些地区政府的财力十分薄弱，对职业教育的投入无法满足其发展实际需求，使职业教育不能得到很好的发展。因此，要解决职业教育经费不足的问题，仅仅依靠政府部门的投入是远远不够的，必须改变职业教育单一的办学投资体制，实行以政府办学为主导，社会各方力量积极参与办学的机制，实现办学主体多元化。

首先，政府部门要积极增设职业教育经费，设立专款或者专项基金用于职业教育的发展。其次，政府部门要充分发挥社会各界、行业企业、事业单位、社会团体和公民个人的力量来大力发展职业教育，吸引他们对职业教育的投入，并对参与职业教育投入的相关各主体实施优惠政策。这些措施可以改变长期以来职业教育单一投资办学的不良局面，形成办学投资主体多元化，从而使职业教育更好地适应乡村振兴的需求，更好地稳定职业教育在乡村振兴战略下的新定位，更好地服务于乡村振兴。

（三）培育振兴乡村的各类人才

资源缺乏是制约农村经济发展的关键因素，实现乡村振兴的关键在于乡村人才的振兴。农民作为乡村的主要人群，自然应该成为乡村振兴的主体。乡村振兴需要职业教育为其培养一大批"爱农业、懂技术、善经营"的新型职业农民，培养第二、三产业的经营主体，培养大量农村用得上、留得住、干得好的各类专业人才。职业教育作为培育农村人才的主要阵地，需要做好以下几个方面：

首先，农村职业学校要树立开放办学的理念，围绕农村农业产业结构的变化与需求增设或者删减农科类专业，并主动与高等院校、农业合作社等机构进行合作，实行教学、科研、生产、经营、服务一体化，从而提升人才培养的质量。

其次，农村职业学校要根据农村第二、三产业的兴起和未来的发展趋势，合理开设面向第二、三产业的专业，对农村的非务农人员进行职业教育和培训，使他们掌握基本的科学文化知识，具备良好的职业道德和素质，提升他们的销售、经营和管理能力，使他们更好地服务于农村产业结构的调整，服务乡村振兴。

再次，农村职业学校要和村、乡两级的村民文化技术学校合作，构建三级职业教育与培训网络，按照"一乡一业""一村一品"的发展需要，调整专业结构，优化课程模式，为乡村振兴培养大批专业人才。

最后，农村职业学校根据农民的实际需求和自身的接受能力开展公开的免费课，按时把最新的现代化知识和技术以浅显易懂的方法传授给村民，一方面提升他们综合文化素质，为他们的随时转岗、转业奠定基础，另一方面满足他们终身学习的心理需求，提升他们服务振兴乡村的意识和能力。

四、高职校园文化在乡村文化振兴的融入

乡村振兴战略中，乡村文化振兴是其中尤为重要的一方面。高职院校作为职业技能型人才的培养基地，也是参与乡村文化振兴的重要力量。新时代，高职校园文化建设面临改革，结合乡村文化振兴的社会要求，高职校园文化可以更加丰富，也更有意义；高职院校的学生可以在了解乡村文化、帮助乡村文化振兴过程中更加明确自己未来的发展方向，提高自身的实践能力；高职院校也可以拓展教育改革、实现综合型人才的培养目标。

（一）高职校园文化融入乡村文化振兴的战略背景

改革开放以来，我国城镇化建设以及新农村建设都取得了巨大的成果。有些农村已经融入了城市，成为城市的社区，农民们的生活方式发生了改变，从农民的身份转为市民的身份，有些农村找到了自身的经济增长点，开展特色农业或者特色旅游业等促进了农村经济发展，农民收入提高了，过上了优质的生活，农村房屋建设得犹如别墅花园一般，这都是我们应看到的乡村发展好的案例。但是仍然有很多农村与城市处于二元结构对立中，城乡之间的差距仍然存在。而且农村经济的发展并不代表农村文化的发展，当城市文化建设如火如荼时，乡村文化在缺乏政策、资金、传播渠道、相关人才等方面支持的情况下，暴露出了一定的滞后性。现如今，我国乡村振兴战略的提出，不仅仅是要振兴乡村经济，更要振兴乡村文化，建设美丽乡村，保护乡村文化、发展乡村特色文化，让农民过上更幸福的生活。高职院校以教书育人为目标，其校园文化建设直接影响着学生的文化意识和文化精神，所以高职校园文化建设中有意识地融入乡村文化，有助于培养高职院校学生的乡村文化保护意识，为乡村文化振兴贡献力量。

（二）高职校园文化融入乡村文化振兴的可行性

1.高职人才培养目标与乡村振兴目标的契合

高职校园文化一般是为高职院校开展教学服务的，比如很多高职院校都在打造晨读文化、图书馆文化、社团文化、公益文化等校园文化，旨在通过积极向上、和谐友爱、开拓创新等多种校园文化精神的打造来推进高职院校人才培养，实现新时代高职技能型专业人才培养目标。《大学》中言道"大学之道，在明明德，在亲民，在止于至善"。高职院校在开展学生教育时，也要注重对学生"社会责任意识"的培养，让学生形成用知识服务人民的意识。而乡村振兴的目标则是吸引更多的新型人才、年轻人才到乡村建设中来，服务乡村、成就自我。可见，高职人才培养目标与乡村振兴人才需求目标是相契合的，所以，高职院校在建设校园文化时可以考虑乡村文化振兴的需求，进行一定程度的融合。

2.高职学生本地属性有助于本地乡村文化振兴

高职院校所招收的学生一般是以本地域及周边地域学生为主，少部分学生是其他省市地区的，而且很多地区高职院校中的学生都是农村学生数量多于城市学生数量。高职学生所具有的本地属性对于本地乡村文化的振兴有积极作用。只要高职院校的教师对学生进行有效的引导，学生能够较为明确地认识到学好知识和技术的目的不仅仅是就业，新时代学

生应该放眼全社会，关心国家发展路线，到国家最为需要的地方去，国家和学校都应鼓励高职院校学生回到家乡，投入家乡建设中，成为乡村振兴的中坚力量，通过自己的文化知识助力乡村文化的振兴。

3. 高职学生就业方向与乡村文化振兴的契合性

高职学生的就业方向主要是一些技能型的工作岗位，在高职院校中，很多专业都与乡村文化振兴有一定的契合性。在文化核心，形成乡村独特的文化氛围。高职院校的各专业人才也可在乡村文化振兴过程中找到自己的用武之地，实现自己的人生价值。

（三）新时代高职校园文化融入乡村文化振兴的途径

新时代，高职院校本身担负着支持乡村振兴人才培养的责任，那么在高职院校的建设发展中，其也担负着建设校园文化，并在校园文化建设中融合乡村文化振兴的要求。在融合乡村文化振兴时，要根据乡村文化的特点来建设校园文化，要自然融入，而不能让学生对乡村文化形成刻板印象，对乡村文化振兴起反作用。综合来看，高职校园文化的包容性很强，其可以实现多种类型文化的共存和共同发展，对学生产生作用和影响。从乡村文化方面来看，其包含有传统文化、地域文化、乡风文化三个大的方面，高职院校可以通过建设文化融合机制、构建文化融合平台、推进校园乡村文化对接、创新校园文化实践的途径来实现校园文化和乡村文化的融合，推进乡村文化振兴。

1. 建设校园文化融入乡村文化振兴的有效机制

高职校园文化本身具有包容性和多样性，高职院校在开展校园文化建设与乡村文化振兴的融合时，首先要建立相应的机制，以机制来确保校园文化和乡村文化的融合。因为在高职学生来看，乡村文化大都是一些传统的、落伍的、土气的文化内容，他们更多地关注流行文化，所以很难期待高职学生能够主动在校园文化建设中融合乡村文化。所以，高职院校可以推出相应的奖励机制，比如学分机制或者是积分机制，在校园文化建设中，将乡村文化作为其中一种积分考核项目，设定乡村文化讲坛、研究小组和社团等，参与此类校园文化建设的学生可以拿到更高的积分或者学分，那么就可以提高学生的积极性，学生会主动参与到乡村文化振兴项目中来，在学习过程中，很多学生自然能够发挥自身的潜力，未来在就业选择上会有很多偏向于乡村产业方面的学生。

2. 构建校园文化与乡村文化振兴的融合平台

在推进乡村文化振兴发展的高职院校文化建设中，要构建高职校园文化与乡村文化振兴的融合平台，这种平台包括线下和线上两个方面，通过平台的建设，既推进乡村文化的振兴，也推进乡村经济的振兴。在高职校园中建设乡村文化振兴线下平台，主要是以学校和乡村的对接为基础，让学生能够直接到乡村中进行体验，进入乡村中了解乡村文化、学习乡村文化，并建言献策，帮助乡村文化的发展。而且学校可以让学生集思广益，选拔出一些优秀的乡村文化扶持发展方案，让高职学生在校期间完成相应的乡村文化扶持项目。比如在高职一年级时，学校要求学生以小组为单位的形式拿出乡村文化扶持方案，待到高职三年级时，学生小组要完成自己所提方案的文化扶持目标，并以此作为毕业成果展示的一部分。在高职校园中建设乡村文化振兴线上平台，是由高职院校网络技术部门在校园网中推出乡村文化与校园文化的融合版块，学生可以在线学习或者在线进行一些文化项目的报名，比如观看乡村文化演出、听乡村文化报告等，学生还可以实现线上交流。这种线上平台更加适应新一代高职学生的学习习惯，也更加具有便捷性，可以形成线上线下双平台对乡村文化振兴的共同支持。

3. 推进校园文化与乡村文化的有效对接

将传统文化融入校园文化，培育学生的家国情怀。乡村文化中的传统文化包含姓氏文化、村落历史文化、民俗文化等，在高职校园文化发展中推进乡村传统文化的建设有助于培育学生的家国情怀。因为学生对乡村传统文化越了解，对我国的文化历史就越熟悉，有利于提高学生对我们传统文化的自信心和传播的自觉性。学生具备此类精神之后，就能积极主动地形成奉献精神和服务精神。

将地域文化融入校园文化，培育学生的乡村情怀。乡村文化建设中还包含乡村地域文化，比如福建土楼文化就属于地域文化，不同乡村在村落建设、村民风俗方面都有不同的文化，但是乡村人内部的纽带往往比城市更为紧密，因为一个乡村作为一个小的地域性团体，其内部的成员大都有着亲密的关系，他们在遇到困难时更能团结一致。这种优良的乡村地域文化可以激发学生投身乡村振兴战略的热情。而且有些高职院校所处的区域本身就有很多有特色的乡村，这些乡村都在积极实施乡村文化振兴战略，高职院校可以与这些乡村结成对子，实现乡村地域文化与校园文化的相辅相成，博弈共生。

将乡风文化融入校园文化，提升学生的精神层次。在高职校园文化建设中，还可以将新农村建设之后的乡风文化融入进去，让学生感受文明乡风，看到不一样的新农村，既能提升学生的精神层次，又能让学生看到新农村建设的文明成果，落实学生未来就业发展的新方向。在国家乡村振兴战略中，乡村建设需要丰富的人才，高职院校学生就业可以直接面向本地、服务本地，通过让学生感受乡风文化，可以提高学生未来到乡村就业的积极性。

4. 创新校园文化融入乡村文化振兴的实践

在高职校园文化建设中，还可以结合实践类的活动来激发学生对乡村文化实践的兴趣。比如高职旅游管理、文化管理等专业的学生都可以结合专业来开展实践类的校园文化，实践类校园文化活动的开展可以培养学生的专业技能，培养高职学生服务基层的能力。高职院校开展实践活动主要依托于校园社团文化，将创新精神融入校园文化，培育学生的创业意识，从而激活农村的经济活力。在开展校园文化活动时，高职院校还可以带领学生开展一些公益实践类的文化活动，培养学生的公益意识和社会责任意识，让高职院校的学生可以多参加一些与农村对接的公益活动，而且这些活动可以直接和乡村文化对接，让高职院校的学生在校期间就帮助乡村梳理、整理自己的文化内容，通过公益性的活动来扶持乡村文化发展，帮助推动乡村文化振兴。

第二节　人才培养和输出是高职服务乡村振兴的重要作为

优化人才培养的目标，加强培养主体之间的凝聚力，促使主体之间形成合力或者乡村振兴共同体，改革人才培养过程，构建新型培养平台和培养资源，革新培养方式等是涉农高职完成人才培养任务的重要路径。

一、专业人才培养方案工作的实施要点及路径

（一）实施要点

1. 全面加强党的领导

加强党的领导是做好学院专业人才培养方案制订与实施工作的根本保证。学院党委切实加强对专业人才培养方案制订与实施工作的领导，学院党委会和院长办公会定期研究，学院党委负责人、院长是专业人才培养方案制订与实施的第一责任人，将把主要精力放到教育教学工作上来。构建"思想引领教学、领导重视教学、教师潜心教学、投入优先教学、舆论导向教学、学生自动学习"的校园教育文化，让"教师神圣、教学神圣、课堂神圣"深入农职人的内心。

2. 强化课程思政

积极构建"思政课程＋课程思政"大格局，推进全员、全过程、全方位的"三全育人"，实现思想政治教育与技术技能培养的有机统一。结合学生特点，创新思政课程教学模式。强化专业课教师立德树人意识，结合不同专业人才培养特点和专业能力素质要求，梳理每一门课程蕴含的思想政治教育元素，发挥专业课程承载的思想政治教育功能，推动专业课教学与思想政治理论课教学紧密结合、同向同行。

3. 组织开发专业课程标准和资源库建设

学院将根据专业人才培养方案总体要求，逐步制（修）订专业课程标准，明确课程目标，优化课程内容，规范教学过程，及时将新技术、新工艺、新规范纳入课程标准和教学内容。指导教师准确把握课程教学要求，规范编写、严格执行教案，做好课程总体设计，按程序选用教材，合理运用各类教学资源，做好教学组织实施，逐步推进资源库建设。

4. 深化教师、教材、教法改革

建设符合项目式、模块化教学需要的教学创新团队，不断优化教师能力结构。健全教材选用制度，选用体现新技术、新工艺、新规范等的高质量教材，引入典型生产案例。总结推广现代学徒制试点经验，普及项目教学、案例教学、情境教学、模块化教学等教学方式，广泛运用启发式、探究式、讨论式、参与式等教学方法，推广翻转课堂、混合式教学、理实一体教学等新型教学模式，推动课堂教学革命。加强课堂教学管理，规范教学秩序，打造优质课堂。

5. 推进信息技术与教学有机融合

学院将适应"互联网+职业教育"新要求,全面提升教师信息技术应用能力,推动大数据、人工智能、虚拟现实等现代信息技术在教育教学中的广泛应用,积极推动教师角色的转变和教育理念、教学观念、教学内容、教学方法以及教学评价等方面的改革。加快建设智能化教学支持环境,建设能够满足多样化需求的课程资源,创新服务供给模式,服务学生终身学习。

6. 改进学习过程管理与评价

严格落实培养目标和培养规格要求,加大过程考核、实践技能考核成绩在课程总成绩中的比重。严格考试纪律,健全多元化考核评价体系,完善学生学习过程监测、评价与反馈机制,引导学生自我管理、主动学习,提高学习效率。强化实习、实训、毕业设计(报告)等实践性教学环节的全过程管理与考核评价。

(二)实施路径

1. 总体规划与设计

由教务处牵头统筹规划,制订学院专业人才培养方案制(修)订的指导意见,文件近期将正式下发,各部门要参照执行;各二级学院组织成立由行业企业专家、教科研人员、一线教师和学生(毕业生)代表组成的专业(群)建设委员会,确保专业人才培养方案制(修)订工作有效落地;实施办负责印发学习资料,举办专题培训,邀请专家进行政策解读和专题培训,提升认识高度和操作技能,为修订工作奠定基础。

2. 开展专业(群)调研与分析

各专业(群)建设委员会要做好行业企业调研、毕业生跟踪调研和在校生学情调研,分析产业发展趋势和行业企业人才需求,明确本专业面向的职业岗位(群)所需要的知识、能力、素质,形成专业人才培养调研报告,为科学合理制订人才培养方案奠定基础。

3. 专业人才培养方案制(修)订起草与审定

根据学院出台的指导意见,各二级学院和专业(群)建设委员会结合实际落实专业教学标准,准确定位专业人才培养目标与培养规格,合理构建课程体系、安排教学进程,明确教学内容、教学方法、教学资源、教学条件保障等要求,形成专业人才培养方案各项内容;学院组织由行业企业、教研机构、校内外一线教师和学生代表组成的专业建设委员会,对专业人才培养方案进行充分论证后提交院长办公会审核、党委会审定。

4. 发布实施

学院审定通过的专业人才培养方案,严格按相关程序发布执行,报上级教育行政部门备案,并通过学院网站等主动向社会公开,接受全社会监督并开始实施。

二、人才培养方案工作持续地推进

面对现代学徒制、"1+X"证书、百万扩招、"三教"改革等从招生到培养到就业一体化改革,作为基础的专业人才培养方案改革其困难度可想而知。

（一）创新工作思路

当前职教改革的纵深,使得方案制（修）订工作所涉及的方面更加复杂,对工作本身的能力及要求也更高。广泛地开展学习及培训是做好专业人才培养方案的重要基础。由于工作方案更加突出特色性,使得专业人才培养方案修订工作不能仅局限于教学一方面,从框架上看还需进行创新来满足专业及学院自身发展,实施灵活的专业人才培养方案工作成为必然。比如,实行"一专多方案"模式,即一个专业在基础方案构建完成的同时,再针对百万扩招弹性学制学生、"1+X"证书相配套的单独方案,充分考虑各专业产教融合、校企合作的广度深度,充分考虑百万扩招的问题及现代学徒制、"1+X"证书与专业当前及未来发展。

（二）深入推进制度及治理体系建设

从工作实施管理保障、经费绩效保障、工作纪律保障等多方面入手。在工作实施管理保障方面,要成立学院层面的工作领导小组,负责领导学院人才培养方案修订工作；成立工作实施办公室,负责具体工作开展。工作领导小组下设工作实施办公室（实施办）,实施办主任由教务处处长担任,负责落实领导小组的决策,具体负责日常工作运行管理、资料汇总收集和工作绩效考核；通过专业（群）建设委员会来具体落地,各二级学院要进一步科学合理划分专业（群）,成立和充实调整专业（群）建设委员会,负责各专业（群）建设工作,具体推进实施人才培养方案修订工作。在工作经费绩效保障方面,体现学院绩效分配"向教学一线倾斜、向重点工作倾斜"的导向,学院制定相关绩效相关文件,按相关要求进行考核。在工作纪律保障方面,要逐步推进学院制度和治理体系建设,完善学院各方面工作制度,组成由实施办及纪检相关部门人员组成的督查组,负责督查追究责任。

（三）建立修订长效机制

人才培养方案要与社会发展及人才需求相同步。专业人才培养方案是职业院校培养高质量人才的基础,是为社会输送有用人才的重要保障。重新制（修）订人才培养方案工作就是在新形势下构建职业教育教学标准,推动职业教育高质量发展,促进产业发展,服务地方经济,为培养"本地离不开,业内都认可,国际可交流"的复合型技术技能人才奠定基础。

三、乡村振兴背景下高职人才培养与农村人才需求的衔接

（一）做好高职面向农村的人才培养服务指导工作

人才是高职人才培养发展的基础,做好高职人才培养的思想指导,培养新的专业农民。首先,政府应积极主张和鼓励高职面向农村的人才培养培育,并充分利用电视、广播、报纸以及互联网等各种媒体进行宣传。其次,积极举办各种形式的创业大赛、高职农村人才培养论坛或高职农村方向人才培养讲座等大型活动,促使高职院校更好地服务农村

和农民，农村则更愿意培训更多的职业农民，通过人才交流，相互学习，共赢共长。同时，农民需要提高自己的能力。农民要有一技之长，可以通过高职教育这个媒介进行技能获取，另外，通过高职教育，更能强化文化知识的学习，提高农民自身的文化素质，使其在当前经济环境下增长见识，真正地将先进的知识技能学到手，从而更好地促进农业农村管理理论与实践相结合，促进收入增长，促进农村经济增长。

（二）确立高职面向农村的人才培养发展目标

乡村振兴与一个可以使用和保留的新的专业农民团队密不可分。高职为农村培养人才，首先要明确培养的对象：一类是通过设置对口农业农村专业，培养高职大学生学有所成回归到农业农村，促进乡村发展；另一类则是通过高职的长短期对口培训，完成技能提升，培训目标是回归大学生、大学生村官、农民工、农村青年领袖和经济失业青年。为了培养高职面向农村方向的人才培养，必须做好教育和培训，同时充分发挥高职人才培养政策的作用。高职需要建立良好的面向农村的人才培养发展培育目标，准确培育和创新职业农民培养新的模式。教育培训的内容和方法结合实际需要，使农民培训满意。因此，在对口教育或开展培训之前，必须先深入开展农民工作，对产业结构进行全面细致的调查，对农村的发展进行全方位的分析。根据调查和分析结果，结合高职农村方向人才培养和农民的当前需求，确定农民迫切需要解决的共同问题和复杂问题，有针对性地开展教育和培养。

（三）加大对高职教育面向农村人才培养政策措施

在乡村振兴的背景下，新的专业农民的工作离不开政策和制度的支持。但就目前的发展形势来看，还远远不够。在这方面，国家应从法律的高度确定高职人才培养的现状和职业特点，增加对新农民的认识，增强职业教育对新农民的吸引力。因此，高职教育要顺利实施面向农村的人才培养的发展，确保各项工作的有序开展。

首先，政府部门可以制定面向农村的高职人才培养培育制度，明确高职人才培养专业，使更多的农民了解高职教育的技能技术培养，从而选择喜欢的职业进行深入培训。同时，增加高职院校向农村专业人才培养的吸引力，吸引更多的高素质人才。

其次，高职人才培养宣传力度进一步加强。一方面，通过建立高职面向农村各个专业的人才培养促进农民获得技能的优惠条件，使农民看到接受高职教育的真正效益。另一方面，必须深化详细的理论与实际宣传，以便让农民详细了解促进农村增收的各种运作方式，告诉农民现代信息技术对农村农业的影响，让他们切实体会到专业技术带来的便利。

最后，加大对农村基础设施建设的投入，促进网络建设，使更多的农民在通过网络获取更加便捷的生活的同时，能够利用基建设施更好地从事农业发展，从而加快农村新型农民专业人才的培养。加强高职人才培养公共服务体系建设，引导各项服务资源进入高职人才培养公共服务中心，丰富高职人才培养生态服务体系。将各项公共服务专业人才培养引入高职专业，提升高职人才培养服务站服务水平，拓展村级站点生活服务等功能，同时加快促进邮政、快递、物流、市场、品牌等资源的集约和整合。最终做到农村各项生产、生活、服务、经营等均有高职各专业培养的技能人员的参与。

（四）改革高职面向农村的人才培养培育的内容与方法

农村农业人才技能的培养根据专业不同培养时限不同，但大都操作简单快捷，有利于农民更好地接受和传播，同时可以根据农民的具体需求进行一对一重点培训，并针对不同的需求选择擅长该方面的教师团队，通过成立一批具有实践操作指导能力与教学理论相结合的职业农民培育教师队伍，满足农民的实际需求。

一方面，每个乡村应建立高职农村方向人才培养培训点，定期开展现场培训，使农民足不出村就可以进行技能人才培养培训，帮助农民及时解决他们遇到的问题。

另一方面，高职院校将最新的专业知识通过手机、电视等自媒体进行传播，并开展实际实践活动，让农民更乐于接受专业技能并进一步促进技能水平的提升。同时，高职人才培养中纳入一些农村基层干部是非常重要的，这样他们才能发挥主导作用。另外，通过各项技能的获取实现经济收入增加，激发农民接受高职教育的积极性。

（五）创新农村人才培养模式

随着我国经济水平、文化水平、财富水平的不断上升，自主创新创业将成为越来越多的农民选择发展的理想途径，有一些农民目前仍停留在理想层面，但同时也有一些思想较为先进的农民开始了行动。

人才是既有理想又有行动，同时又崇尚独立开展技术创新的群体。开展农村人才创新与创业竞争模式是指在大众创业和创新时代，在乡村振兴的背景下建立人才创新与创业的培养机制。而建立高职农村方向的人才培养创新创业竞争机制可以更好地发挥政府积极引导作用，让更多的农民有机会发展起来、成长起来，通过技能提升带动更多有创业梦想、创业思维的人才出现，逐渐成为具有一定领导能力的带头人。同时竞争本身就是一种相互学习、相互交流和改进自身的方式，农民在收获知识与技能的同时，企业和社会也会在他们中寻找优秀的专业人才。以电子商务为例，这是一个相对体面和高收入的行业，创业成本和风险相对较低，参与便捷，可以吸引大批农民工、大学生和其他社会团体回乡创业，它在乡村振兴背景下吸引人才、更好发展农村方面发挥了积极作用。高职对农民的培养分为学历教育和短期培训两部分。无论是哪一种，在涉及农村农民时，专业课程的设置都需要更加注重实践，不能一味地只讲理论，否则将导致农民毕业或结业，面对实践无从下手或无法实操。实践教学模式是指通过具体活动的实施获得的理论成果，坚持理论与实践相结合，真正实现知识的落实运用。尤其是涉及可直接实现创业实践的技能的学习时，一旦产生收益，学习者将会对技能所涉及各项知识的学习兴趣大幅增加，从而坚定技能学习的自信心。

另外，这种实践动手得来的知识会更加记忆犹新，随着收益的增长，就会对高职教育技能学习充满更多的期待，从而实现由催着学到自主追着学。高职的技能教育应以产业发展为立足点，通过线上线下相结合，将会达到更好的学习效果。同时，鼓励农民外出，杜绝闭门造车，走出去进行跨区域交流、学习、教学、实践和创业孵化，从而更好地鼓励农民建设一支具有较强创新创业能力的人才队伍，推动农村产业转型升级，发挥示范引领作用，实现乡村振兴。

四、乡村振兴背景下高职院校服务乡村外观规划路径

改善农村人居环境，建设美丽宜居乡村，是实施乡村振兴战略的一项重要任务，党的十九大以来，农村人居环境整治工作全面推行并取得实质性进展。但是农村环境还存在一些短板，如缺少农房整治、村容村貌等方面的规划设计，高职院校作为乡村振兴的重要力量，可以为乡村外观规划提供人才与设计支持。

（一）高职院校服务乡村外观规划的必要性

改善农村人居环境，建设美丽宜居乡村，是实施乡村振兴战略的一项重要任务。乡村是否得到振兴，最明显的变化应该是乡村的外观有所变化。党的十九大以来，农村人居环境整治工作全面推行，尤其是开展农村"厕所"革命、农村垃圾治理行动、农村污水治理行动，全国各地真抓实干，纷纷设立排污口、化粪池、污水处理厂、垃圾转运站等，农村人居环境整治工作取得实质性进展，美丽乡村开始美得实实在在。然而，尽管农村人居环境整治工作成绩显著，但农村的环境还存在很多不足，与全面建成小康社会和农民群众期望还有较大差距，尤其是农房整治、村容村貌提升等方面仍然还有很大的完善空间。

1. 农房整治需要规划

一方面，新建农房需要规划管控。受落后的传统思想观念影响，农村建房缺乏整体规划，村民随意用地，分散居住。农村需要根据当地情况合理规划出生产区、生活区，今后新修的农房都按照规划执行，不得随意选址建造，逐步取代现有的农房建设无规划、生产生活空间不分离的状况。

另一方面，现有农房本身需要规划。现有的农房在外观设计上没有审美追求，都是跟风建设，于是"农村住宅出现了南北不分、如出一辙的状况"，在功能布局上缺少设计，没有做到物尽其用，影响实际使用。在保留现有农房的基础上，可以对农房建筑的外观及室内进行调整与设计，推进田园建筑示范。

总之，农村需要建筑设计、室内设计等专业的设计人才和设计团队给予建筑选址、建筑风格、室内外装饰等方面的专业设计指导和技术支持。

2. 村容村貌需要规划

目前，绝大多数农村缺少整体规划，村内对固定垃圾投放点、公共休闲场所、景观设计、绿化带等影响村容村貌的规划不系统、不科学。垃圾投放点选址、公共文化广场选址

与设计、人文景观设计、绿化带植物选址、绿植选择与搭配等工作都不宜随意、零星地开展，需要环境艺术设计等专业设计师进行统一规划设计，达到美化、绿化、亮化村庄的目的，提升村容村貌，助力美丽宜居乡村建设。

3.人文特色需要挖掘

对于传统村落、民族村寨以及存有文物古迹、农业遗迹等历史文化的村庄，要坚持保护与开发相结合，但村民的保护意识不强、保护措施不力、开发项目无特色，农村对传统村落和历史文化名村的保护与开发不到位。因此，需要专门的人才和团队对农村优秀传统文化进行挖掘、整理、保护与传承，并根据当地的特色文化开展设计，将村庄的文化元素融入当地的村庄规划中，开发特色项目，打造特色村庄。

（二）高职院校服务乡村外观规划的优势

1.专业优势

高职院校，尤其是艺术设计类高职院校，深度对接文化创意产业需求，系统设置了环境艺术设计、建筑设计、室内设计等设计类专业，并将密切联系的专业组成专业群。专业群整合群内资源，群内专业在师资队伍、实训场地、课程资源等方面资源共享、优势互补，实现专业群建在产业链上。农村容貌要改观，必然要有规划，需在环境设计、建筑设计、室内设计等方面进行系统的、专业的改造，与此同时还要考虑经济成本，因此高职院校的专业指导与技术支持是乡村振兴的选择。

2.人才优势

高职院校瞄准文化创意产业高端技术技能人才需求，聚集优秀的设计人才与技艺高超的大师组建专业的师资队伍，培养德技双馨高素质技术技能人才。高职院校的教师专业知识扎实、阅历丰富，学生思维活跃、创意点子多，师生能集思广益，为乡村振兴提供大量环境设计、建筑设计、室内设计等方面的设计方案。

3.平台优势

高职院校利用学校特色与专业优势打造创意设计研发中心、非遗保护与研发工作站等产教融合技术技能平台，此外，高职院校拥有专业化产教融合实训基地。依托这些平台，高职院校可以为乡村振兴的设计项目提供平台、场地、资金、人才、智慧、创意作品等支持。

4.资源优势

高职院校拥有校友、兄弟院校、合作企业等丰富的优质资源，也能得到上级主管部门以及社会各界有识之士的关注与支持。因此，高职院校参与乡村振兴建设期间，若有需要可以充分发挥各类资源的优势，确保各项设计项目能顺利落地转化。

（三）高职院校服务乡村外观规划的路径

1.结对帮扶

有意向对乡村进行统一规划的村庄、社区、城镇甚至是县政府可以跟艺术类高职院校或开设设计类专业的高职院校签订结对帮扶框架协议，就外观规划开展乡村振兴结对帮扶合作。双方可以召开乡村振兴结对帮扶专题研讨会，高职院校制订服务乡村振兴实施方案，明确服务乡村振兴的建设任务、时间进度与要求，组织师生有针对性、目的性地去乡村开展实地调研，实地了解乡村的地域条件、文化背景以及委托方的要求，遵循乡村建设规律，突出乡村建设特点，因地制宜、有的放矢地开展规划设计。

2.人才培养

结对帮扶后，高职院校发挥专业优势，把调研的情况及乡村振兴的建设任务诸如共享厕所、农村房屋改造、其他村容村貌项目等融入景观设计、室内设计、建筑设计专业的教学中，把真实的项目作为教学内容融入课堂中，尤其是要融入学生用时最长、精力耗费最多、用心最多的毕业设计中去，为农村培育一批了解农村、热爱农村、专业扎实的设计师。若有需要，政校双方可以签订联合培养协议，学校可以为乡村振兴有针对性地培养和输送设计类的实用人才。

3.设计方案

在专业教学中，每一门课可以涉及一个甚至多个乡村振兴的建设任务，课程作品要凸显乡土田园风情和地域文化特色，授课教师指导每一个学生做出一套甚至多套方案（作品），此外，每教到一个建设任务，教师自身也要同步设计方案（作品）在课堂上进行示范。因此，课程结束后，每位师生都能提供多个设计方案，每个建设任务都能得到海量的设计成果。学校组织评审团对师生的设计成果进行筛选，甚至可以指导修改，确保每一个乡村振兴的建设任务都能拥有很多优秀的方案（作品）以供挑选。

4.免费转化

当设计方案达到一定的数量和质量，经过政校双方把关并达成一定共识后，政校双方可以召开创新设计作品转化对接会，学校遴选出学生的优秀毕业设计方案以及教师们自己设计出来的方案交给乡村挑选，被选中的规划设计要广泛采纳村民意见和建议，做到接地气、易实施，在方案敲定之前设计者负责修改到位，最后免费提供给乡村使用，并指导乡村促进设计方案（作品）的落地转化，为建设美丽村庄提供大力支持。

第三节 探索结构要素之间的"高融合"是人才培养模式改革的关键点

以往由于需求分析不准确、校企合作不紧密、育人主体之间未形成合力等原因，五大结构要素之间彼此割裂、各自为政，但高质量的人才输出依赖于五大结构要素之间的动态关联与融合，因此，理顺五大结构要素之间的逻辑关系，是人才培养模式改革的关键点。

一、高职教育产教融合赋能乡村振兴战略的意义

职业教育要主动并有效地服务乡村振兴战略,"必须以产教融合为切入点,深化体制机制改革"。《国家职业教育改革实施方案》强调"促进产教融合校企双元育人",职业院校应当根据自身特点和人才培养需要,主动与具备条件的企业在人才培养、技术创新、就业创业、社会服务、文化传承等方面开展有效合作。《国家产教融合建设试点实施方案》提出,深化产教融合是推动教育优先发展、人才引领发展、产业创新发展的战略性举措。在全面实施乡村振兴战略的当下,高职教育通过产教融合赋能乡村振兴战略具有重大的现实意义。

(一)有利于涉农专业群与农业产业链的对接

高职教育要服务乡村振兴,必须以乡村产业和经济发展的需求为导向。通过深化产教融合,有利于高职院校明确专业发展的方向与定位,对涉农专业结构进行优化和调整,从而以涉农专业群对接农业产业链,在精准助力乡村经济社会发展的同时促进自身的高质量发展。

(二)有利于增强人才培养的匹配度

乡村振兴,离不开人才振兴。据农业部统计,我国农村实用人才占乡村就业人员总数的比例不足5%。农技推广人才青黄不接,农业新产业新业态人才严重不足,"招人难、留人更难的现象还相当普遍。"与实施乡村振兴战略的人才需求相比,高职教育在人才培养供给侧还存在结构不优、规模不大、质量不高等现实问题。高职教育通过深化产教融合,能够创新人才培养模式,加大人才培养力度,提升人才培养质量,更好地满足乡村振兴的"三农"人才需要。

(三)有利于提高科技助农的有效性

科技是第一生产力,深化产教融合有助于产学研用一体化发展;有助于科研技术人员走出实验室、走出学校,在广阔的田野上书写论文,解决现实性问题;有助于农业科技水平提升、农业经营模式转变,促进农村第一、二、三产业的融合发展和多种新型农业产业业态的融合发展。

(四)有利于传播和弘扬先进文化

产教融合是高职院校与乡村治理、社会发展紧密联系的纽带。高职院校通过深化与乡村的产政融合,挖掘与保护传统农耕文化,传承非物质文化遗产等,加强对村民思想、法律、道德、人文等方面的教育,倡导健康生活理念,促进乡村文化繁荣。

二、高职教育产教融合赋能乡村振兴战略的行动框架

在推进高职教育与乡村振兴深度融合的实施行动中,要统筹主体发展和功能实现的协调统一。

在高职教育产教融合赋能乡村振兴战略的主体上,要统筹促进农业、农村和农民"三

位一体"融合协调发展。关浩杰认为,乡村振兴战略实施应按照"产业兴旺、生态宜居、乡风文明、治理有效、生活富裕"的总体要求,"让农业成为一种体面的职业、农村有体面的生活、农民有体面的收入"。乡村振兴首先应该解决人这一要素,即如何吸引人才回流的问题。罗必良认为,实施乡村振兴战略,一方面要把亿万农民群众的积极性、主动性和创造性调动起来,另一方面要培养造就一支懂农业、爱农村、爱农民的"三农"工作队伍",其根本路径是要促进城乡要素双向流动和产业融合。总之,乡村振兴"三位一体",农业要发展,农村要进步,农民是振兴主体,其落脚点是实现农民的全面发展。

在高职教育产教融合赋能乡村振兴战略的功能上,要统筹促进乡村经济、产业、人才、生态、社会、治理、教育、文化"八个维度"融合协调发展。要全面推进乡村振兴,必须从乡村经济、乡村产业、乡村人才、乡村生态、乡村社会、乡村治理、乡村教育、乡村文化八个不同维度进行深入思考。中农办主任韩俊认为,"建立健全城乡融合发展的体制机制和政策体系,关键是要解决钱、地、人等要素供给""要把党中央乡村振兴的大政方针和战略部署落到实处,要推进解决八个关键性问题"。关振国认为,实施乡村振兴战略需要找好着力点、抓住"牛鼻子","一要推进农村产业融合发展,培育发展新动能;二要着力培育和打造人才队伍;三要繁荣乡村文化,为乡村振兴创造精神动力;四要加大生态环境保护,塑造乡村振兴的坚实基础"。甘娜等认为,要"破解我国新时代乡村治理困境,实现我国乡村的全面振兴,就必须基于乡村现实需要与乡村振兴战略的相互联系,从村民为主体出发,把五位一体内生关系作为切入点,以嵌入新型的治理力量为依托,以发展交融的产业经济为核心,以培育和美的乡风民俗为支持,以创建清洁的生态环境为关键,以维护安定的内部秩序为保证"。陈龙认为,"乡村振兴战略的核心路径可概括为一推二改三振,即城镇化协同推进战略、乡村土地改革和乡村治理改革战略、乡村教育振兴、产业振兴和文化振兴战略六个有机组成部分"。廖彩荣等认为,乡村振兴需要实现"思想协同、产业协同、人才协同、文化协同、生态协同、组织协同、社会协同七个协同"。

三、构建高效运作的产学合作人才培养模式的原则

农业高职院校要构建高效运作的产学合作人才培养模式,就要遵循产学合作人才培养模式的构建原则,选择适宜的模式,这样才能发挥模式的最大效用,实现模式的运行目标。要构建高效运作的农业高职院校产学合作人才培养模式必须遵循以下几项原则:

(一)因地制宜原则

我国地域辽阔,不同地区的区域经济特点、农业产业结构和农村经济发展水平差异很大。而且,不同的农业高职院校的办学实力、办学特色、发展规模等也有很大差异。这就决定了学校在采取产学合作人才培养模式时不能生搬硬套,应立足区域经济的发展特点,根据自身特色、办学条件以及区位市场中企业生产规律和农业生产特点,因地制宜地选择适宜模式。

（二）循序渐进原则

校企合作也是一个由浅入深、循序渐进的过程。学校在与企业合作过程中应随着对企业认识的深入和办学实力的提升，逐步实现由松散型模式向紧密型模式过渡，由低级模式向高级模式转变。在运用模式过程中，学校应与时俱进，借鉴其他国家、地区的产学合作教育的有益经验，根据区域经济的发展变化、农业技术岗位（群）的变化、产学合作教育效果以及学校的发展状况，调整并改进模式，不断充实模式的内涵，增强产学合作人才培养模式的生命力。

（三）利益共享原则

企业作为一个经济实体，它的目标是追求经济利益最大化。如果在产学合作过程中学校不能确保企业从中获益，那么就会极大地挫伤企业的参与热情。因此，产学合作的过程也是校企双方实现优势互补、互利互惠、共同发展的过程。这就要求学校增强服务意识，利用自身的科技、人才优势主动为农业企业的产品研发、技术改造、员工培训、发展规划等方面提供服务；在农村开展信息咨询、技术推广、技术服务、技能培训等活动，扩大产学双方的联系界面，增强产学合作对企业的吸引力，真正实现双赢。

（四）开放性原则

产学合作人才培养模式应是一个开放系统。它是内部结构的稳定性与构成要素灵活性的高度统一体。农业高职院校产学合作教育中的人才培养目标、培养方案、专业设置、课程设计、教学计划和教学内容等方面都必须与用人单位密切合作，让企业参与到学校教学和管理的全过程中来。而且，学校要充分利用企业的人力、财力、物力改善办学条件，加快校内外实训基地建设和"双师型"教师队伍建设步伐。另外，对学生知识、技能的考核评价也应吸纳企业和行业部门的意见，构建客观公正的评价体系。

（五）多样性原则

农业高职院校的专业种类较多，既包括农林类专业，也包括非农专业。同时，我国区域经济发展的不平衡和行业内部发展的差异性，使得有的企业已跨入技术密集型的现代企业行列，而有的还徘徊在劳动密集型的低水平生产模式。这就要求农业高职院校不能只采取一种单一的产学合作人才培养模式，应根据学校特色、专业特点和合作企业的特点由单一模式向多模式融合发展。形成以一种模式为主体，其他模式为辅助的模式集群，发挥模式集群的群体效应。

（六）全面性原则

产学合作人才培养模式的宗旨就是要培养学生的综合职业能力和全面素质，提高学生的就业竞争力。21世纪的农业技术人才不只是掌握牢固专业知识和扎实专业技能的高级劳动工具，社会对他们的各种素质和能力提出了较高的要求。例如，较宽的知识面，较好的人文素质，较强的知识迁移能力、技术转化能力、技术创新能力、沟通协作能力，较高的解决生产实际问题的能力，良好的职业道德以及吃苦耐劳精神等。这就要求学校在开展产学合作教育时不仅要在课堂教学中使学生掌握牢固的专业知识和扎实的专业技能，而且要使学生在顶岗实习过程中体验真实的生产环境，锻炼各种能力，培养全面素质。

四、高职教育产教融合赋能乡村振兴战略的推进

高职教育产教融合赋能乡村振兴战略，在整体上要推进高职教育"面向乡村""干在乡村""反哺乡村"的转变，在策略上要强化校村产教融合顶层设计、加快人才培养体制机制改革、创新村校合作模式。

（一）高职教育产教融合赋能乡村振兴战略的整体方向

深化校村产教融合，促进专业对接产业，推动高职教育"面向乡村"。要通过产教深度融合，引导涉农高职院校以乡村振兴需求为指引，形成乡村振兴产业链与高职专业群的映射关系，实现涉农专业群内各专业的有机融合，确保涉农专业群真正适应乡村振兴产业转型的需要，推动高职教育真正"面向农村"开放办学，培养高质量的乡村振兴人才。

深化校村产教融合，促进定向培养培训，推动所培养的人才"干在乡村"。随着城市化发展，"乡村正由熟人社会向半熟人社会转变"。但在传统文化和宗族观念的影响下，"本地人"相较"外地人"在乡村治理、乡村产业发展等维度依然具有不可比拟的优势。要通过产教深度融合，为乡村定向培养一支"愿意干、能够干、长期干"的高素质人才队伍，实现乡村人才"从乡村来、到乡村去"，为乡村振兴提供强大的内生动力。

深化校村产教融合，促进院村合作发展，推动所集聚的资源"反哺乡村"。产教融合、院校合作是紧密联结城乡的纽带，是实现城乡融合发展的助力器。高职院校在办学过程中集聚了一定的产业、文化、教育资源，通过深化校村产教融合可以将这些资源有效引入乡村、反哺乡村，同时也为涉农高职科技人才研发和推广新技术提供了更广阔的舞台。

（二）高职教育产教融合赋能乡村振兴战略的具体策略

强化校村产教融合顶层设计，发挥政府有形之手的强大牵引力。在当前"市场驱动力、乡村产业支撑力、社会环境拉动力和院校内生动力"不足的情况下，必须充分发挥政府有形之手的强大牵引力，引领和推动高职教育深化产教融合，更好地服务乡村振兴。

第一，引导高职院校构建对接乡村振兴产业的专业体系。加大涉农类专业建设的资金、资源投入力度，建立以政府投入为主，多主体共同参与的多元投入体系，对社会参与办学力量给予一定的政策倾斜和税收优惠，增加涉农职业教育专业的生均拨款。对接乡村振兴第一、二、三产业融合发展的需要，以乡村振兴优质院校等培育项目为引领，引导相关院校根据自身优势，组建系列涉农专业群，针对乡村现代种养业、农产品加工与流通业、乡村新型服务业、乡村人居环境整治与基础设施建设、智慧农业、农业机械、农村治理、农民健康等乡村振兴全产业链设计专业体系，通过开设园艺技术、园林技术、畜牧兽医、动物医学、农村经营管理等涉农类专业，以及通过改造旅游管理、机电一体化技术、

机械制造与自动化、智能控制技术、电子商务、市场营销、财务管理、临床医学、医学检验技术等专业的涉农专业方向，打造一批涉农一流特色专业群、一流特色专业。

第二，引导高职院校构建对接乡村振兴产业的继续教育培训体系。一是以产教融合城市创建为抓手，根据各地乡村社会和产业发展状况，因地制宜地统一规划职业教育培训资源。二是建立涉农人才培养现代预算制度，统筹各相关部门，将各类涉农资源如人才、资金、科技、医疗等协调联动，提高农民培训实施绩效。三是打造"学校+县级（产业基地）分院"的培养培训模式，高层次人才培养培训在学校举办，其余技能人才培养培训以县域为单位，依托县级培训分院就近培训，培训时间按技术需求紧迫性和培训对象生产季节性灵活安排。四是建立农民培训常态化机制，推动乡村职业培训模式创新，推行示范基地培育、农民田间学校、移动课堂、在线教育等形式多样的农民培训新模式，打破时空界限，满足农民个性化的培训需求。

第三，推动高职院校涉农教育能力建设，提升高职服务乡村振兴能力水平。一是要加强涉农类专兼结合的教师团队建设，着力建设包含农业产业体系高端技术专家，来自企业或生产实践一线的高技能人才和拔尖师资、熟悉农业农村产业、有丰富生产实践经验的兼职教师，校内教学名师、专业带头人、"双师型"教师等在内的职业教育教师创新团队。在"三区"人才、科技特派员等人才计划的基础上，因地制宜地设立涉农职业教师培养专项计划，在学历提升、职称晋级、企业顶岗、乡村科技推广与实践等方面提供绿色通道和经费保障。二是要加强涉农类专业内涵建设，以生产性实习实训基地建设、专业教学资源库建设、虚拟仿真实训基地建设、各类实验实训室建设、精品课程建设、科普基地建设等项目建设为平台，创建丰富的专业教学资源，提升涉农类专业教学水平。三是要拓展服务领域，在服务乡村人才培养、产业与科技发展的同时，涉农高职院校还应着力加强政策宣讲、文化传播、科学普及、健康生活、乡村治理与规划等方面的能力建设。

加快产教融合人才培养体制机制改革，创新乡村人才培养模式。高职院校要坚持德技并修、农学结合，按照农业生产生活实际，量身定制人才培养方案，切实提高乡村振兴人才的职业认同和技能水平。

第一，创新校地融合的"三定向"培养模式。实施"乡村人才定向培养工程"，依托涉农专业或专业方向开展乡村急需的全日制乡村人才定向培养，由政府埋单，学生享受免学费、免教材费、免住宿费和生活补助"三免一补"政策，形成定向招生、定向培养、定向上岗"三定向"培养模式，吸引乡村高中、高职毕业生、新型职业农民、农村退伍军人等群体学习涉农专业或专业方向，提升专业的对口就业率。

第二，创新现代学徒制培养模式。通过建立"产教融合、校企合作"的长效机制，与涉农企业开展深度合作，充分发挥校企双主体育人作用；探索基于弹性学制与学分制的"小学期"教学组织方式、"真实岗"教学内容与教学场所、"多循环"农学交替与能力递进培养方式，实施线上线下混合教学和理实结合的交互训教；实现课程内容与职业标准对接、教学过程与生产过程对接、毕业证书与职业资格证书对接，让乡村、企业、学生、学校多方获益。

第三，加快涉农 1+X 证书试点。1+X 证书制度是《国家职业教育改革实施方案》的重要改革创新，是提高人才培养质量的重要举措。要加快涉农 1+X 证书试点和推广，建立以岗位能力为核心的相关认证标准，让社会第三方参与到人才的培养和质量认证中来，努力提升人才培养规格与产业需求的适应性和吻合度。

创新校村产教融合模式，推动建设一批乡村振兴产业学院。根据《国务院办公厅关于深化产教融合的若干意见》（国办发〔2017〕95 号）、《现代产业学院建设指南（试行）》等文件精神，发挥产业优势，深化产教融合，打造集人才培养、科学研究、技术创新与推广、乡村产业服务、学生创新创业等功能于一体的示范性乡村人才培养实体——乡村振兴产业学院。

第一，依托乡村振兴产业学院，有效扩大乡村投资。产业学院可有效融合政府、学校、乡村、企业、村民等各利益攸关方，明确各主体的权利、责任和义务，充分发挥各自主体作用，协调各方资源，推动学校和企业依托乡村建设生产基地、校外实训基地、科研基地、技术推广基地、学生创新创业基地等基础设施，有效拉动乡村投资，促进乡村产业发展。

第二，依托乡村振兴产业学院，有效带动科、教、文、卫下乡，全面促进乡村振兴。以产业学院为纽带，高职院校相关专业技术人员、学生赴乡村开展形式多样的科技示范推广、义诊、文化服务、农村电商等社会服务，在促进乡村社会发展的同时锻炼人才队伍的乡村振兴服务能力。

乡村振兴的核心要素是人才，高职教育要通过深化产教融合，更好地为乡村振兴引进人才、培育人才和使用人才，以人才带动科技、产业、文化、教育、医疗等社会发展资源要素在乡村的科学配置，从而有效赋能乡村振兴战略，全面推进新时代的乡村建设和发展。

五、乡村振兴战略背景下培育复合型文创人才的路径

复合型人才需具备较强的学习能力、创新能力以及优秀的沟通能力、良好的团队协作精神。复合型文创人才是指具有传承与创新文化的能力，具备能满足文创工作需求的综合技能的人才。在培养复合型文创人才过程中，高职院校应注重培养学生的创造性思维和解决问题的能力，提高学生综合运用工程技术水平和延续乡村文脉的能力。

（一）培育复合型文创人才对乡村振兴战略的现实意义

1. 人才培养是实施乡村振兴战略的关键

新时期的发展任务是建设美丽中国，实现复兴大业。文化创新是乡村振兴工作的重点，它兼具生活、生态及经济特征的共同属性。优秀民族文化的创新发展在推动乡村振兴

的道路上具有独特的价值与意义。在千年的历史沉淀中，各地都积聚了许多优秀的民族传统文化与技艺。然而，随着城镇化发展、农村人口的外迁，乡村逐渐变得空心化，一批批传统文化由于缺乏传承人，面临断代的危机，培养复合型文创人才符合时代的发展趋势。同时，在文创人才培养过程中，学校需要结合民俗、民间艺术、民间工艺等特色民族文化，进行课程改革，进而提升人才培养质量。因此，乡村文化的创新发展，迫切需要适应产业发展的复合型人才，职业院校在培养学生综合能力上必须先行。

2. 教学改革是适应乡村振兴战略的路径

乡村振兴可以满足人民对美好生活的向往，继而带动乡村的就业形势，实现循环发展。当前，高职院校专业设置与乡村经济发展需求错位，专业设置并没有依据高职院校技能型人才培养特点，开设符合高职院校自身发展的专业。针对现实困境，需要通过提升文化认同、强化复合型能力进行改善。高职院校对乡村振兴方面的人才培养正处于起步阶段，还未形成适应新发展格局的特色教育路线。人才培养还需要融合不同专业间的资源和技能，需要建立健全课程资源的互补机制，实现跨学科、跨专业知识的相互补充作用，促进学生复合能力的养成。通过开展改革实践，为新时代职业教育改革提供发展路径。

3. 复合技能培育是实现乡村振兴战略的依托

原有的人才培养目标主要面向本专业的单一技能培养，然而，在新时代新发展的理念下，人才需求发生了变化。通过调查，用人单位反馈"现阶段学校需要改善传统人才知识面较窄、能力单一的状况，注重培养跨学科、跨专业，对接乡村振兴全产业链的复合技能"。因此，在宏观上，学校要突出复合型人才培养的针对性、特色性，着眼于培养乡村振兴战略所需的复合型文创人才；在微观上，要注重课程对接项目、能力对接岗位，进而为区域乡村振兴战略提供智力支持。

（二）培育复合型文创人才的路径

高职院校培育的复合型文创人才必须德才兼备，熟练掌握创意设计技能以及与工程技术相融的跨界复合技术。要强化学生的思维能力训练和综合技能应用，既注重学生的创新意识和创意技法表达，又注重学生的职业素养和创业知识养成。学校可以通过人才培养模式、课程体系改革、深化产教融合等路径，把跨界复合能力的培养融入育人工作。

1. 突出思政教育在人才培育中的主旋律作用

思政教育的本质是立德树人，路径是协同育人，方法是三全育人。乡村振兴战略复合型文创人才的培育，必须创新专业课程的教育模式，必须立足于为党育才、为国育人的高度，开展课程思政改革。把思政教育融入专业教学，可以根据本地区乡村特色与亮点规划课程，构建"思政+"模式。在课程中结合"三创融合"教育，厚植爱国情怀，培育学生的文化自信。在课程教学过程中，以思品教育为契机，发挥优秀乡土文化的思想政治教育功能，增强学生对乡村建设的认同感。在课程外，结合大学生"三下乡"活动，开展扶贫助困、创作采风等活动。学生通过红色革命故事教育、乡村文化采集、传统技艺体验学习等方式进行学习，以创新设计自己家乡传统文化项目的形式，提炼素材，挖掘乡村文化记忆。组织学生下乡村，对乡村企业进行考察，开展下馆（场）调研和下课研讨工作，将"爱国教育""四个自信""工匠精神"以及"企业家精神"融入专业课程。

2.强化课程体系在人才培育中的主导作用

从政府主管部门对相关工作岗位的招聘需求分析得出"工＋文＋技"人才最短缺的结论。造成这一问题的原因是多方面的，但与乡村建设的工作地点远离城市、设备短缺等因素密不可分。因此，在课程设置上，应充分考虑设置"理工科技能课程＋商学类课程＋设计艺术技能"的课程。同时，组织多层次、多维度的项目学习包，把创业教育与专业教育相结合，将三创理念与传统人才培养理念相融合，使学生得到系统的复合型能力培养。

依据人才需求的变化制订、重构课程体系。建立复合跨界的"通识课程＋核心技能课程＋外延技能课程＋创业素养课程"的课程体系，培养适合岗位的技术人才。以室内设计、环境艺术设计专业为例，除继续深化原有的核心课程外，可扩充旅游规划课程，开展视觉传达类新媒体运用课程，并开设水电安装、商务及网络营销等技能学习课程。学生可从事环境艺术的设计、民宿民居的改造、文化旅游产品的开发设计、非遗技艺体验以及视频动漫制作和新媒体宣传等工作。

3.发挥课堂教学在人才培育中的主渠道作用

课堂教学的有效实施，是实现育人目标和提高知识能力目标的根本途径，要避免实施过程的盲目性、碎片化，就需要革新教学内容。乡村振兴战略复合型文创人才的培育，需要针对学情变化充实课程内容。伴随着人才培养模式改革的不断深化，学校应认识到，现有的专业课程内容过于单一且脱离实际，导致课程知识与岗位能力不能有效融通，高职院校需要引入面向乡村振兴路径的课堂教学案例。

需要指出的是，教学内容的合理安排，要遵循复合型人才培养的规律，精准分析学情，并结合本地区乡村建设方向（一村一品），优化课程结构，精准施策。"一专多能"的能力特点，需要学校把综合文化创新创意知识能力培养融入课堂教学，实现守正创新。依据课程内容的"要素建构"，教师需要积极开发典型的乡村文化传承教学案例，不能沿用和照搬城市设计案例。因此，对学生而言，学到的不仅是文化，还应具有将创新意识运用于典型工作任务中的能力。

4.强化科技进步在人才培育中的辅助作用

当前，信息技术及人工智能高速发展，现代职业教育教学发生了颠覆性变革，VR虚拟与现实、远程在线教育等技术的应用，有效提升了人才培养的效率。将信息技术应用于复合型文创人才的培育可以为学生带来前所未有的体验，有效提升学生的学习兴趣，促进学生创意的发挥。因此，教师在教学时使用云平台、云资源的海量信息，能为学生的探究式学习和自主式学习带来便利。例如，完成某乡村完整的民居开发项目，需要学习3D渲染软件、水电排布、建筑装饰材料、视觉传达设计和商业推广等知识。而以往的教学都是采取面授知识的单一授课形式，现如今，教师通过云平台发布课程任务（项目包），学生自主选择完成任务所需要的教学资源开展学习，再由教师在线答疑，把传统的"填鸭式"教学转变为个性化学习，学生的学习过程打破了教材与课堂的局限性，突破了时间与空间的限制。

5.发挥产业学院在人才培育中的协同作用

在新发展格局下，文创专业应主动适应国家乡村振兴战略需求，深化产教融合，开展校企合作。依托行业龙头企业，学校建立以文创为主的乡村振兴产业学院，形成紧密的命运共同体；校企建立"双主体"育人机制，学校拿出部分学费，企业提供项目和生产场地，共同开展教学活动；校企双方共同制订人才培养方案，学校主要负责通识课程的教学，校企共同负责"核心技能课程+外延技能课程"的教学。学生在企业兼职教师的指导下，全程参与真实工作项目，通过校企深度融合的新型产业学院模式，有效推动企业参与人才培养的积极性。产业学院突出的是"产业"，而不是单一的"企业"，它可以是与一家企业共建，也可以同时与数家共同组建。乡村振兴产业学院的重点是培养面向乡村振兴战略的复合型文创人才，立足于文化振兴、旅游振兴、生态振兴等多个方向。产业学院的专业群是"集群式"建设，一是与建筑、景观龙头企业合作，共建乡村景观改造和传统民居建设的专业群；二是与产品设计和新媒体宣传龙头企业合作，共建服务乡村文创产品研发和品牌设计推广的专业群；三是与知名文旅企业合作，共建以乡村文化旅游和非遗技艺体验为主的专业群。各群相互交叉，互为融合，实施动态调整。

（三）"四位一体"检验复合型文创人才培养成效

评价体系必须遵循高职院校人才培养目标，在培养学生全面发展的指导下，进行科学规范的、客观公正的评价和考核。评价的目的不仅是关注学生学业，还具有提升学生自我认识、发挥评价的改进功能和纠偏功能。通过建立"四位一体"的评价机制，可以验证乡村振兴复合型文创人才培育成效，进而推动人才培养模式的改革。与传统的单一评价模式不同，"四位一体"的评价机制强调的是多维、多角度和可复制的全方位评价方法，使政府、社会、学校、学生成为评价的主体。在实践中，实现复合型文创人才培养评价的闭环运行，使之更科学地发展。

1.政府具有评价体系的导向作用

国家推行乡村振兴战略，起到了指挥的作用。政府可以通过制订办学指标、专业设置、绩效考核、表彰奖励以及项目拨款等形式进行引导。政府的评价指标设置应偏向宏观，如设置专业服务产业指标、校企融合度指标、毕业生满意度指标和毕业三年创业成活度指标等，并适时向全社会公布。针对复合型人才培育，政府可设置专项评价指标，如项目是否有职业教育的在校生参与、专业为学生所提供的生产性实训岗位等，以此来评价学校的办学质量。同时，政府需要加强评价指标的客观公正性，以购买服务的形式，采购第三方评价，并保证第三方评价公司不受干扰。政府还需要结合评价结果，给予学校更多的办学自主权，在帮助学校对接产业、企业上提供宏观指导。

2.社会具有评价体系建设的决定性作用

职业教育要适应社会经济发展对人才的需求变化，必须建立以行业企业为主的"多点式"综合评价，从学生的思想道德水平、职业素养、技能水平和职业生涯发展持续力等方面宽口评价。

企业是社会实践的主要参与方，学校的人才培养质量、课程设置是否合理，学生的技能水平能否达到岗位任职要求，都需要通过社会实践来验证。学校依据岗位任职标准，制订基于职业能力为导向的人才培养方案，并通过外在社会评价，推动学校在学生复合型能力培育方面的改革。在创新能力考核指标上，可以通过项目的实施过程来评判学生是否达到多种技能的灵活运用；在创意能力考核指标上，可以通过完成特定任务效果来评判学生是否具有积极主动的创造性思维；在创业能力考核指标上，可以考核学生对商业知识综合运用和职业道德等，评判学生的领导力、团队协作和风险压力的承受程度等。因此，企业是评价体系的决定性一环。

3.学校具有评价体系关键性作用

评价体系的建设必须发挥学校的中枢作用，学校可以有效调动各方开展评价体系建设。专业团队根据政府要求、社会需求制订人才培养目标，开展自我诊断与改进，实现评价对教学质量的促进。学校重在深化校企合作和产教融合，把企业标准与教学标准进行对接，运用大数据手段评判学生是否达到复合型人才标准；主动建立校、院和专业的三级评价机制，对课程、师资和实习实训基地建设等方面进行分类考核。在方法上，可以通过网络课程平台的评价、用人单位调研情况以及毕业生回访的形式，评判人才培养质量；指标上，可以检查双师教师比例、课程内容与岗位能力、职业能力的紧密度、竞赛获奖及就业质量以及薪资水平等。学校对乡村振兴复合型文创人才的评价要侧重于热爱乡村、投身乡村建设意愿、承启人文历史和创新运用的能力等。

4.学生具有评价体系建设的决定性作用

人才培养是否满足社会需要的落脚点是学生，学生是被评价的对象，对学生的评价直接关系到人才培养的适应性问题。方法上，可以利用网络平台的实时评价功能，及时了解学生对课程知识的掌握情况。开展学生评价，可以将重点放在对课程满意度、教师认可度以及职业生涯发展的期望值上。在实际操作中，学生的评价也可以是多元的，包括对食宿、交通、卫生、后勤保障和社团质量等方面进行综合评价。学校要重视学生的自我评价及生生互评，自评过程是增强学生主动参与、提升自我认识和进行自我调节的过程，对学生提高自我管理能力、提升自我学习能力起很大的作用。采取生生互评的模式，可以有效培养学生的沟通表达能力，增进相互间的信任与责任，达到相互促进的目的。因此，学生参与到评价体系中，对促进乡村振兴战略复合型文创人才的培养，具有不可替代的作用。

第六章　服务乡村振兴战略高职院校技术技能人才培育途径

第一节　深化专业供给改革

涉农高职是为乡村振兴服务，培养的人才以新型职业农民为主。而乡村振兴的使命要求这部分人才能够长期扎根广大农村第一线，毕业之后迅速适应岗位职业要求，开展农业技术服务或者推广工作。也就是说，培养新型职业农民必须依据广大农村实际或者涉农企业的用人实际，强化职业要求，优化专业人才培养规格和毕业要求，"按照农业行业的职业规范制定人才标准，以技术体系为依据构建人才培养的课程内容体系"。

一、改变院校供给侧结构以发展乡村教育

第一，增加具有"三农"特色高职院校的数量供给。我国农村土地面积约占全国领土总面积的 45%，其发展客观上需要增加具有"三农"特色的高职院校给予教育资源的支持，而具有"三农"特色的高职院校只占全国高职院校 16% 的比重，与需要乡村振兴的广大面积不相适应。因此，需要增加诸如具有农业、农林、畜牧等方面特色的高职院校，至少达到 30% 的比重较为适宜，以改变具有"三农"特色的高职院校数量供给不足的局面。

第二，在中西部地区和农业大省增加具有"三农"特色的高职院校。粮食安全是国家安全的头等大事，而中西部地区和农业大省是实现国家粮食安全的中坚力量。在中西部地区和农业大省增加具有"三农"特色的高职院校，不但为本地区的乡村振兴提供教育战略资源的支持，也为解决大学生稳定就业提供持久保障。这些高职院校毕业的大学生，不但可以避开城市高房价、高消费等隐性"门槛"，还可以为就地城镇化提供智力支持。

第三，大力兴办具有"三农"特色的成人高职院校。全国高等院校中，具有"三农"特色的高职院校寥寥无几。面对乡村振兴需要懂农业、爱农村、爱农民的"三农"工作队伍的形势，面对我国素质参差不齐的 5 亿多农民的形势，具有"三农"特色的成人高职院校的存在，在培育新型"三农"工作队伍和新型职业农民方面发挥重要作用。发展具有"三农"特色的成人高职院校，培育新型职业农民，通过提高农民的文化素质、市场思维、专业辨识力等来扶持农民，从而"让农业经营有效益，让农业成为有奔头的产业，让农民

成为体面的职业"。

二、改革办学模式以满足社会需求

"新时代要有新气象,更要有所作为。"高职院校要围绕乡村振兴战略的需要,改革既有办学模式,向开放办学、特色办学努力迈进。

(一)实施开放办学,服务乡村振兴

高职院校在教育理念、教育对象、教育内容、培养方式等方面要有开放性,加强服务乡村的意识和功能。

1. 开辟新型职业农民参加高职教育的人才发展路径

以高职院校为依托开展培养新型职业农民的培训,要研究适合本地区乡村振兴的培训课程和内容。通过建立乡村培训基地、创办夜校等形式,针对我国农民知识水平普遍较低和专业素养缺乏的问题,根据乡村农民群体的特点组织文化和技能培训。在培训保障和激励上,农民参加培训取得合格证书或职业资格证书的,学校可代其申请补贴。

2. 强化服务对象、内容、方式的多元性

把社会服务对象扩大到乡镇团委负责人、驻村干部、返乡创业青年、乡村"两委"干部、退役军人、大学生村官、乡村致富能手等,以满足乡村发展需求。服务内容包括学历教育、技能培训、技术服务等。在学历教育上建立面向乡村的高职教育弹性学制,在技能培训和技术服务上扩大服务对象和范围。例如,自2016年开始,广东省启动"领头雁"农村青年人才三年培育计划,在全省两千多个贫困村选定扶持培养一批农村青年带头人,助力农村青年人才精准脱贫。值得一提的是,高职院校对于大学生村官的培训,不但有助于改变乡村治理生态,而且有利于乡村的文化振兴。

3. 扩大订单定向式人才培养力度

高职院校根据乡村建设的需要,可采用订单的形式定量招生、定向培养,使毕业生具备乡村和涉农企业工作岗位所需的专业基础知识和实践技能,快速适应生产需要。订单模式有利于定向毕业生回乡发展,有利于乡村劳动力的技术性培训。定向乡村建设的大学生村官为乡村带来现代化的职业理念、前沿的思想观念和先进的技术,成为推动乡村振兴的中坚力量。

(二)增强特色办学,服务特色乡村

高职院校要结合区域经济发展做好自身定位,深入研究地区乡村经济文化特点,以特色乡村对人才的需求为导向,灵活调整培养目标、专业设置和课程安排,不断提高办学质量;建立特色农林科技创新和推广体系,以及农村科技示范试验区,以社会实践的形式不断推广乡村实用技术。高职院校通过增强特色办学、服务特色乡村,保证学生所学知识在毕业之后有用武之地,成为乡村振兴的重要推动力。

(三)打造文化下乡长效机制

高校文化下乡不仅要成为高职院校社会实践的形式之一，更要站在乡村文化振兴的战略高度，以培育乡风文明为目标，将"生产发展、生活宽裕、乡风文明、村容整洁、管理民主"作为乡风文明发展的整体图景，打造文化下乡的长效机制。

1. 建立高校对接乡村的文化研究和服务机构

文化研究和服务机构要立足于乡情，研究乡村特定区域的特色民俗民风、文化现状、问题与对策等，制定符合乡村特定区域文化振兴的针对性举措，并研究文化下乡的具体内容和形式。

2. 创新高校对接乡村的文化下乡形式

文化内容和形式要以人民为中心，通过开展乡村喜闻乐见的文艺演出活动，将健康的文化理念和积极向上的行为作风引入乡村，满足乡村群众的文化需求，提升乡风文明，为乡村文化注入新活力。

3. 开展契合重要节日的文化下乡活动

例如，"红色文化"下乡——5月纪念五四运动的诗歌朗诵会，传诵"爱国、进步、民主、科学"的"五四"精神；"金色文化"下乡——每年农历秋分的"中国农民丰收节"，开展寓教于乐地凸显古今时代丰收节庆区位特征的活动。契合重要节日，高校赴乡村慰问演出，促进乡风文明，从而推动乡村文化振兴。

三、完善人才培养机制以提升教育质量

(一)做好服务乡村振兴战略的人才培养长期规划

高职院校要围绕《乡村振兴战略规划（2018—2022年）》，深入研究人才培养的阶段目标、重点任务、基本路径与关键措施，完善人才培养机制，统筹规划各项教育资源和制度安排，引导更多人才流向乡村。高职院校要在培育新型职业农民方面做好人才培养方案，在服务乡村专业人才队伍建设方面做好长期规划，在发挥科技人才服务乡村方面做好制度保障，在创新乡村人才培育引进使用机制方面做好各项规划。

(二)完善复合型人才培养机制

高职院校所培养的乡村振兴人才在乡村工作中面临的问题更多、更复杂，要解决这些问题，应对复杂的乡村实际，必须完善复合型人才培养机制。一方面，围绕"高素质"下功夫，形成留得住、用得上、干得好的人才培育、成长机制；另一方面，围绕"高技术技能应用"下功夫，深入贯彻教育教学与社会需求相结合的理念，注重学生实践能力、就业和创业能力的培养，设计好教学实践阶段的目标、任务，建立师生下乡村下企业实践制度。

(三)重构契合现代农业发展需要的课程体系

新时代"三农"问题有哪些新变化、新内容，需要哪些新举措，都是高职院校在教

学、科研、社会服务中亟待解决的问题。只有在深入调查研究的基础上，高职院校才能形成符合全国和区域实际的、适应现代农业发展需要的课程体系。2016年，教育部在专业增补中设置"休闲农业""生态农业技术"等专业，是适应现代农业发展的需要；设置"健康管理与促进""电子商务""文化服务"等专业，是适应现代服务业及新业态、新模式的需要。2018年，我国农业农村部提出建立绿色种植制度，对高职院校建立"绿色"课程群提出新要求。因此，只有重构契合现代农业发展需要的课程体系，才能对接乡村振兴中产业发展的需要。我们初步构建了契合现代农业发展需要的课程体系，其中包含理论和实践环节（见图6-1）。

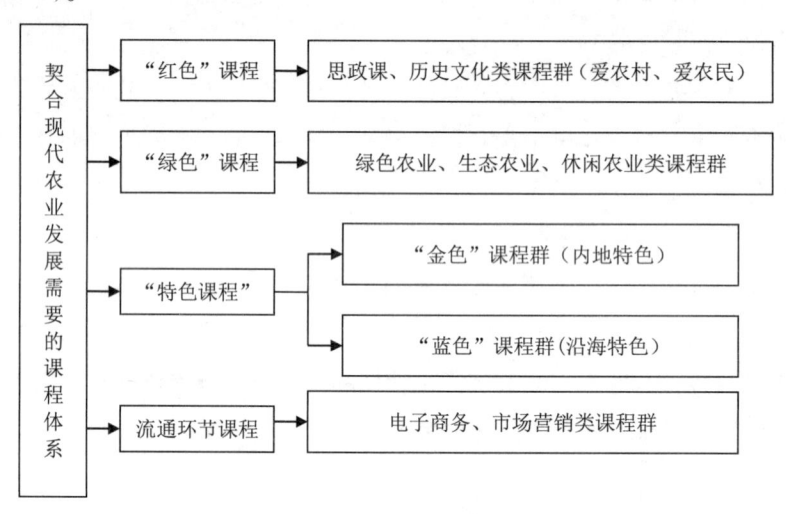

```
契合现代农业发展需要的课程体系
├── "红色"课程 → 思政课、历史文化类课程群（爱农村、爱农民）
├── "绿色"课程 → 绿色农业、生态农业、休闲农业类课程群
├── "特色课程"
│   ├── "金色"课程群（内地特色）
│   └── "蓝色"课程群（沿海特色）
└── 流通环节课程 → 电子商务、市场营销类课程群
```

图6-1 契合现代农业发展的课程体系构建教育管理

四、高职院校服务乡村振兴的动力机制优化

高职院校服务乡村振兴受制于政策、文化、环境等因素的影响，只有符合政府的政策导向，满足乡村振兴发展的需要，才能形成良好的动力系统。高职院校提供有效的服务要以良好的政策、制度保障为前提，形成多元主体、共同参与、同心合力、利益共谋、责任共担、成果共享的运行机制，将高职院校服务同政府振兴乡村的重大举措和乡村地区经济、文化发展紧密结合，重点在于利益要素之间的协同与互动，通过物质、制度与人才、技术等要素的有序流动，强化制度体系，促进公平与效率相结合，优化服务动力机制。

（一）强化高职院校服务乡村振兴的系统思维

高职院校服务乡村振兴并非单一的点对点服务，需要遵循地方政府的政策导向、乡村地区的经济状态与产业结构以及人民的实际需求，催生乡村振兴过程中的供给侧改革思维、创新驱动发展理念以及整体利益最大化的目标。高职院校在乡村振兴战略中被定位为一个发展引擎，而政府始终是推动服务乡村振兴工作的核心动力源，乡村地区作为需求方所提供的市场潜力、物质要素、人才价值则是乡村振兴的关键。因此，系统思维强调的是各要素之间进行聚合、交互、创新的能量与价值提升，将高职院校服务乡村振兴置于整体的思维与视野进行设计与推动，能够激发更大的运行动力。基于系统论的视角，要求政府、高职院校、乡村地区构建有效的合作机制。

首先，政府要把高职院校服务乡村振兴的"四梁八柱"搭建完毕，做好资金链、产业链、技术链的协调与保障，注重高职院校的独立性价值，激发服务的实效性与创造性。

其次，高职院校在面临内部办学矛盾迭出、外部环境不断变化与竞争压力加大的背景下，如何通过对外输出传导发展中的压力，如何能够更好地服务乡村地区发展，则必须坚持"教育为社会主义现代化服务、为人民服务"的宗旨，树立大局意识，坚持以政府规划设计为导向，满足乡村地区产业与企业发展、文化繁荣、生态宜居环境营造的需求，以促进农民为群体代表的发展能力提升为目标，妥善处理政策导向、需求侧导向及自身稳定、发展之间的关系。

最后，乡村地区要做好两方面的工作：一是科学、客观地向高职院校提出发展的实际需求，积极地调动、参与、配合，保证乡村振兴工作的实效性；二是给予高职院校在乡村地区服务与发展的市场性支持，提高服务的发展动力。

（二）加强高职院校服务乡村振兴的法治建设

高职院校服务乡村振兴，是一项基于社会服务职能属性的资源共享与要素融通工程，需要利益相关者构建长效发展与服务机制。任何一项改革举措或创新工作都可能触及原有秩序和利益格局，保持改革、发展的稳定，以及形成利益主体之间的价值认同，关键在于通过法治建设形成高职院校服务乡村振兴的权责规制与利益激励保障。

首先，政府要利用乡村振兴的战略契机，完善乡村地区改革、服务与发展的法律体系，明确教育系统服务乡村振兴的法律依据。各级地方政府可根据具体情况实行地方立法，用法律来规范乡村振兴战略中利益相关者的边界，调节各主体之间的关系，将权力与责任有机统一，充分调动合作发展的积极性与创造性。

其次，进一步明确社会组织服务乡村地区发展的法定程序，用法律固化服务发展机制，优化服务动力系统，保持与推广服务成果。

（三）明确政府在高职院校服务乡村振兴中的责任

政府的支持性动力在乡村振兴战略中起到至关重要的作用。国务院已经明确提出了乡村振兴发展的具体方案，需要省、市、县、乡（镇）等各级政府根据国家的要求进行不同层面的政策引导、分配协调与动力支持，充分调动社会各方力量支持乡村地区发展，更好地服务"三农"。

首先，政府在改革过程中必须进行权力的合理分配、资源的有序流动，避免出现宏大的顶层设计，造成基层因路径单一或实力不济而难以执行与落实，必须对高职院校的服务能力、动力性不足等问题和乡村地区需求状态进行充分的调研与分析，形成改革的合力，强化政府的领导力。

其次，各级政府的政策供给与动力支持存在差异性。省级政府层面要统筹省内各高职院校的专业特色与资源优势，发挥"区块链"在资源调配中的功能，做好政策、资金等动力支持的顶层设计；市、县级政府要优化、细化、活化乡村振兴方案，重点对有能力服务乡村振兴的高职院校予以直接的政策与资金支持；乡（镇）一级政府要统一协调好高职院校服务与乡村企业、农民发展之间的关系，形成乡村振兴服务机制，搭建好多方主体协同共进的发展平台。

最后，政府要明确高职院校服务乡村振兴的职责，深化与落实"放管服"改革，巩固高职院校在对外输出服务过程中公益性与市场性的价值导向作用，做好"指挥家"与"裁判员"。

（四）厘清高职院校内部的权、责、利关系

服务乡村振兴是高职院校社会服务职能的重要体现。作为以深度产教融合、校企合作为办学宗旨，以高技术技能人才培养为重要使命的高职院校，必须明确专业教师与学生在服务乡村地区发展中的权、责、利关系，才能保持服务的可持续动力。

首先，坚持公平正义为高职院校内部权、责、利分配的基本价值取向，促使公平正义作为有效调动内部各方力量参与乡村振兴的基本保障。

其次，高职院校要结合区域乡村经济形势与具体需求，利用优势专业资源禀赋，制定切实可行的服务乡村振兴实施方案，构建校内外领导管理机制，实行责任目标制与定期调度制，有效监管服务举措的落实。

最后，高职院校要将专业教师面向乡村地区的培训服务、技术支持以及文化活动等纳入绩效考核，并对具体的智力支持项目给予薪资报酬，形成有效的利益分配机制；将学生的志愿活动纳入奖励体系，形成专项经费支持、服务与保障机制。

第二节　激发培养主体协同

人才培养模式改革的关键在于突破体制机制的窠臼，通过深化体制机制的创新，解决乡村振兴人才培养链上条块分割、职能交叉、封闭运行、未能形成合力的问题。而有效实现体制机制改革的重点在于激发培养主体的协同功能，强化涉农高职、政府、企业、农民和乡村等之间的交流与合作，通过共建乡村振兴学院、乡村振兴产业联盟等，为推进乡村振兴纵深发展提供组织保证，从而实现"五个对接"的功能。

一、人才振兴的协同培养范式

在乡村振兴战略布局中，人才是第一资源。人才振兴是乡村振兴的核心要素，直接影响乡村振兴战略目标的实现。职业教育因其人才培育的角色定位和服务"三农"的核心

表征，在推动乡村人才振兴中起着不可替代的作用。人才振兴作为一项综合性、战略性的系统工程，需要多维要素的全方位协同，因此，需要建立以要素聚合为核心的"1+N"协同培养范式，形成双边适配的人才供给格局。其中，"1"是协同培养的核心要素，指服务"三农"这一理论内核；"N"是与核心要素联动的辅助要素，指与之适配的协同培养措施。

（一）创设"1+N"人才结构类型

面向"三农"办学人才贫乏是实现乡村振兴战略的现实阻滞。人才振兴既需要提升增量，培育更多关切"农民增收、农业发展、农村稳定"的农科人才，又需要优化存量，积极将农村现有普通农民培训为能够服务乡村振兴战略的现代农民。在"提增量、优存量"进程中，职业教育基于其面向"三农"的办学宗旨在人才的"生产端"和"升级端"大有可为。

1. 优化本土人才存量

乡村振兴既要注重引入外来人才，更要着眼培育本土人才。职业教育应主动构建服务乡村振兴的人才需求预测机制，以乡村现实人才缺口为轴心，以现有农民为主体，积极开展农业现代化培训、乡村职业经理人培训等专业人才培训项目，丰富人才类别，提升人才专业化程度。

2. 提升农科人才培育数量

当下我国职业教育体系中涉农专业生存艰辛，数量逐年递减，客观上造成了农科人才稀少的困境。审视我国农科人才培养现状，普遍存在不善农、不安农、不爱农等问题，"离农"化趋势较明显，致使现有农科人才质量难以满足乡村振兴的需求。

乡村振兴战略的人才需求度与职业教育培育的人才供给度的匹配失错迫使各层次职业院校在政府与乡村的联合驱动下重新审视涉农专业的价值意蕴与未来方向，提升农科人才培育数量，满足乡村振兴战略的人才诉求。

3. 拓展农科人才培育类别

伴随乡村电商、乡村旅游、智慧农业等新兴业态在乡村的稳步推进与蓬勃发展，乡村对人才的需求类别提出了全新诉求。乡村振兴战略的实现不仅需要依托关键的农科人才（即"1"），也需要依靠各式各样人才类别（即"N"）的协同驱动。因此，职业教育在为乡村培育农科人才的基础上，更应主动将"懂农业、惠农村、爱农民"的培养理念融入电子商务、旅游管理、市场营销等非农专业的人才培养中，培养学生的"三农"情怀。

（二）提升"1+N"人才综合素养

乡村产业集群的融合发展趋势呼唤职业教育更迭传统"一技之长"的人才素养要求，构建"农业+"专业集群，培育"一专多能"的农科人才，提升人才综合素养，推动乡村人才振兴。

1. 构建"1+N"专业集群

由于环境交通与地理空间的双重困顿，目前我国各地乡村逐渐形成了"各乡各业""各村各品"的农村产业发展势态。基于此，职业教育要主动对不同乡村的现实产业状态和融合取向开展系统分析，厘清其核心产业和衍生产业，在此基础上构建"1+N"专业集群。其中，"1"是与乡村核心产业适配的核心专业，"N"是与乡村衍生产业适配的相关专业，"1+N"是以现代农业产业链为旨归形成的专业链和专业集群。

2. 开发"1+N"课程集群

在"1+N"专业集群的基础上，职业教育还要关注由专业集群催生的岗位群，通过行业情况分析、工作分析，厘清所需的知识体系与技术结构，从而开发内在高度关联的"农业+"课程群（其中，专业课程为"1"，基础课程为"N"），系统培育学生服务乡村振兴的职业能力。

3. 建立"1+N"资源集群

区别于传统课程开发方式，"1+N"课程集群发展需要职业教育在产教融合指导理念的驱动下提升资源整合能力，建立"1+N"课程资源集群。

一方面整合课程内部资源，共享涉农专业（即"1"）和相关专业（即"N"）培养理念和实践资源。另一方面整合课程外部资源，各层次职业学校（即"1"）积极同乡镇企业、农业基地、普通高校等（即"N"）构建多维合作关系，形成资源要素的全面聚合。

（三）构筑"1+N"协同育人平台

要培养一支着眼于"农民增收、农业发展、农村稳定"的高质量乡村振兴人才队伍，就必须始终以农业为主业，以农村为主体，以农民为主人。职业教育作为兼具教育性与职业性的一种教育类型，急需构筑"1+N"协同育人平台，深化产教融合，加强校企合作，破解乡村振兴中的人才困境。

1. 打造"职业学校+行业企业+乡村农舍"的联动育人主体

三维主体的融通合作是优化农科人才培养质量的先决条件。职业教育要发挥其在技术技能型人才培养方面的优势，主动突破场域边界，建立乡村农商集团、涉农职教联盟等新模式，打造农科人才"1+N"培育联合体。其中，"1"指居于核心地位的职业学校，"N"指相关行业企业与乡村农舍要素。通过"1"和"N"的联动合作，形成校企合作教育人、校乡共建养育人、企乡共生发展人的三维联动人才培育格局。

2. 创设"项目+行动+创造"的联动育人载体

如果缺少适当的育人载体，必然导致三维主体联动育人的浅层化、形式化和碎片化。基于此，需要在打造农科人才"1+N"培育联合体的同时创设可靠的育人载体，而项目、行动、创造都是历经历史与实践检验的最佳载体。职业学校需要通过承接涉农项目，并与行业企业、乡村共同承担农业技术改造工程，指引学生在具体的项目和实践行动过程中实现"做中学""学中做"，从根本上提升学生的农业实践能力和农业创新思维。

3.构建"学校+田野+庭院"的联动育人空间

实践性是农科人才的突出表征，传统"黑板上种地"的割裂式培育已难以适应乡村振兴对人才的理性诉求。职业教育要推动乡村人才振兴必须打破思维禁锢，拓展课堂意蕴，构建"1+N"育人空间。其中，"1"是传统的学校空间，旨在培育学生的农业基础知识与技能，"N"是新兴的"田野空间""庭院空间"等，着重发展学生的农业实践能力。协同育人空间的构建不仅能推动学生知行合一，而且能够促成人才的农学融合，全面助力乡村振兴战略的实现。

二、文化振兴赋能乡村文化振兴新机制

空间是在社会实践中产生的，属于社会关系的衍生物。文化振兴是乡村振兴的精神支撑，职业教育助力乡村文化振兴需依托一定的空间承载，以政治空间为基础，以经济空间为保障，由浅入深牵动文化空间，进而生成职业教育助力乡村文化振兴的空间界域，将乡村内部的各个离散式空间融入助力乡村文化振兴的新兴空间，推动不同空间资源要素之间实现空间耦合与结构重组，由此创生空间交互效应、空间聚合效应与空间弥漫效应，重塑乡村空间样态。

（一）空间交互效应

职业教育助力乡村文化振兴的空间交互效应主要由供给维度的空间交互与需求维度的空间交互共同构成。就供给维度的空间交互而言，职业教育助力乡村文化振兴能够为乡村供给人才支撑与技术保障；就需求维度的空间交互而言，职业教育助力乡村文化振兴不仅能够满足乡村文化活态传承的需求，还能够推动职业教育特色化、高质量发展。基于此，无论是供给维度抑或是需求维度，职业教育助力乡村文化振兴的空间交互本质上是其与地域内部政治、经济、文化空间的交互融合。

1.职业教育助力乡村文化振兴与政治空间的交互融合

职业教育助力乡村文化振兴能够维持社会的和谐与稳定，有效培育文明乡风、良好家风、淳朴民风，既塑形，又铸魂，提升乡民的文化认同感、归属感、幸福感，培育具备新形象、新思维、新本领的现代化新农人。

2.职业教育助力乡村文化振兴与经济空间的交互融合

经济空间是影响职业教育助力乡村文化振兴的关键要素，主要包括经济自然空间和经济社会空间。具体来讲，经济自然空间供给的地形地貌、海拔高度、太阳辐射、风向风力、温度湿度等能够在职业教育助力乡村文化振兴进程中直接作用于文化产业的效用与效益。经济社会空间一方面通过供给特定的价值观念引导乡民的思维方式与行为模式，规范其文化行为；另一方面通过供给市场资源与技术资源持续改革与创新文化产业，不断赋予乡村文化影响力和生命力。

3.职业教育助力乡村文化振兴与文化空间的交互融合

乡村地区的文化情结和文化底蕴共同勾勒出了乡村文化空间，铸就了乡村文化景观。职业教育助力乡村文化振兴需依附乡村文化景观持续革新乡村文化生态，涵养乡村文化主体，挖掘并阐发乡村文化中蕴含当代价值和现实意义的文化要素，融入职业教育课程内容，推动具有特色的乡村职业教育发展。

（二）空间聚合效应

职业教育助力乡村文化振兴的空间聚合效应源自空间资源的聚合与差异，借助政治空间、经济空间和文化空间中政策资源、市场资源和文化资源的优势叠加与形态聚合，表征于资源聚合的联动效应与靶点效应。

1.空间聚合的联动效应

伴随空间资源聚合界域与效益的拓展与延伸，职业教育的技术技能型人才培养质量逐步受到乡村文化产业生产者与经营者的重视，促使政府部门出台各类相关政策推动不同空间资源的自由流动，鼓励各层次的职业学校与有关企业积极参与乡村文化振兴；促使企业依托市场调节和价值规律这只"看不见的手"驱动不同空间资源自由流动，向职业学校供给人才标准和实践场域；促使职业学校及时将政策资源、市场资源和文化资源有效聚合为助力乡村文化振兴的教学资源，并与乡村民众、文化企业及时地沟通交流，共同助力乡村文化振兴。

2.空间聚合的靶点效应

不同空间资源自由流动与有效聚合所引发的联动效应不仅能够使各类重要资源向职业学校倾斜，更能够使职业学校培养的专业化人才在乡村层面聚合，进而推动职业教育助力乡村文化振兴越发精细化，实现靶点式助力。具体而言，职业院校要积极破除校、村两地的空间隔阂，提升村民的文化涵养、技术技能与生活情趣，重视"土"产业，培育"土"专家，塑造田园共同体，从重产品向重体验与重文化方向跃迁，提高乡村文化的感召力与生命力。

（三）空间弥漫效应

就传播学视角来看，空间弥漫是指思想、文化或技术等要素在一定空间内扩散或传播的过程。职业教育助力乡村文化振兴的空间弥漫主要依托信息互通、技术支持、人才供给和乡村旅游等形式，在职业学校内部之间、职业学校与乡村之间发生空间弥漫，由此生成职业教育助力乡村文化振兴的空间弥漫效应。主要包括两个维度：

1.空间弥散的自然—人文景观关联效应

人文景观以自然条件为根本基底，蕴藏着特定的文化底蕴，并凭借一定的自然环境而发挥作用。职业教育通过培养专业化人才在乡村地区实现空间流动，对乡村人文景观进行多层次、全方位、宽领域的深度剖析，阐释人文景观的文化底蕴与文化价值，并通过一定的文化活动对自然景观与人文景观进行优势挖掘与空间重构，勾勒出一卷美丽的乡村空间文化图谱。

2. 空间弥散的乡村文化流转效应

乡村文化的空间流转是传承乡村文化、提升文化认同、助力文化振兴的重要方式，主要表现为迁移流转与等级流转两个方面。迁移流转表征为乡村文化由一地向另一地的空间迁移，是本村文化与外来文化的融合与创新。职业教育通过对乡民进行技术技能培训和乡土文化教育，促使走出去的现代化新农人与其他乡村的乡民实现文化共享，提升本村文化的凝聚力与影响力。等级流转主要指乡村文化价值由乡村至城市的逆向等级流转。底蕴丰厚的乡村文化不应囿于乡村界域内，而应流转到更发达的城市，充分发挥其文化价值。职业教育能够凭借现代信息技术宣扬乡村文化的市场价值和发展前景，吸引城市内文化产业企业进驻乡村，探索乡村文化的附加值，激发乡村经济的活力。

三、以生态振兴推动实现乡村振兴的模式

生态振兴是乡村振兴的关键支点，2020年中央"一号文件"明确提出要优化农村生产生活生态空间布局，为乡村生态振兴指明了方向。职业教育作为推进"三农"现代化进程的动力源，需为乡村生态振兴供给人才支撑和技术支持，主动建立"4G"（"G"指GREEN）和谐发展范式，即绿色教育理念、绿色教育框架、绿色发展模式和绿色技术支持，助力人与自然的和谐共生。

（一）秉持生态和谐的绿色教育理念

乡村生态环境的恶化追本溯源是理念层面出现了问题。乡村生态振兴的实现急需转变以牺牲环境、破坏生态为代价的落后发展理念，取之以"绿水青山就是金山银山"的科学发展理念，借助职业教育服务乡村的应然职能将乡村生态振兴有机嵌入政治、经济、文化和社会发展的全过程，打造美丽乡村。

1. 确立绿色发展的办学追求

绿色发展作为我国经济社会发展的一个基本理念，为平衡经济建设与生态保护的双重逻辑奠定了思想基础。职业教育应贯彻绿色发展的办学追求，将推进农业农村的优先发展置于突出战略位置，提升农民综合素养，培育乡村特色产业，发展乡村特色经济，延长乡村产业链，拓展乡村价值链，为乡村振兴赋能。

2. 贯彻以农为本的价值理念

乡村振兴需依靠良好生态供给绿色、安全的公共物品，"三农"既是其逻辑起点，也是其价值旨归，背离其中任意一个元素乡村振兴都无法实现。职业教育在农科人才的培育中应贯彻以农为本的价值观念，既满足人才的发展诉求，又推动人才与乡村的适配与和谐。

（二）构建终身学习的绿色教育框架

职业教育作为贯穿"教育域"与"培训域"的复杂教育类型，构建终身学习的绿色教育框架是实现与乡村生态共生发展的基础。

1. 构建绿色教育结构框架

构建"学校+基地+产业+农民"为一体的四联动培训模式，以"三农"的现实需求而非职业教育的既定模式为核心开展技能培训，并依据不同乡村的地方产业特色和市场需求现状为农民打造针对性的培训方案。

2. 构建绿色教育内容框架

在技术发展日新月异的时代，只有以终身学习为核心的职业教育体系才能够适应工作更迭触发的挑战。职业教育要以农业现代化发展趋势为契机，探究现代农民所需具备的核心技能，据此动态选择课程内容，更好地发挥职业教育的引领功能。

3. 构建绿色教育服务框架

要牢牢把握乡村生态振兴的人才需求方向，构建全周期、全方位的绿色教育服务框架。一方面，深化产教融合人才培养模式，创新学校、农村双导师制人才培养体系；另一方面，构建乡村大数据服务平台，对乡村生态状况、治理需求、治理效果等数据进行无损采集，合理调整职业教育人才培养方案。

（三）培育和谐共生的绿色发展模式

乡村生态振兴的实现需要厘清人与自然的对立统一关系，既反对一味地以自然为轴心，否定一切现代化建设成果，倒退回单纯的乡村式生活，也反对一味地以人类为轴心，将人类自身发展诉求凌驾于自然界之上，走先污染后治理的错误道路。职业教育应以环境友好与资源永续为旨趣，助力乡村增强绿色意识，建设绿色生产模式，培育绿色生活方式。

1. 贯彻"绿水青山就是金山银山"的发展理念

在经济建设与生态振兴的双重压力下，乡村生态振兴处于转型升级的攻坚期，急需以绿色发展为理性内核，以生态先行为根本遵循，更迭经济发展模式，将"绿水青山就是金山银山"的发展理念落到实处。

2. 促进建设绿色生产模式

职业教育要主动为乡村生态振兴供给智力支持与技术服务，提升生产效能，降低生产污染，帮助其走上能源清洁型、环境友好型的发展道路。同时，职业教育要助力乡村大力发展特色产业，打造特色农业品牌，探索"农旅一体"的融合发展模式，以农促旅、以旅强农，促进农业与第三产业的交互耦合，打造生态农业。

3. 积极培养绿色生活方式

人们生活方式的变更是一场影响深远的历史性变革。职业教育需对传统乡土文化进行传承与超越，培养乡村可持续发展意识，将节能降耗、清洁取暖、垃圾分类等外在要求升华为美丽乡村建设的内在自觉，培养人们的绿色生活方式。

（四）发展以数据治理为核心的绿色技术

支持乡村生态振兴的实现亟待以数据治理为核心的绿色技术协同支持，促进"三农"的现代化进程。职业教育可通过确立绿色技术标准体系和生产生活服务体系，突破乡村生态数据治理浅层化困境，实现乡村生态振兴。

1. 推进乡村数据治理进程

信息化时代，大数据、智能计算、人机交互等技术使得乡村生态振兴可能、可行、可期。但由于缺少相应的推行主体，乡村生态振兴中数据形式大于数据内容，造成了"数据悬浮"的治理现状。职业教育能够依托信息技术对过程化、结构化、伴随式的乡村生态数据进行无损采集，形成全方位的数据捕捉环境，进而推进乡村大数据治理进程，形成数据的价值增值与融合创新。

2. 提供乡村数据治理技术支持

乡村生态振兴是数据生产、处置和运用过程的有机统一。针对当前乡村生态脆弱性与敏感性共存的实然窘态，职业教育应主动供给核心技术、提供技术示范，如普及废水处理技术、垃圾分类技术、生态农业建设技术等，帮助人们树立可持续发展理念，做足生态文章，助推乡村振兴。

四、"三维"聚合保障机制

组织振兴是乡村振兴战略的逻辑起点，也是乡村振兴战略的逻辑归宿。通过构建现实行动框架、打造社会支持系统、深化职教体制改革，搭建"三维"聚合保障机制，实现组织振兴。

（一）构建现实行动框架

职业教育助力乡村组织振兴扎根于我国当下乡村组织的应然愿景和实然困顿，借助教育推动乡村振兴的必然路径，构建"扶智""扶志""扶心"的现实行动框架，完善职教系统内在功能，激发职业教育助力乡村组织振兴的内驱动力。

1. "扶智"

以社会主义新农村建设为美好愿景，就地培养爱农业、懂技术、善经营的新型农民。职业教育助力乡村组织振兴的价值在于"扶智"，需依托职业教育的教育与培训功能，从人力资本增值与乡村组织文化培育两个维度为乡村组织提供智力支持。在人力资本增值维度，要以社会主义新农村建设需要为导向加强人力资本投资，提升人力资本质量；在乡村组织文化培育维度，要突破乡村主客观条件局限培育具备乡村特色的精神文化、乡土文化和制度文化，打造乡村文化场域，让传统农民跃迁为新时代的新型农民。

2. "扶志"

以学习型乡村组织建设唤醒美丽乡村建设的志愿与志气。职业教育助力乡村组织振兴的关键一步是"扶志"，旨在通过职业教育将乡村组织建设为极富创造力和竞争力的学习型社会组织，培育普通农民和农村学生"活到老学到老"的学习追求，深化"扎根农村""就在农村"的理想信念，唤醒其建设美丽乡村的志愿与志气。

3."扶心"

以真心和诚心浸润懒散和懈怠之心。职业教育助力乡村组织振兴的核心表征是"扶心"，职业教育需要在内容与形式上注入工匠精神，炼匠艺、铸匠心、筑匠魂、塑匠人，在情感上以真心和诚心浸润部分农民和农村学生的懒散和懈怠之心，激发其奋斗之心，全心全意投身乡村组织振兴建设。

（二）打造社会支持系统

职业教育助力乡村组织振兴既需要依靠职教系统的内在功能完善，也需要依托社会支持系统的外在力量保障。打造社会支持系统涵盖以下四个层次。

1. 国家层次的制度支撑

职业教育助力乡村组织振兴不仅需要以健全的法律法规为基础，更需要以顶层的制度设计为支撑，纠正职业教育办学"先城后乡"的理念偏差，为乡村组织振兴提供不竭的人才资源。

2. 乡村层次的投入机制

乡村政府需明确自身支持和发展乡村组织的主体职责，建立健全乡村职业教育多元经费投入机制，增加职业教育的经费投入，延展职业教育发展空间，创办乡村职业院校，鼓励涉农专业群建设，推进涉农项目研究。

3. 学校层次的合作模式

改革传统的职业教育单边办学模式，探索乡村组织与职业院校联合办学样态，推动职业学校和乡村组织在信息、技术、理念、资金等方面进行资源共享，让乡村组织真正融入职业教育，赋予乡村组织崭新的生命力。

4. 农户层次的基地建设

农户是乡村组织的基础和细胞，也是乡村组织振兴的实践者和探索者。职业教育助力乡村组织振兴需依赖田野基地、庭院基地、农家基地的联动助推，而三个基地的发展建设均离不开农户的支持与融入。

（三）深化职教体制改革

职业教育助力乡村组织振兴需要深化职教体制改革，构建更具针对性和适应性的现代职业教育体系，充分发挥其"助推器"和"能量场"的特色优势，为其助力乡村组织振兴创设必要条件。

1. 在办学定位层面

在乡村组织振兴中，要提升职业教育服务的科学性与精确性，就需厘清并转变其办学定位。这种厘清和转变，应从传统的面向社会经济发展转变为契合社会经济发展。这不单单是字面上的微调，更折射出职业教育发展路向的精细化与规范化，只有这样才能使得职业教育在助力乡村组织振兴中更好地发挥其功能。

2. 在培养模式层面

以服务发展为宗旨，以促进就业为导向，坚持校企合作、工学结合，是职业教育的基本发展模式。但目前产教融合浅层化、简单化，校企合作表面化、形式化等现实困厄阻滞了职业教育的内涵式发展。在乡村组织振兴中，职业教育要在培养模式上从过去的合作式发展向新兴的交融式发展跃迁，这不仅要彰显于产教融合、校企合作上，更要彰显于专业建设、课程改革和教学教法上。

3. 在组织形态层面

一方面，职业教育要跃迁为产教融合、校企合作的平台，积极探索"一校一企""一校多企"等合作模式，凸显职业学校在促进乡村产教融合上的平台价值，同时依托协同育人、集团化办学等形式助推乡村企业与职业学校合作的组织创新与平台建设。

另一方面，职业教育要跃迁为资源聚合的平台，高效聚合政府财政资金、行业技术支持、社会资源投入等资源要素，提升其助力乡村组织振兴的实际效能。

五、协同育人的耦合机制

产业兴则乡村兴，产业强则乡村强，产业振兴不但是乡村振兴战略的底层逻辑，更是乡村振兴战略的物质保障。乡村产业振兴的核心要义是通过各层次、各类型生产要素和技术要素在乡村产业系统内的交互耦合，从而推动产业实现高质量发展。而产业的高质量发展又依赖于人才结构的转型升级，这个重担便落在了以技术技能型人才培养为旨归的职业教育肩上。职业教育助力乡村产业振兴实质上也是职业教育和乡村产业两者之间实现产教交互耦合的现实需求。然而，由于经济发展水平、政策导向和乡村自身条件等原因，职业教育和乡村产业两者之间的耦合经历了"产—教"双元割裂、"产—教"浅层融合、"产—教—产"交互耦合三个阶段。职业教育作为推进"产—教—产"交互耦合的"发动机"，需主动建立和乡村产业振兴相协同的空间耦合、结构耦合、要素耦合和功能耦合关系，由此构建产业振兴耦合式生态圈。

（一）空间耦合

城乡之间的空间耦合是职业教育助力乡村产业振兴的必由之路。传统的城乡二元经济结构使得乡村在地理结构上常分布于城市边沿，交通闭塞，信息沟通效率较低，且条件较好的职业学校也多位于城市，这在一定程度上造成城乡之间长期处于一种隔离状态。为冲破目前乡村面临的二元空间困顿，职业教育需创设一种线上线下联动的"第三空间"，促使城乡实现空间耦合。

一方面，职业教育要积极利用大数据、云计算等技术搭建乡村智慧产业系统，畅通农产品市场信息传递渠道，支持农民精准把握市场消费趋向；同时，通过产业信息化拓展产品销售渠道，帮助消费者获得特色农产品。

另一方面，职业教育要基于自身优势拓展职业培训空间，构建省、市、县、乡、村五级联动培训系统，全面铺开农民培训项目；促进城乡各层次职业院校结成战略合作伙伴关系，建设城乡一体化职教服务机制，为乡村产业升级提供技术支持、智力支持和信息支持，降低乡村农民盲目生产造成的资源浪费和经济损失。

（二）结构耦合

推进职业教育与乡村产业的结构耦合，就微观层面而言，要提升职教专业结构与乡村产业结构的耦合度，适应乡村产业升级需求。职业教育要以乡村产业优化升级为旨趣，及时调整专业设置和课程，职业院校的专业结构要遵循市场发展规律并依据乡村产业升级需求及时进行针对性的调整，构建涉农专业群，推进乡村产业转型。就宏观层面而言，要以职业教育为基本依托，将其管理结构、组织结构、运行结构等引进农业生产过程，并运用可持续发展的理念指引农业升级路向，走低碳、环保、节约的现代农业发展道路，集中力量发展绿色农业与有机农业。同时，职业教育还要助力乡村打破传统第一、二、三产业的边界，通过结构、交叉、重塑等方式促进三产有机融合，增强农业竞争力，助力乡村产业升级。

（三）要素耦合

实现职业教育和乡村产业的要素耦合，需通过职教、乡村和产业的跨界协作，依托各自内部要素之间的互联共生打造乡村新业态。

一方面，职业教育能够通过确立适配的协作规范与乡村、产业实现要素耦合，如创新"农业科技园区""农村养老园区""农业观光园区"和"农业产业园区"等，并基于农业结构的发展完善发挥各个园区的示范效用和组合效益，丰富乡村产业振兴的业态模式，助力乡村新业态的产生。

另一方面，职业教育能够通过实现生产、销售、流通、技术、服务集成化，加速普及农村电子商务，建立农产品价值标准体系，完善电子商务发展基础设施建设，健全农产品供应网络，联通农业与企业、农业与社会、农业与学校等产销相连的农产品流通渠道，构建产业新形态，打造乡村新业态。

（四）功能耦合

乡村产业振兴是一项融合性、全息性与复杂性鲜明的系统工程。职业教育必须以"建设新农村、培训新农民"为前进新路向，与农村经济、政治、文化交互融通，与政府、企业、村社、农民共创共享，实现职业教育技能培训与乡村产业经济增值的功能耦合。

一方面，职业教育要积极嵌入农村产业链，厘清乡村产业发展与经济结构、管理模式、文化底蕴等方面的内在联系，并依据乡村产业发展的现实需求在上游供给链和下游需求链中产生积极效用，实现劳动力适配就业与产业经济联动增值。

另一方面，政府要在宏观层面把握职业教育与乡村产业功能耦合的发展方向，并营造宽松的政策环境、制定相应的体制规范，为二者功能耦合创造有利条件；企业、村社和农民可以主动参与职业教育，发挥各自独有优势，实现产业圈、价值圈和主体圈的三圈共建，促进现代农民培训、生态农业推展和剩余劳动力转移的三项合一，统筹推动新型城市化与农业现代化，最终促成职业教育与乡村产业振兴的功能耦合与协同发展。

第三节　深化培养模式改革

一、就业导向模式

就业导向人才培养模式是以就业为目的，在预测产业发展前景、分析岗位职业能力需求的基础上，开设相应的专业，设置对应职业能力需求的专业平台基础课、专业核心课程，并对学生进行理论和实践教育，使之达到相应职业技能水平，甚至可以通过技能考核和技能鉴定方式获得职业资格证书，学生毕业后到岗可用。就业导向模式主要有"双证制"和"订单式"两种表现形式。目前，这两种形式被大多数农业高职院校广泛采用。

（一）"双证制"

"双证制"，即把学历教育和职业技能教育结合起来，采用专业知识和职业技能相融合的教学模式，使学生毕业时既可获得学校的毕业证书，又能考取国家职业技能鉴定中心颁发的职业资格证书，其核心是开设的课程和教学内容与国家职业技能鉴定中心颁布的职业资格标准相对接、教学过程与职业技能训练过程相融合，要求学生持"双证"毕业，以此提高毕业生就业率。

"双证制"培养形式：

1.制订专业与岗位对接的专业人才培养方案

分析职业岗位（群）及职业能力要求，形成能力模块，明确各能力模块对应的农业人才的专业知识和职业技能的领域；课程体系构建、教学标准制定、教学计划编制、教学内容设计等围绕职业技能培养来开展，专业教学大纲要与职业资格证书课程大纲相衔接，根据职业资格能力要求构建专业基础课程和专业核心课程，组建课程体系，重点突出实践教学；专业教学内容突出职业性、技能性、实践性，实践教学课时与理论教学课时之比不少于1：1；"素能并重"，加强职业素质和职业能力培养，既要提高学生思想政治、职业道德、创新意识、自学能力等职业素养，又要将专业知识和职业技能结合起来，通过强化职业技能训练来提高学生职业能力；专业教学标准要根据现代农业产业现实需求与发展趋势，将专业设置与农业产业布局、教学内容与农企岗位职业资格标准、实践教学与农业生产过程对接。

2. 构建"教、学、做一体"的教学模式

根据职业岗位、专业自身特点和认知规律,构建"教、学、做一体"的教学模式,并予以实施,促进专业知识与职业技能相结合、理论与实践相统一。

3. 加强校内、外实训基地建设

通过校内实训深化课堂理论知识,通过校外实训引入真实工作场景,在实践中强化职业技能训练。

4. 培养"双师型"教师

选派专业教师参加农业部、省农业厅举办的各类农业技能培训,参加职业技能鉴定中心举办的农业技能培训、考评,取得农业技能资格证书,提高教师对学生进行职业资格技能训练的能力。"双证制"的培养形式提高了学生的职业岗位能力,凸显了人才培养的职业性,实现了高职教育人才培养模式与现代农业企业的职业岗位接轨。

(二)"订单式"

培养符合新时代乡村特色文化品牌建设所需要的专项人才,是推动乡村文化产业发展和带动现代乡村振兴的关键。

1. "订单式"人才培养模式的内涵

"订单式"人才培养模式指的是用人单位与培养单位共同合作完成的一种人才培养形式。其特殊之处在于,完成人才培育计划后,用人单位需根据双方协议安排学生就业。此培养模式能有效融合用人单位与培养单位双方之间的育人优势,充分利用多方资源,通过共同培养,实现更加精准的高职人才培养。在当前经济形势下,"订单式"人才培养模式代表了校企间深度融合的发展方向,能大大降低企业员工培养成本,实现"学生""员工"两种身份之间的无缝对接,极大避免了对教育资源的浪费。因此,对我国高职院校而言,"订单式"人才培养模式具有十分重要的意义。然而,"订单式"人才培养模式发展至今,仍然只被广泛应用于校企合作之间,较少出现新的合作育人形式。单一的校企合作育人是具有局限性的。例如,设计类行业属于服务业,企业就仿佛是设计需求方与学校之间的联结平台,当企业不具备相应服务能力时,便难以实现符合市场需求的人才培养。对此,在"订单式"人才培养模式原有基础上,提出校地间"订单式"人才培养策略,以进一步丰富其内涵,为高职院校人才培养模式探索提供理论依据。

2. 校地合作"订单式"育人的可行性分析

(1)切合乡村的实际需求

乡村特色文化品牌的开发与维护不在一朝一夕,无论是地方还是企业,都需要大量的专业人才。当下,乡村专业人才匮乏的重要原因,除了专业培养方案不合理以外,还包括毕业生对乡村环境与工作要求认知缺失导致学生所学技能难以施展。建立校地间的"订单式"育人关系,能有效突破现阶段乡村发展掣肘,培育了解乡村、热爱乡村且具有工作能力的年轻一代，是切合乡村真实需求的有效途径。

此外，校地间合作关系能拓展在校教师的个人专业领域，强化高职院校的专业化育人能力。

（2）提升学生的综合能力

一般而言，学校的人才培养方案较市场具有滞后性，若根据市场变化盲目调整课程内容，会增加课程的实验性，徒增教学风险。订单式人才培养模式是以实践为主导的，不论是理论课程，还是专业技能的培养，都将根据地方要求进行设计，因此可在一定程度上降低此类风险，加强学生在校学习与市场需求之间的联系紧密性，提升专业素养。

此外，通过校地间的亲密合作，使学生有机会接触到真实的地方现状，通过实践过程有效提高学生的工作水平和综合能力。

（3）提高人才的竞争实力

传统的高职人才培养模式逐渐出现人才能力重合的弊端，不利于高职院校提升自身的社会认同度并突破办学困境。"订单式"人才培养模式具有更强的培养针对性，是突破现阶段人才雷同、竞争性弱的有效方式。校地合作育人，能加强专业人才的本土化培养倾向，提高专业人才的竞争力，提高区域人才涵养能力。此外，"订单式"人才培养，重视对学生技能的养成。经过地方实践后，毕业生在未来工作环境中具有更强的实力。

3.YW工商职业技术学院校地合作"订单式"育人案例

探索校地合作"订单式"育人应立足于本土特色乡村文化建设需要，从院校的优势和特色入手，开启具有可持续发展潜力的合作项目。在此基础上，积极进行人才资源整合和教学流程优化设计，深化高职院校人才培养改革。党的十八大以后，YW市政府快速颁布了《YW市加快美丽乡村建设·打造中国众创乡村行动计划（2016—2020年）》等文件，提出了"中国众创乡村"的建设主题，意在打造具有YW特色的农业村、旅游村和电子商务村，以推动美丽乡村建设与全域旅游深度融合。YW工商职业技术学院校地合作"订单式"育人模式探索，以YW强烈的市场需求为基础，以创意设计与创业设计两大优势专业为依托，具有极强的实践探索意义。接下来介绍YW工商职业技术学院"订单式"人才培养模式创新策略。

（1）人才资源有机整合

乡村特色文化品牌建设是系统性的，涉及多项工作和多个专业。为了实现地域性专业人才培养目标充分发挥团队优势，校地之间合作应以地方文化建设项目为载体，在项目实践过程中整合多专业的教师与学生等人才资源。例如，YW特色的"一村一品""一村一景""一村一韵"、乡村文化礼堂建设等项目，皆可成为实践教学项目的有机组成部分。

指导教师团队成员多样化组合。YW工商职业技术学院指导教师团队主要由创意设计、建筑工程、人文旅游、创业设计、市场营销等多个专业方向的教师和企业专家组成，具有较高的科研理论水平和较丰富的项目实践经验。实践项目可按需划分为若干子项目和合作项目。教师和企业专家共同制定各阶段的项目要求，以及相应的教学要求、时间计划表、评审流程等，保证团队的专业性、协作性。

（2）学生团队成员交叉梯队式建设

根据子项目的层次和完成度，结合学生的特长和兴趣，采用报名制和教师双选制。YW工商职业技术学院学制为3年。为拉长实践周期，学生团队成员不限于某一年级，而是从低年级到高年级学生均可参与。为了照顾各年级学生的专业基础和设计能力，在每个工作小组中选拔出团队负责人，制定各团队管理流程和规则，高年级学生带领低年级学生，组员间定期进行专业汇报和交流，专业教师集中辅导和点评。此方式可在一定程度上促进学生主动参与的积极性和梯队建设的稳定性，有效培养团队协作精神。实践证明，学生团队的梯队建设能减少学生流通造成的培训压力，加强学生团队的发展效力。

（3）人才培养的方法和手段

以YW"乡村品牌振兴"等实践实训项目为教学资源，建立校地合作机制，培育发展师生同创工作室、大学生创新创业工作室等，彻底改变传统的教育教学模式，为学生参与乡村文化品牌建设提供良好的平台和机遇。在新的教学方法和手段下，学生不仅能学会本专业的知识和技能，还能广泛涉猎相关专业知识，获得更具竞争力的职业素养。

YW工商职业技术学院师生同创工作室教学模式以YW地方特色文化建设为核心。学生成员不但要在规定时间内完成项目分工，还需在实践过程中进行文化调研，收集、编辑、整理YW乡村特色产业创新发展情况，以及特色产品设计、品牌建设、乡村产业、"互联网+"创业模式探索等方面的相关成果，将平时所学的知识转化为契合乡村需求的成果。

因此，师生同创工作室教学模式在专业基础理论和实践技能方面对学生提出了更高要求。此外，工作室定期聘请专家组织学生进行田野调查，对美化乡村的文化传承和项目完成效果进行交流，开阔了学生的"眼界"，强化了学生的项目实践能力，也使学生更加了解乡村。创意设计专业或具有相关学科竞赛的专业可围绕乡村振兴，将比赛和教学相结合，作为人才培养改革实践的抓手。

（4）人才培养实施流程

以地方建设要求为基础，挖掘YW文化底蕴，例如商贸、孝义、丹溪、红色、万国风情、禅宗等文化资源，以及蚕桑、红糖、白糖、百子画、木雕、剪纸等非物质文化遗产，建立校地合作育人关系。按要求招募各专业的指导教师和学生，组织团队工作室，设总负责人，协调组建各专业小组，在每个专业组设一个专业带头人，并配备一定数量的教师和学生。项目总负责人按照各个研究项目的特点和基础，统筹安排项目计划。各组分头研究，互通信息，组成互有交叉的项目课堂。各组互促互进，按各自方向、角度逐步接近共同的整体研究目标。教师可引导学生建设合作团队，定期以小组形式交流汇报，提高学生积极性和主动意识。合理安排各阶段审核流程，组织各团队定期进行项目交流和汇报工作。处理好项目执行方向、执行方法和保障约束之间的关系，明确任务流程和审核规则，增强学生大局意识和责任感。按照时间进度表严格控制过程，建立双重团队制度。将每两组指定为互助团队，互相监督和管理。对于未能按时完成任务的团队，及时追溯问题产生的原因，并由互助团队及时补漏更正。结合目标用户反馈信息和各阶段审核结果，师生共同制定课程考核标准与评分方法。实际应用对象参加考核过程，客观评价实践价值。实践成果可参与校园和社会上组织的竞赛，以便学生对实践项目进行优化和深入研究，并不断提高自身的专业应用能力。

YW工商职业技术学院"订单式"人才培养模式经历了近3年的项目准备与具体实施，目前已取得了一定的区域性高职人才培养成效，培养出了一定数量具有创造能力、实践能力和相关项目管理能力的应用型人才。这些人才在其专业领域中发挥了积极作用。实践证明，面向乡村特色文化品牌建设的人才培养模式是行之有效的，但仍需进一步深入研究，以形成更为完善的"订单式"人才培养模式。

二、工学结合模式

工学结合人才培养模式是在校企合作的基础上，从专业设置、课程设置、实习实训、教学质量评价方面双向交流，协同育人。工学结合模式侧重于人才培养过程，强调将高职院校优质的教育教学资源与企业真实的生产运营实境结合起来，在教学过程中将理论教学和实践教学相融合，在工作实践中深化并检验学生的专业知识和职业技能，在理论学习中提升学生实践工作能力，使之不仅获得职业知识和技能，还积累了职场工作的生产和管理方面的实践经验。在农业高职院校涉农专业工学结合人才培养模式实践中，主要有"3+3""双主体""二定制、三段式"三种表现形式。

（一）"3+3"

"3+3"形式，即根据人才成长规律和专业能力递进规律，将3学年6个学期分为3轮周期，学生3个学期在校内学习，3个学期在企业学习、工作。黑龙江农业职业技术学院就采用了这种人才培养形式，其作物生产专业将"3+3"展开为"一个岗位、双序相融、三轮周期、四项任务、五层螺旋"。

一个岗位：为作物生产这一岗位的工作过程系统化地构建课程体系，将岗位能力与课程内容实质性对接，将工作过程与学习过程有机结合。

双序相融："学习与工作相融、课堂与岗位合一——双序列教学模式"。作为学生，在校有学习任务；作为员工，在岗有工作任务。教学标准和生产标准相对接，学校教师和企业师傅共同指导，校内学习、实训与校外工作实践相融合，素质培养与技能培养相结合，学生在获得技能提升的同时获得经济报酬。

三轮周期："岗位与课堂轮换、企业与学校交替——三循环教学周期"。第1轮：1、2

学期，学校—企业；第 2 轮：3、4 学期，学校—企业；第 3 轮：5、6 学期，学校—企业。每经 1 轮，学生的知识、能力、素质都有较大的提高。

四项任务：根据作物生产这一岗位的核心技能分为四项典型工作任务，即播种前的准备、播种育苗技术、田间管理技术、收获及贮藏技术。

五层螺旋：在"双序相融""三轮周期"的教学模式基础上，结合生产过程的"四项任务"，经过参与任务、实验探求、构建交流、提炼拓展、评价反思 5 个层次递进，使学生的综合能力在交替、重建、螺旋上升的教学模式中得到提升，最终使学生实现深化专业知识、重构知识体系、强化职业技能、提升创新能力的目标。

（二）"双主体"

"双主体"形式强调学校和企业共同参与到人才培养的全过程中来，具体体现在共同制订人才培养方案，共同教授学生知识和技能，共同管理学生实习实训，共同对学生的各方面表现作出评价。

"双主体"形式是以需求为导向，通过正式协议确立校企双方在人才培养中的主体地位，企业参与学校的招生录取工作，参与人才培养方案制订、修改工作，参与开发教材，参与实施教学、实训，参与人才培养质量监控评价。学生既是在校生，又是企业准员工。"双主体"培养形式可以使毕业生的职业技能更贴近农业企业岗位需求，利于对口就业。

（三）"二定制、三段式"

"二定制、三段式"形式是指在"校企合作""工学结合"的基础上，对学生进行先定向后定位的培养，以高职教育内涵建设为核心，以"工学结合"模式为实现载体，实施包括目标体系、内容体系、条件体系、管理体系等内容的实践教学体系。

"二定制"是指在一年级对学生进行定向培养，完成专业基础课程教育，在二年级对学生进行定位培养，完成专业课程教育和专业技能训练，此时，学生可以根据自己的情况选定一个岗位。"三段式"是在第 3、4 学期校企双方对二年级的学生进行理论与实践结合的循环递进的专业技能训练，在第 5 学期校企双方对三年级的学生进行定岗实境的职业能力实训，在第 6 学期三年级的学生到企业以实习员工的身份进行顶岗职业综合能力训练，为顺利就业做准备。

工学结合的人才培养模式将人才培养方案中专业知识和职业技能的教学内容，根据教学规律、生产实际、学校与企业现场教学的特点进行分类，由学校教师和企业师傅分阶段对学生实施理论教学和实践教学，使学生所学专业知识与企业的实际工作需求"零距离"接轨，便于学生毕业后快速适应工作岗位。

三、产学研结合模式

产学研结合人才培养模式是教师、学生、企业共同参与教学、生产、科研环节，产学一体、学研对接、产教融合、产研发展。产学研结合模式侧重于以科研项目为动力构建一个育人平台,将高职院校科研能力和企业创新需求结合起来,组建包含高校教师和企业技术人员在内的项目团队,以科研项目来驱动教师知识体系的优化、教学内容的更新,同时为学生提供了创新性生产实训平台。学生通过参与产学研项目的实施,了解专业与行业动态,深化了专业知识和技能,提高了创新能力。农业高职院校涉农专业的产学研结合人才培养模式有以下表现形式:

(一)"知识、能力、素质"三位一体的形式

该形式以校企合作来推动产学研合作项目,以工学结合为育人途径,以工作过程导向为切入点,根据生产运作过程构建课程体系,在6个学期中,安排2个学期到企业全程顶岗实习,通过学生尽早体验职场工作环境的方式,培养学生职业意识和创新创业能力。

(二)"1+1+1"形式

温州科技职业学院采用"农业科研"+"技能培养"+"创业孵化"的人才培养形式,将农业科研项目融入高职教学实践中,使学生不仅获得专业理论知识和职业技能,还参与到创新创业活动中。产学研结合人才培养模式可以优化教师队伍知识体系,丰富理论教学、实验实训教学内容,利于营造理论联系实际的创新教育实境,为培养学生创新创业能力提供生产性实训平台。

(三)"产赛教三融合"形式

"产赛教三融合"是实现培养过程与生产过程对接的核心。"产"是指农业产业及服务于农业的一、二、三产业;"赛"是指校级、省部级、行业类、国家级和世界级等五级技能大赛;"教"是指学校教学。

"产赛教三融合"能够实现由教学空间向竞赛空间和生产空间的拓展,为乡村振兴人才培养模式改革提供实践平台。"产赛教三融合"的本质是深度对接与资源的拓展、优化与培育以及理论、竞赛、实践相统一。"产"是以企业效益为先,"赛"是以竞技精神为主,"教"以培养符合乡村振兴需要的人才为纲。"产赛教三融合"就是寻找三者的结合点,开发竞技式的生产性教学模块,打破传统"产教"融合不深入所带来的问题,让学生在竞技中体验产教的有机融合。与此同时,通过行业、竞赛和教学标准的有机整合,形成新的人才培养模式,将竞技精神输送给企业,将前沿技术和技能需求反馈给竞赛,将企业与竞赛标准融合传递给学校,实现资源整合与共同发展。

1. 多元联动是逻辑起点

多元联动是指服务新农村建设的多元主体协调整合各种资源,齐心协力完成新农村相关项目的建设,从而实现农村社会全面发展的共同目标。多元联动包括两层含义,一是服务新农村建设的主体非单一化,而是呈多元化;二是多元主体非单兵作战,独立行事,而是联动参与新农村建设。服务主体的多元化表现为新农村建设的主体不仅包括村庄,还包括政府、高校、科研机构、企业等各种力量,既有直接利益相关者,也有间接利益相关

者，甚至还有社会帮扶力量等。相对来说，村庄、政府、高校特别是以服务地方经济为宗旨的高职院校应是重要的参与主体，其服务行为对新农村建设的成效有较大的影响。多元主体的联动是指新农村建多元联动，校村对接设的多方参与主体冲破思想观念障碍，突破利益固化的藩篱，整合权力、政策、资金、技术、信息等各种资源，协同合作，目标一致，步调一致，共同服务新农村建设。

新农村建设以生产发展、生活宽裕、乡风文明、村容整洁、管理民主为基本方针，内容涵盖了农村的政治、经济、文化等各领域，是一项系统复杂的工程。尽管多元主体都拥有一定的特长和优势，能够很好地解决某些问题或完成某些项目，但是单靠任何一方主体都很难实现新农村建设的全部目标，即使能够实现，付出的代价也会非常大。多元联动举全社会之力建设新农村，能够有效利用各种资源，实现经费共筹、人才共用、设施共建、培养共管、技术共研。多元联动整合了各主体的所有资源，统一了目标和行为，多元主体相互配合、分工合作不仅有利于新农村建设的推进，而且有利于我国农村网格化社会管理模式的形成和构建，从整体上推动社会的进步。

从全国各地的情况来看，大部分高职院校服务新农村建设中未能有效与其他主体联动，致使相关项目建设效益低下。部分院校主动协同村庄、政府等主体积极参与新农村建设，取得了意想不到的理想效果。罗定职院在服务新农村建设的过程中经历了从单一参与到多元联动的过程。最初罗定职院打算凭借教学和科研方面的优势在新农村建设中有作为，与农村深入接触后发现很多事情办不成功，相关活动开展不了，空有一腔热情。随着农村改革进一步深化，包括企业、外出乡贤等更多的主体参与到云浮市新农村建设中，罗定职院整合了相关主体的各项资源，在新农村建设中发挥着重要作用。

综上所述，多元联动是各主体参与新农村建设的逻辑起点，高职院校服务新农村建设中应采取有效措施协调整合相关参与主体的资源，实现有限资源的效益最大化。

2. 校村互动是前提和基础

校村互动是指服务新农村建设中高职院校与村级组织就新农村建设相关信息如经济基础、项目规划与管理、资金、技术、人才等进行全方位的沟通，达到相互充分了解的目的，为进一步开展合作奠定基础。互动是双向的，高职院校服务新农村建设需要全面了解村庄的实际情况，村庄与高职院校开展合作也需知悉其拥有的资源和条件，这就需要二者进行充分交流互动。校村交流互动的实质是对新农村建设进行摸底，主要任务是收集新农村建设所需信息，对新农村建设的基础进行全方位的评估，初步了解日后开展工作可以利用的资源和可能面临的困难。

服务新农村建设惠及农村、农民的同时也有助于高职院校教师和学生的成长，对高职院校和村庄都有利，双方应高度重视摸底工作。遗憾的是交流互动这一基础性工作往往容易被忽略，很多高职院校与村庄缺乏足够的交流。一般的做法是校村召开一次会议，简单接触一下，签订合作协议后高职院校便直接参与到新农村的具体项目建设中。也有部分学校在村庄进行了一定的调查，不过收集的信息不全面，甚至收集的信息有误，如此高职院校服务新农村建设的效果肯定不会很理想，对学校和村庄都不可避免带来负面影响。

信息的准确和全面是新农村建设各项工作开展的重要依据，校村交流互动是收集信息最有效的方式。为了更好地服务新农村建设，校村应该坦诚相待，采取多样化的方式进行互动，具体可以采取会议的方式交流信息，也可以让高职院校的师生深入农村做调查研究，全面收集新农村建设的信息，形成校村良性的交流互动机制。罗定职院与平西村在交流互动中形成了两项机制，一项是校村定期交流机制，另一项是随时进村入户调查机制。校村定期交流机制主要表现为双方每月召开一次互动会议，交流新农村建设所需的基础信息、进展情况、存在的问题等。随时进村入户调查机制主要表现为学院师生根据校村的计划或针对发现的问题随时进入村庄和家庭就新农村建设相关事项进行调查，既有较大规模的问卷调查，也有对个别家庭的访谈调查，通过调查收集的信息，及时解决问题，进一步推动双方的交流互动。

校村交流互动是高职院校服务新农村建设的前提和基础，高职院校应结合实际建立多元化的沟通平台和机制，提高与村庄交流互动的有效性，全面了解和掌握新农村建设信息。

3.项目对接是核心

和关键项目对接是校村在交流互动的基础上结合双方已有条件及可能创造的条件对新农村建设的具体项目进行合作。项目对接在高职院校服务新农村建设中的地位非常重要，应从四个方面来理解：

其一，项目对接以校村的交流互动为基础，前期交流互动提供的信息让双方对可能开展的项目合作有了一个初步的认识。项目对接中校村对各自的条件进行了全面的衡量，如自身优势劣势分别是什么，合作中能够提供什么样的服务等。衡量对象包括已经具备的条件和当前尚未具备但通过努力能够实现的条件，也包括校村合作中的受益条件。一般认为高职院校服务新农村建设村庄是最大的受益者，其实高职院校也是重要的受益者，服务新农村建设对高职院校转变办学理念、提升资源运作能力、促进教师和学生的成长、优化专业建设和课程设置、建设实习实训基地、提高就业质量、扩大社会影响力等方面都会产生重要作用，衡量条件时双方可以对这些给予充分的考量。

其二，校村对接的项目范围非常广，可以是硬件设施建设项目，如农村道路建设、农田水利建设等；也可以是软件建设项目，如农村管理、人才培训、农村文化建设等。

其三，从合作过程来看，项目对接可以是项目的规划、实施和评价的整个过程，也可以是某个阶段。项目对接不仅是签订校村合作协议，更重要的是合作协议的落实，签订合作协议是前提，合作协议的落实是结果，合作协议为高职院校和村庄在具体项目中的行为提供了指引。

其四，项目对接中必须考虑新农村建设的需求，高职院校要依据具体村庄新农村建设的情况精准对接项目，有序推进项目建设，不做无用功，不浪费资源。

校村互动的最终目的是新农村建设具体项目的对接，项目对接是高职院校服务新农村建设最重要的环节，高职院校服务地方经济的宗旨也是通过项目对接体现出来。项目对接工作既是高职院校服务新农村建设的内容，也是高职院校服务新农村建设的载体，其直接关系到高职院校服务新农村建设的质量，关系到新农村建设的成效，精准对接成为必然要求。精准对接不同于粗放对接签订协议不行动或校村简单合作的做法，要求校村进行深度合作，高职院校需为村庄提供精确的服务，精确了解新农村建设的需求，精确规划、精确实施、精确评价，为具体的村庄定制服务项目和服务方式，确保服务能满足村庄的需求。

目前，很多高职院校服务新农村建设的方式仍较为简单，校村尚未开展深度合作，基本以粗放对接为主。高职院校在新农村建设中要做到有为有位，真正服务地方发展并得到社会的认可，必须摒弃粗放对接的观念，树立以精确和高效为特点的精准对接观念，并贯彻于服务新农村建设的整个过程中。

项目精准对接的基本思路可以归纳为四个方面，一是在交流互动的基础上精确了解具体村庄场域的新农村建设需求；二是精确评估高职院校、村庄及其他参与主体的条件和能力；三是结合村庄的实际制定精确的服务方案；四是精确地运作人财物等资源落实服务方案。项目精准对接的难度非常大，对高职院校提出了巨大的挑战，高职院校唯有克服重重困难，整合内外资源，优化管理制度，方能达到对接的目的。近年来，娄底职院、襄樊职院及部分农业类高职院校在项目对接中取得了较好的成绩，罗定职院结合自身实际和云浮市新农村建设需要，通过积极争取外界力量的支持、调整内部机构、建立健全教学科研制度，在农村社区建设、农村环境美化、农村电子商务推广、农村教育、农村干部和劳动力培训等项目的对接上较为成功，服务新农村建设的成效得到了各界的认可。

项目精准对接将村庄的需求和高职院校提供的服务有效地结合起来，为新农村建设提供了个性化服务，增强了新农村建设的针对性和可操作性，提升了高职院校服务新农村建设的水平和层次，其在高职院校服务新农村建设中的核心和关键地位不容动摇。

4. 政府推动是重要保障

政府推动是指新农村建设中政府采取一定的措施和手段推进高职院校和村庄的合作，保障合作项目能够按照预定计划顺利实施。政府推动至少包括三层含义：其一，推动主体包括中央、省、市、县、乡各级政府，而不仅限于某一级政府。其二，采取的措施和手段呈多样化，可以是给予资金支撑，也可以是改善校村合作环境，还可以是政策上的支持。各级政府由于权限和职责不同，采取的措施和手段也各异，但多样化的措施和手段相互协调，相互补充，形成了一个完整的推动体系。其三，政府推动的出发点和落脚点是校村合作的新农村建设项目，也即校村精准对接的项目顺利实施，通过政府推动，促成校村各种合作项目的生成。

高职院校服务新农村建设中会遇到各种阻力和难题，非常渴望得到政府的支持。政府掌握着大量的资源，能够通过不同的方式推动高职院校服务新农村建设。例如，合作初期高职院校和村庄需要第三方作为桥梁和纽带，地方政府特别是地级政府作为地方高职院校的行政主管部门，恰好可以充当这一角色，为高职院校和村庄牵线做媒，促成项目合作。又如，高职院校和村庄合作过程中出现意见不一致，陷入僵局，地方政府出面协调会让双方更容易消除矛盾，达成共识。再如，高职院校服务新农村建设中需要引入社会资本共建实践基地，政府可以通过贴息、奖励、税收、信贷等政策引导和鼓励社会资本投入新农村建设中等。政府的介入已成为高职院校服务新农村建设不可或缺的一部分，作为新农村建设的重要参与者，政府通过一系列有效的措施和手段积极推进校村合作，为高职院校服务新农村建设提供了重要保障。

虽然高职教育的地位和作用已得到全社会的认可，但是在服务新农村建设中很多地方政府首先考虑的仍是本科院校，对高职院校的重视程度明显不够。政府推动是高职院校参与新农村建设的重要保障，政府推动作用的发挥需要各级政府高度重视高职教育，并积极采取有效措施。目前重点应从以下四方面着手：

第一，整合政府机关的力量，协调各级政府及相关内部机构的职责，构建一个推动新农村建设的完备体系。具体以地级政府为中心，调整上下级政府和相关职能部门的职责权限，厘清新农村建设中相互的职能和关系。也可以在地级政府成立一个新农村建设工作协调委员会，专门协调政府机关的关系，规范新农村建设中政府的行为，形成政府推动新农村建设的合力。流程的规范化和权责的清晰化能够减少很多人为因素的干扰，更有利于及时发现问题、快速处置问题，实现政府推动的高效化。

第二，进一步做好联络、协调、引导等服务性工作，搭建高职院校和村庄合作的平台，促成校村在新农村建设更广泛的领域开展合作。

第三，加大高职院校服务新农村建设的资金支持力度，在资金安排上优先支持高职院校涉农专业的发展、涉农实训基地建设、涉农科研等与新农村建设有关的项目。

第四，完善高职院校服务新农村建设的政策制度，充分调动高职院校服务新农村建设的积极性。政府一方面要结合实际情况完善高职院校服务新农村建设相关的激励制度，通过物质、精神和晋升方面的措施鼓励高职院校的教师参与到新农村建设中，另一方面推行类似免费师范生的政策，减免服务新农村建设学生的学费，引导和鼓励高职院校的毕业生参与新农村建设，为新农村建设注入新鲜血液，增添农村发展的活力。多元联动、校村对接模式运行（见图6-2）。

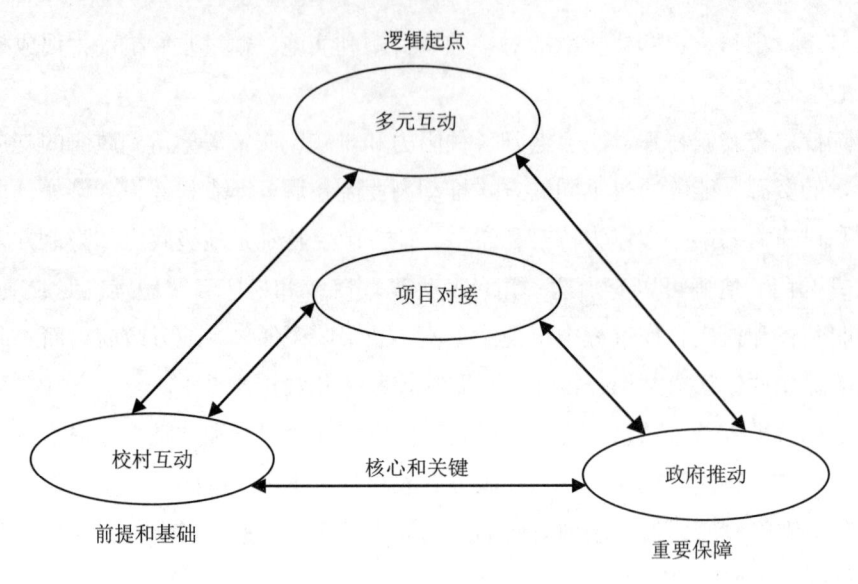

```
                    逻辑起点
                   ┌────────┐
                   │ 多元互动 │
                   └────────┘
                     ↑    ↑
                  ┌────────┐
                  │ 项目对接 │
                  └────────┘
                  ↙        ↘
          ┌────────┐      ┌────────┐
          │ 校村互动 │←核心和关键→│ 政府推动 │
          └────────┘      └────────┘
            前提和基础         重要保障
```

图 6-2　多元联动、校村对接模式运行

第四节　为师资队伍注入新力量

一、提高师资队伍的教学质量和教学水平

提高师资队伍的教学质量和教学水平是高职院校为乡村振兴提供技术应用型人才的基本前提。懂农业、爱农村、爱农民是师资队伍的建设目标，可从以下几个方面进行建设。

（一）完善职业教育教师发展的指导思想

完善职业教育教师发展机制要坚定不移地以新时代中国特色社会主义思想为指导，深入学习贯彻新时代关于教育工作的重要论述，全面落实全国职业教育工作会议精神和《国家中长期教育改革和发展规划纲要（2010—2020年）》精神，以"双师型"教师队伍建设为职业教育教师发展目标；以完善职业教育教师培养培训制度为职业教育工作重点，以校企合作协同育人为工作抓手，立足行业办专业，立足专业促生产，立足生产育人才，立足人才建师资，加快构建具有专业特色、技能突出、管理规范、德艺双馨的职业教育教师培养培训制度，提高职业教育教师队伍建设整体水平，服务新时代职业教育改革、创新和发展，切实提高职业教育教师专业能力和业务水平。

（二）加强职业教育定向师资的培养工作

职业教育定向师资的培养是职业教育教师人才培养体系的重要组成部分，可以有效提高职业教育专业师资的培养质量和效益。在做好基础教育教师定向培养的同时，可在师范类院校定向培养职业教育专业师资，即根据职业教育发展特点，出台职业教育师范生培养规划，采取一定措施，指导师范院校定向培养职业教育师资。具体来说，可从以下六方面进行。

1. 分行业专业进行特色培养

根据不同行业、不同专业，选择具有学科优势的高校统筹职业教育专业师资定向培养工作。结合各师范类本科院校的学科优势和专业特色，确定特色专业职业教育教师培养基地，特别是我国一流师范院校，有优质教师资源和师范类人才的培养经验，在职业教育教师培养中优势明显，应担起职业教育师资队伍人才培养重任，培育一批综合素质过硬的应用型专业师资，保障职业教育高质量发展。例如，北京师范大学可利用其学科优势，为职业院校培养传播学、生物学和生态环境科学等职业教育专业师资，以定向职师生或免费师范生的形式为职业院校定向培养人才；东北师范大学可利用其优势学科，为职业院校定向培养数学与应用数学、心理学和经济学等职业教育专业师资。国家教育行政主管部门可根据师范类高校特色专业，建设职业教育师资资源库，按照学科进行分类，结合全国职业教育发展阶段需求，向职业院校输送不同类型的专业师资。各地区教育行政主管部门则可结合本地区优势产业，因地制宜培养区域特色专业职教师资。

2. 加大免费职教师范生培养力度

借鉴基础教育免费师范生培养经验，可在重点高校、重点学科为职业教育培养免费职教师范生。同时，加大对免费职教师范生的政策宣传，鼓励和引导优质生源加入职业教育教师队伍中，扩大专业培养范围，做好专业师资实习实训，使其不仅有扎实的理论知识，也有娴熟的技术操作技能，以便更好地扎根职业教育，为职业教育高质量发展服务。免费职教师范生培养方案的制订，应充分考虑区域发展状况，可在经济欠发达地区、农牧生产区、偏远山区和东北老工业基地率先实施试点，结合乡村振兴、精准扶贫和全面建成小康社会等国家战略需求培养产业发展应用型人才，实现免费职教师范生服务职业院校的同时，也能为地方支柱产业服务。瞄准特色产业，培育国家战略人才是十分必要的。扶贫先扶智，将产业人才培养好，才能有更多的人才红利去发展产业，职业教育教师是产业发展的人才动力，发挥好他们的作用，能为国家战略的实施提供必要保证。

3. 实行职教师范生订单培养

中东部经济发达地区可根据区域产业特色，选择有竞争优势的专业，定向培养职教师范生，扩大中高职学校试点范围，实行订单式人才培养模式。地方政府应加大对辖区高校的政策支持，鼓励辖区高校参与地方产业发展，立足地方产业人才需求，合理制订人才服务计划，加大对专项人才的政策支持，真正为地方区域经济发展服务。专业师资应该区别普通高等教育培养模式，根据专业性强、操作性灵活、技能性突出和实践性过硬的专业要求，结合地方实际制订特色职业人才专项计划，例如，沿海地区可根据海洋渔业发展的实际，与相关师范院校签订"海洋渔业专项职教人才培养计划"，为海洋渔业发展提供人才支撑；草原牧区可根据农牧产业发展的实际，与相关师范院校签订"农牧业专项职教人才培养计划"，为农牧业发展提供专业技术人才；黑龙江省可根据地方农业特色，与相关师范院校签订"粮食行业专项职教人才培养计划",为振兴东北农业经济培育专业特色人才。

4. 职业学校与本科院校结对培养

中高等职业院校和本科院校根据各自的人才培养特色,以行业职业学校与普通本科院校结对子方式培养专业教师。高水平本科教育是指坚持"以本为本",推进"四个回归",按照"新时代高教40条"文件要求,实施"六卓越一拔尖"计划2.0、"双万计划",建设一流专业,形成高水平人才培养体系的一流本科教育,主要培养具有学科专业能力,具备科学研究、学科研发和科技攻关的高水平人才职业学校可根据自身专业特色,结对同一专业特色的高水平本科院校,采取专业师资定向培养和委托培养方式,为职业院校储备师资,也可在学科建设、专业研发、实践应用和成果转化方面展开全方位合作,以学促建,以学促发展,最终达到优势互补、互帮互助的结对子目的。

5. 校企联动互聘互助

发挥行业产业龙头企业的引领和带动作用。加强与行业企业的沟通交流,在产业技术创新、教师实践基地建设、联合实践创新平台建设和校企定向班等方面展开合作。职业院校为合作企业开放实验室,让企业技师和研发人员与专业教师共同组建行业前沿技术平台,在技术科技攻关、联合研发制造、新技术推广应用和技能创新大赛领域强强合作,开发出一批具有行业竞争力和影响力的新技术,在市场应用和转化阶段产出经济效益。发挥企业技术骨干和专业教师各自的优势,以技术入股或技术合作等形式开办混合所有制高新技术企业,鼓励专业学生加入实习实训和技能实践。在企业培养一批创业指导师,利用专业技术指导学生创新创业,专业教师则提供创新创业方案,鼓励和引导学生参与"双创沙龙"。

6. 建立高层次职业教育教师培养制度

在实施该项计划时,研究生培养单位应发挥专业特长,强化课程实践教学,重点突出技能实践,以培养综合性专业人才为主要目的。另外,有条件的高校可为中高职院校在核心专业领域开展注册考核制博士培养计划,发挥专业导师技术优势,在联合科技攻关、基础科学研究和国际前沿技术等领域开展"研究生现代学徒制"培养,为中高等职业教育国际化办学提供人才保障。教育主管部门应积极支持研究生培养单位扩大研究生层次职业教育教师培养规模,提升培养质量。相关主管部门要完善激励机制,引导和支持职业院校教师在职攻读硕士、博士学位,在专业技术职务晋升、专业技术培训和个人事业发展上制定配套政策,让职业教育教师崇尚学历、崇尚技术、崇尚工匠精神。

二、加强师资队伍的专业实践

通过派遣在职教师参与乡村一线的生产、管理和服务等工作的方式,积累实践经验,强化实践技能,从而打造"双师型"教师。

(一)合理引进专业化职业教育教师

当前正值乡村人才振兴计划落实关键期,乡村产业振兴亟须大量技术加工、智能制造、农业推广、农机维保和农村管理等专业化人才，发挥技能引领行业发展。职业教育教师发展应立足于当前国家产业发展需要，着眼于高技能人才培养。但是，职业院校中经验型、技能型和实践型师资十分匮乏，这是乡村产业振兴和新旧动能转换中亟待解决的现实问题，关系到我国职业教育生态能否保持平衡，也关系到能否培养适应市场化竞争的高技能人才。迅速打造一支综合素质过硬、专业技术扎实、操作技能娴熟的应用型师资队伍是关键，而合理引进经验型、技能型和实践型师资人才是便捷路径，对优化职业教育教师队伍、合理布局专业发展、培育应用型高技能人才具有重要作用。

1. 引进职业教育经验型师资

职业教育经验型师资是指在某个技术领域具有丰富操作经验，熟悉技术操作要领，系统掌握行业科学发展方向，职业品德高尚、爱岗敬业、勤学巧干，具备新时代工匠精神的技术骨干，是熟知技术理论知识、具备技术研究能力的特殊应用型技能人才。此类人才可从行业龙头企业的技术骨干、实操型高级技术工人或有丰富经验的技师中引进。引进此类人才可有效提升职业教育教师队伍的专业实操技能，提高职业教育师资的技术能力，加快构建理论和实践并重的教育教学模式，对培育崇尚技术的工匠精神具有很强的现实意义。

2. 引进职业教育技能型师资

职业教育技能型师资是指在某个行业领域熟练掌握技能操作要领，熟知行业技术原理，不仅技艺精湛，能够灵活操控专业机器设备，还能创新性改造技术弊端，提高行业标准和技术操控水平的技能型人才。此类人才可从各类行业创新性技能大赛、技术创新研发、实操技术比武和专业设备校验人员中物色。引进此类人才可加强专业体系建设，优化技能型人才队伍，指导学生实践应用操作，参加各类专业技能比赛。

3. 引进职业教育实践型师资

职业教育实践型师资是指在某个行业领域从事一线生产多年，集丰富的专业知识、精湛的技术水准、熟练的操作水平、高超的技艺特长和扎实的工作作风于一体的实践操作型技术人才。此类人才可从大型企业的技术车间主任、企业专职培训技师、企业技术调试班组长等技术型骨干中选聘。引进此类人才可有效落实职业教育以技能实训和岗位实习为主、以理论学习和课堂授课为辅的实践型人才培养目标，快速实现人才培养目标和企业需求标准之间无缝对接，使学生技能学习与工作实践紧密结合，实现学用一致、学有所用的培养目标，帮助学生通过实践，成为动手多、上手快、操作能力强的技能型人才。

（二）实施职业教育教师专业化发展

职业教育以产教融合、协同育人、技能强国为发展导向，承担着我国技能型高端人才的培养工作，虽然取得了一些成绩，但也受"高、精、尖"专业师资队伍短缺制约，导致高技能人才引不来，精通理论和实践的复合型人才匮乏，尖端科技研发人才稀缺。要解决以上问题，就必须实施职业教育教师专业化发展，拓展职业教育教师培养途径，加大联合培养、协同育人机制，以专业教师发展空间、能力本位和继续教育为专业化发展抓手，解决职业教育教师专业化发展问题。

1. 拓宽专业教师的发展空间

树立专业指导教学科研的专业教师发展主线，鼓励专业教师在做好基础教学的同时，针对实践教学和行业技术发展实际，潜心本专业研究，重点解决学科发展中遇到的理论和实践问题，重视实际问题的解决。积极探讨校企协同育人模式，重点发展产业技术创新联盟的运行机制。

一是为职业教育专业教师发展提供施展专业才能的平台，以科学技术转化带动经济增收，鼓励专业教师科研成果转化。按照科技部和教育部相关规定，鼓励学校教师开办科技型企业实体，既可促进成果转化，实现教师增收，还可有效带动学生创新创业，达到以产业做专业、以专业促教学的效果。

二是鼓励专业教师与企业深度合作，以企业加工生产和科技攻关中遇到的问题为研究对象，联合开展应用技术创新和科技攻关；健全专利发明创新技术奖励机制，鼓励专业教师与企业协同创新。

三是实行职业技术教师与理论教师不同的专业技术职务评定办法，根据各自擅长专业能力不同，分别制定专业技术职务评定办法，全面实施唯能力、唯技术的良好校园风气，让职业教育专业教师有干劲，激发更多专业教师的创造力。

2. 实施专业教师能力本位教育

能力本位教育是深化职业教育教学改革、实现职业教育可持续发展的有效途径。全面实施专业教师能力本位教育，对于打破传统课堂以教师和讲授为中心的守旧教育模式具有现实意义。专业教师能力本位教育就是要调整专业教师角色定位，确立以受教育者——学生为中心，培养以创新性专业技能为主线、适应社会发展需要的应用型技术人才。因此，在专业教师岗位分配时，应从职业岗位的需要出发，根据专业教师技术岗位的不同，实施因材施教、科学设岗、专业育人，发挥教师的专业特长。同时，通过专业人才培养方案和本专业技术岗位的研发需求，考查专业教师岗位能力素质，并通过岗位匹配能力筛查和岗位竞聘方式，选拔适合岗位的专业人才。一般来说，应先确定从事行业岗位所应具备的能力，明确培养目标，然后以这些能力培养为目标，设置课程，组织教学内容，最后考核是否达到这些能力要求。通过专业教师能力本位教育，可实现专业教师对口执教，真正做到专业、适岗、尽责。

3. 鼓励专业教师参加继续教育

职业教育教师承担着我国高技能职业人才培养的任务，其掌握的专业知识和实践操作技能影响着应用型专业人才培养质量，继续教育成为职业教育教师不断更新知识、跟进前沿科技发展的主要途径，成为专业技术人员掌握新技术的主要措施。加快发展职业教育教师继续教育，是我国职业教育转方式、调结构的重要内容，是职业教育教师内涵式发展的主要组成部分。职业院校应该鼓励专业教师在本专业领域积极参加在职学历深造、科学研究、学术活动、专题会议和行业培训，积极组织开展专业教师继续教育培训，为职业教育专业教师继续教育提供服务与支持。

（1）"线上"与"线下"培训相融合

认真落实国家关于继续教育相关政策文件精神。一方面，利用"互联网+教育"优势，依托学校继续教育网络平台，及时组织线上继续教育培训，让专业教师和技术人员根据岗位进修需要自愿选择专业科目、公需科目培训；另一方面，融入当地培训社群，多渠道积极参加社保部门等组织的线下教育培训。

（2）培训与党建教育相融合

引导专业教师和技术人员积极参加"党建在线"教育培训，及时汇总整理学习成果并提交人事部门备案，确保专业技术学分认定符合职称申报要求。

（3）加大继续教育的经费投入

严格执行继续教育相关法律法规要求，保障继续教育经费投入，保障学历继续教育和专业技术人员继续教育。

三、加大师资队伍激励和保障制度

在加大激励和保障力度上，提高"三农"师资队伍的工资待遇，增加下乡实践补贴，改善乡村工作条件，给予职称晋升优惠等。

（一）完善职业教育教师发展的制度

建设加强职业教育教师发展的制度建设，规范职业教育教师的培养培训，是新时代职业教育教师发展的重要途径，也是推动职业教育教师提升核心素养及践行社会主义核心价值观的有力抓手。职业教育教师发展制度建设关系到职业教育教师队伍的整体素质建设，是职业教育教师综合发展的根本保障。长期以来，对职业教育重视程度不够，职业教育教师整体素质不高，教师专业发展投入较少，职业教育教师发展空间受限等实际问题限制了职业教育发展。只有完善职业教育教师发展制度，才能从根本上保障职业教育长期可持续发展。随着国家愈加重视职业教育，职业教育发展迎来了春天，人民群众对职业教育的认识也逐渐改变。

1. 完善职业教育教师发展规划

完善职业教育教师发展规划，要从教师选聘、教师培养、教师培训、教师发展、教师科研和教师创新等方面给予政策保障，并制定一定的鼓励发展措施，尤其是扶持经济欠发达地区和农村地区职业教育教师发展，从发展资源到发展保障上予以政策倾斜和制度保障，从发展角度为职业教育教师发展保驾护航。相关政策的出台能让专业教师放下思想包袱，树立积极向上的职业教育价值观，从而扎根职业教育、服务职业教育。各地要根据本地区职业教育发展实际，开展专题调研工作，制定职业教育教师培养培训及发展规划，统筹布局，合理安排职业教育教师培养培训工作，建立健全职业教育教师发展机制、措施、方案和实施细则,加强制度保障,实施监督检查,确保各项政策落到实处。

2.拓展职业教育教师专业发展空间

发挥行业企业协同作用,拓展职业教育教师晋升发展空间,减少其在职务晋升、学科发展、技术创新和创业发展等方面的限制和阻力,让职业教育教师在课堂能实施教学、在企业能指导生产、在行政上能执掌管理,无论在哪个岗位都能有提升空间和更好的专业发展。鼓励职业教育教师发挥技术专长开展自主研发,让更多专利在产业领域转化应用;鼓励职业教育教师指导学生开展双创活动,在行业创新中施展特长,通过办企业、做产品、做服务、出效益,让专业专长更有吸引力;鼓励教师积极参与校企一体化协同育人,开设校企特色育人课程,将实践操作技能科学植入课程,加强与企业合作开展科技创新。同时加大科研创新奖励、"双创人才"奖励、协同育人奖励的力度,让更多专业教师在实现个人价值的同时,有更多的获得感。

3.增强职业教育教师幸福感、荣誉感和成就感

制定措施提高职业教育教师待遇,让职业教育教师更具稳定性,让其发挥专业特长,心无旁骛潜心执教、用心育人。建立健全教师奖励制度,鼓励职业教育教师在创新课堂、指导实践、校企合作、协同育人、技术创新、创业指导和技能大赛中的成果申报,根据成果类别进行奖励。根据专业学科发展特点制定激励机制,鼓励教师发明专利、发表学术论文,积极参加技能比赛、学术会议。积极引导专业教师践行工匠精神,让更多专业教师发挥专业技术特长多出成果,并根据成果进行科学有效的评价,依据评价结果给予适当的经济奖励,让专业教师除得到学术提升外,更具有经济上的竞争优势,确保专业教师能立足、立业、成才,让职业教育教师工作有奔头,对职教事业充满无限的希望和热情,让职业教育教师因专业执教而获得幸福感、荣誉感和成就感,让职业教育教师成为人民群众热爱和向往的职业。

(二)多措并举保障专业教师培育

专业技术学科发展是职业院校打造特色技能学校的基础保障,也是乡村人才振兴和乡村产业发展所急需的,职业院校可实施"111"技术骨干计划和"123"专业教师提升计划,多措并举保障专业型师资培育。

1.实施"111"技术骨干计划

职业院校"111"技术骨干计划是指教师选择一个重点学科,学校建设一支专业技术骨干队伍、培育一流专业师资的工程。根据职业院校发展规划,教师选择一个行业优势学科或重点打造学科;学校根据专业人才队伍建设目标,合理建设一支专业对口、年龄布局合理和技术力量集中的学科专业师资队伍,通过竞争上岗和技术成果展示等方式培育一批技术水平过硬、综合素质较高、专业优势明显的学科带头人,树立理论与实践相结合的人才培养目标,专业师资具备上讲台能授课、进车间懂生产的专业水平。可根据教师现有水平,通过技能驿站、学科讲堂和实践论坛等形式开展专业团队业余教育,重点利用寒暑假

有计划地派出学习、实践和参加行业会议，提高教师团队的竞争优势。

2. 实施"123"专业教师提升计划

职业院校"123"专业教师提升计划，"1"是指1个专业核心团队；"2"是指2个主攻方向，即理论攻关方向和实践操作方向，根据分工不同，参考专业教师自身情况进行专业教研室建设，确保理论创新符合行业发展方向，实践技能紧跟行业企业需求；"3"是指学校、教师和企业3个主体合为一体，调研人才市场需求，研究行业发展方向，确定专业发展方向。学校坚持为社会经济发展、为企业发展服务的办学理念，坚持"依托企业、服务企业、技能兴国"的职业教育办学宗旨，调研行业发展状况和行业人才需求，针对行业高级技能人才的需求情况和学校的办学优势，确定人才培养方案，充分发挥专业优势，积极开展校企合作，确保专业设置在产业链上，专业教师顺应产业发展需求，达到在课堂能讲好理论知识、在企业能从事技术生产、能有效指导学生实践操作的目的。

3. 实施职业教育示范引领计划

在职业教育专业教师培育过程中，实施职业教育示范引领计划。学校要积极开展职业教育专业教师技能课堂教学教研大赛活动，加强诊断性听课，开展创新备课，集中精力培育一批精品课程。通过教研室示范带动，让创新型教学更具复制性和推广性，以老带新提高教师专业教学能力。学校要积极探索专业师资特色授课模式，定期组织教学观摩、汇报课、优质课评比、优秀教案展评等活动，带动特色课堂水平不断提升。各地教育行政管理部门要组织成立区域联盟，积极开展区域性教研联盟活动，吸收专业教师广泛参与，让广大教师在区域性教研活动中崭露头角、互学互鉴，实现"同伴互助，专业引领"。通过组织开展区域专业课、特色课程、精品课程交流活动，让学科专业教师参加各类教学竞赛、微课评比、职教名师工作室等活动，较好地发挥"引领、示范、辐射"作用，强化职业教育教师专业化队伍建设，为职业教育特色发展奠定坚实基础。

4. 大力培养职业教育教师工匠精神

职业院校专业教师凭借一技之长，在教书育人和产业发展中发挥着重要作用，专业教师因其特殊的技术手艺，也是一个时代工匠，亦应具备工匠精神。工匠精神是一种追求，它不仅是对纯熟技艺的追求，更是一种不虚浮、不冒进的工作作风，追求脚踏实地、认真稳重、注重质量、做到极致；工匠精神是一种态度，它源于对职业的热爱，蕴藏着格物致知、追求卓越、持之以恒、永不懈怠的精神；工匠精神是一种力量，它使人专注，能催人奋进、凝聚力量、创造奇迹。工匠精神是手艺人安身立命之本，是职业院校兴校基石，是企业基业长青秘诀，更是一个国家发展推崇的珍贵品格。职业教育是专业技术教育，要培养学生热爱专业、崇尚职业、精益求精、开拓进取的精神，职业院校专业教师更要弘扬和传承工匠精神，在工作中做到以身作则、爱岗敬业、授业解惑、追求卓越，在教育教学中培养学生吃苦耐劳精神、开拓创新精神和精益求精精神。工匠精神是对浮躁风气、短视心态的最好疗方，也是爱岗敬业、创新开拓的有力诠释。践行工匠精神，是为中国制造凝聚力量,更是为实现"中国梦"保驾护航。

5.提升职业教育教师思想政治素养

职业教育教师承担着培育现代职业人才的重担,其思想政治素养关系着职业人才的培养质量,每位教师都应提高自身的思想政治素养,以高素质专业化和过硬的政治素质教育培养学生。职业院校应该全方位多渠道加强教师思想政治素养的教育培训,要扎实开展"不忘初心,牢记使命"等主题教育,有效提高教师政治素养,让每位教师都以高度的责任心和使命感,以培养合格人才为己任,心系教育、心系学生、心系社会,弘扬高尚师德,做人民满意的教师。学校要以政治素养的提升带动学科发展、指导专业建设、开展科技创新、实施产业育人,将多种主题教育活动贯穿于教师培养培训中,使每位教师都能用新时代中国特色社会主义思想武装头脑、以理论指导实践,促进其全面发展,从而将其培育成新时代国家经济建设和产业发展的攻坚人才,进而培养出更多的产业紧缺人才,更好地适应新时代国家发展对职业人才的要求。

四、优化师资队伍结构

从专业大户、家庭农场、专业合作社等新型农业经营主体的生产一线聘请实践经验丰富的人员作为教学实践的指导教师,让教学实践更"接地气";从农业产业化企业尤其是龙头企业聘请实践技能优异的人员作为教学实践的主导教师,让实践的眼光站得更高;聘用行业专家、企业工程技术人员和能工巧匠担任专兼职教师,建立传帮带机制以提升师资队伍整体水平;建立面向乡村的高职院校人才挂职、兼职和离岗创新创业制度。

推进"双师型"教师队伍建设是我国职业教育现代化的内在要求,能更好地满足职业教育改革创新和职业教育教师专业化发展的需求,应探索适应职业教育教师专业提升培训模式,创新专业教师职业技能评价体系,培育一批适应行业发展、能够承担职业技能等级证书培训的专业教师。虽然"双师型"教师数量在持续增加,但普遍存在整体素质有待提升的问题。"双师型"教师培养的关键是在提高教师理论教学能力的同时,使其有机会在合适的企业进行实践,从而不断提升其实践技能。加快"双师型"教师队伍建设,全面实施职业教育人才工程,学校要鼓励职业教育教师到相关行业企业挂职兼职或从事科技生产顾问,奖励专业教师考取专业技能证书,积极参与或指导学生参加各类职业技能大赛,积极考取就业创业指导师证书。在全国行业职业教育教学指导委员会指导下成立"双师型"教师发展委员会,为本专业"双师型"教师提供各种服务并积极引导教师争做"双师型"教师。

(一)采取措施支持"双师型"教师发展

职业院校通过大力引进高层次人才、提升教师"双师"素质、鼓励教师出国进修等举措,不断优化师资队伍结构,努力加强师资队伍内涵建设,深化"双师型"教师队伍建设。学校要将"双师型"教师队伍建设作为人才队伍建设的核心任务,不断完善"双师型"教师队伍建设机制，以教师"产学研践习"制度为推手，扩大专业实践教学范围，拓展"双师型"教师培养途径，多渠道做好"双师型"教师培养工作。学校要扩大与行业企业全方位合作，开展专业联合共建，可以通过专项教师培养计划，定向输送专业教师到企业挂职锻炼、顶岗学习，支持专业技能教师到一线授课、开展实践教学；或输送专业教师到专业研发机构定向培育，支持行业产业科研人才培养；或支持行业技术骨干到职业院校兼职授课，开展优秀兼职教师评选工作，建立一支经验丰富、相对稳定的兼职教师队伍。学校要加大"双师型"教师队伍建设的资金保障，给脱产赴企业挂职践习教师发放津贴补贴，设立专项资金鼓励专业教师考取职业资格证书，提高企业高水平兼职教师的课酬标准，切实有效推进"双师型"教师素质的提升。

（二）积极鼓励专业教师到企业实践

为进一步深化校企合作、产教融合的人才培养模式改革，探索适应企业需要的应用型人才培养之路，加强"双师型"教师队伍建设，应实施职业院校专业教师到企业实践制度，鼓励专业教师定期深入企业参加实践锻炼，规范管理，进一步提高专业教师的专业技能和实践教学能力。教师企业实践是指教师脱产或半脱产到行业企业的一线岗位顶岗工作或挂职锻炼，参与生产、服务、管理等实质性工作。职业院校制定企业实践办法，鼓励专业教师积极利用寒暑假和其他时间深入行业企业，参加企业实践，确保新任职专业教师授课前应到企业参加一定时间顶岗实践、挂职锻炼，毕业班专业教师应带学生脱产参加不少于半年的现场生产实践和实习指导，并参与完成本专业全部实践教学任务。专业教师到行业企业实践的主要目的是向生产服务一线有丰富实践经验的技术人员和能工巧匠学习，熟悉相关专业的生产流程、生产技术与工艺、设备使用现状和行业企业发展趋势等，特别是了解本地区的经济发展和市场需求情况，行业新技术、新工艺的应用和发展，以利于教学更贴近实际生产的要求，同时加强学校与企业的沟通与联系，为校企合作建立纽带。学校要保障专业教师企业实践和实习指导的待遇，加大对专业实践教学创新、校企合作科技创新和学生实践技能大赛取得成果的奖励力度，增强专业教师企业实践创新动力。

（三）政府出台政策有效支持

在"双师型"教师队伍建设过程中，各级政府要积极联通，出台相关政策，不断打造更多的职业教育实践创新平台，在现有校企合作专业共建、校企办班人才共育、校企共同成立产业技术学院、校外实践创新基地建设、校企合作创办企业、现代学徒制办学、校地产业育人等合作模式上，有效整合行业职业教育集团和行业教育产业联盟，共同成立"双师型"教师实践教学平台。平台融合更多的产业和企业，集聚符合地方发展的特色产业，在专业技术交流、关键技术研发、专业人才培养、行业科技创新和第一、二、三产业融合发展中提供更多的政策支持和积极引导，激发更多的技术成果在企业转化、应用和生产，加强职业院校"双师型"教师定向培育，鼓励行业企业参与职业教育人才培育，发挥企业实践优势，吸引更多的对口人才参与企业技术改造升级，扩大交流合作的同时，促进职业院校"双师型"教师培养，也为行业企业培育更多的技术能手，互利互惠，合作共赢。通过平台功能模块，职业教育教师既能解决实践教学问题，又能与行业企业高技能人才交流，合作解决生产中的技术难题，共同推进产学研用系列合作项目落地，实现个人、学校、企业多主体共赢。

五、产教深度融合培育产业特色

乡村振兴战略是实现农业农村经济发展的重要举措，乡村产业振兴要立足区域产业优势，转方式、调结构，培育一批适合本地区可持续发展的优势产业。在培植优势产业的进程中，应根据产业实际需要及时调整产业结构，优化产业布局，实施现代化企业发展模式，注重产业专业技术人才培养，推进农村第一、二、三产业融合。职业院校在立足行业、开放办学过程中，需要对人才培养与产业发展进行深度融合，将专业设置在生产线上，将产业发展的实际需求作为人才培养导向，打通专业技术人才培养通道，构建产教深度融合发展立交桥。

（一）校企共建优势

产教平台职业教育教师是高技能人才培养的核心，要使职业教育教师专业发展与产业发展相吻合，就要推进产教融合、校企合作，建设适合区域产业发展的优势产教平台。通过校企合作专业教师孵化模式，在企业设立"校企师资工作室"，通过工作室建设，为企业"量身定制"专业技术骨干，解决企业技术创新、专业研发人才缺乏的难题。校企通过项目合作，共同建设区域产业发展优势产教平台，整合行业中小企业，在行业产业化龙头企业带领下，实施行业创新驱动发展，协同解决行业面临的技术创新问题、产业发展问题、协同育人问题和联产联销问题，共同打造区域产业生态圈。各产业企业根据自身优势，实施区块链分工生产，做精每个产业区块，实行集约化生产，达到行业利益最大化、成本最小化、内耗减少化和利润最大化的目的。改变职业院校与用人企业分开育人模式，打通产学研用"四位一体"立交桥，鼓励职业教育教师进车间做技师，鼓励学生参与专业实践和技术创新，将职业院校教师培育成行业实践高级技师，通过其技术传授，培育一批产业领军人才。

（二）校企共建

产业技术学院发挥地区产业优势，充分发挥职业院校和行业企业双主体作用，采取混合所有制模式，共同成立校企二级产业学院——产业技术学院，发挥校企各自优势，培养行业产业技术人才。

一是双主体协同办学，校企双方分别投入办学设施设备。校方提供教室、学生宿舍、仪器设备、师资、技术等资源，行业企业提供生产车间、实训室、实训基地和产业研发中心等资源，所投入资源所有权性质不变，使用管理权归双方各自所有。

二是双主体全程参与，按照共育师资、共同招生、共同培养和共同推荐就业的原则，双方共同开展专业教师培育。可从行业企业专业技师和技术骨干中选择一批技术过硬、素质优秀、能力突出、学历较高的企业技术人才作为学校实践教师或技能操作教师，也可从学校现有专业教师中选拔一批技术创新人才参与企业实践，与企业创新中心联合攻关，破解技术发展短板，共同培养行业专业技术人才。

三是双主体共建科学治理结构，联合组建理事会，制定理事会章程，形成完善的管理制度体系。双方深度融合，实现资源共享、优势互补，创建"人才共育、过程共管、成果共享、责任共担"的紧密型合作办学机制。产业技术学院采用现代学徒制教学模式，校企双方共同制订专业人才培养方案、专业教学标准、顶岗实习教学计划，共同进行课程开发和课程资源库建设。双方教师、专业人员互聘互兼，共同打造一支高水平的"双师型"教学团队，实现双主体从招生到就业全程参与，有助于培育有理想、有目标，职业能力过硬的行业应用型人才。

（三）依托"大数据+"产业发展职业教育

当前我国已步入大数据时代。大数据改变了人们的生产生活方式，促进了智能社会的快速发展，我国的大数据技术已得到很大发展，其应用领域也越来越广泛，其中就包括职业教育领域。大数据是信息化发展的新阶段，随着数字中国建设的有序推进，数字金融、数字经济、数字产业和数字教育迅速发展，成为"大数据+"的主要显现形式。

随着乡村振兴和脱贫攻坚的深入，农村基础设施不断完善，"大数据+"农业和"大数据+"产业成为新型智慧农业的主要推手，农村电子商务发展具备了腾飞的条件，新"三农"发展成为新时代乡村振兴的朝阳产业，成为区域经济协调发展的重要基础，也是促进农村经济发展的重要课题，但因为技术人才的缺乏，其发展受到了制约。发展"大数据+"产业必须抓好产业教育，无论是发展智慧农业，还是发展农业循环经济，都离不开产业技术教育。职业教育可为产业发展提供技术支持和人才供给。

六、提升高职教师乡土文化自信的路径

（一）充分认识厚植教师乡土文化自信的意义

随着高职教育的发展，培训农民已经成为地方农业高职院校的重要任务，教授对象中农民占比超过60%，且呈逐年增加趋势。教人者必先受教，教人者必先"农"化。国家、中央政府、地方政府、地方农业高职院校必须充分认识厚植教师乡土文化自信在加强师德师风建设、提高教师专业知识本土化能力和教师服务社会水平、促进区域经济发展等方面的重要作用。国家和政府应从加强地方农业高职院校建设、促进区域经济发展的角度出发，加强相关立法、制定政策、通过提供土地或者经费等方式，实现地方农业高职院校的空间位置"下沉"，把这个外来的文化机构内化于农村社会，把农村田野变成校园，让农民在家门口就可以接受教育。地方农业高职院校应把"加强乡土文化教育，厚植乡土文化

自信"作为教师素质培养的重要内容,加强建章立制。一方面,制定长期的总体规划,明确宗旨目标、实现路径、操作方法等;另一方面,要将乡土文化纳入教师评价体系,建立科学完备的乡土文化教育评价机制。

(二)鼓励教师参与"农"字特色的校园环境创设

教育不是单向度活动,它依赖于各种要素是否具有教育成分,是否充分参与到教育的过程中来,以及是否赋予空间以教育内涵。参与"农"字特色的校园环境创设客观上要求教师必须亲自研究当地乡土文化资源,增加乡土文化知识储备,提高乡土文化的认知和认同。学校应鼓励教师走进农村、走访农民、查阅资料、实地考察,在筛选、分析、整合大量数据和材料的基础上,甄选出可以融入校园环境的乡土文化资源。校园环境的创设应包括设施环境和文化环境两个方面。创设"农"字特色的校园环境,不仅要把乡土文化资源融入校园设施建设,实现使用功能、审美功能与育人功能的和谐统一,还需要培育具有乡土特色的校园文化,例如在校旗、校徽、校歌、学校礼仪中融入乡土文化元素。

(三)增强教师的乡土文化认同

校本课程可以充分体现学校的办学理念、办学特色和培养目标。地方农业高职院校鼓励教师开发具有乡土文化特色的校本课程,有利于培养教师的乡土文化情怀,强化教师传承、创新乡土文化的职责担当,有利于乡土文化的转型与复兴。基于此,学校应从办学理念、特色和培养目标出发,充分利用当地乡土文化资源,鼓励教师开发具有乡土特色的校本课程,使本地的村落文化、民俗文化、手艺文化、乡贤文化等得到传承和创新,实现乡土文化的"乡而不俗""土而不粗"。学校要重点打造一支"业务精、能力强、素质高",包括多专业、多学科在内的教师团队。不仅有本校专职教师,还要聘请社会和企业专家、民间艺人定期进校指导。学校应推动乡土文化主题知识讲座常态化,鼓励教师积极参与,介绍家乡的风光、风俗、风情、农业发展史等。

(四)助力教师以专业知识参与美丽乡村建设

梁漱溟先生曾经将乡村建设称为一种"最实在的文化运动"。在乡村振兴背景下,地方农业高职院校应该主动配合地方政府,积极参与美丽乡村建设,使教师在"最实在的文化运动中"以各种方式实现对乡土文化的践行。学校可以通过直接对接村庄的方式,鼓励教师实地考察当地政治、经济、文化发展状况,深入了解当地社会发展和社会生活的现实需求。在此基础上,地方高职院校可以实施乡村建设人才的定向培养,精准匹配乡村建设的人才需求;委派教师走进田间地头向农民推广农科知识、参与乡村外观设计,满足乡村建设的技术需求;推进产学研结合,直接参与地方经济建设和农业产业机构调整。

参考文献

[1] 熊飞,甘海琴. 乡村振兴视域下农村职业教育"内卷化"破解路径[J]. 职教论坛,2020(4):148-153.

[2] 林克松,袁德梽. 人才振兴:职业教育"1+N"融合行动模式探索[J]. 民族教育研究,2020(3):16-20.

[3] 李秋红,田世野. 农业人才供给侧改革与新农村建设[J]. 理论与改革,2016(4):176-179.

[4] 吴中江,黄成亮. 应用型人才内涵及应用型本科人才培养[J]. 高等工程教育研究,2014(2):66-70.

[5] 李博. 乡村振兴中的人才振兴及其推进路径——基于不同人才与乡村振兴之间的内在逻辑[J]. 云南社会科学,2020(4):137-143.

[6] 杨鸿,等. 产业兴旺:职教助推"CCEFG"共治模式[J]. 国家教育行政学院学报,2020(8):10-18.

[7] 陈龙. 新时代中国特色乡村振兴战略探究[J]. 西北农林科技大学学报:社会科学版,2018(5):55-62.

[8] 高明. 面向2030:构建以学习者为中心的职业教育人才培养模式[J]. 教育与职业,2018(4):19-25.

[9] 唐智彬. 论职业教育精准扶贫的校地协同发展模式——基于社会资本视角的探讨[J]. 职教论坛,2018(3):30-35.

[10] 杜育红,杨小敏. 乡村振兴:作为战略支撑的乡村教育及其发展路径[J]. 华南师范大学学报:社会科学版,2018(3):76-81.

[11] 张志增. 实施乡村振兴战略与改革发展农村职业教育[J]. 中国职业技术教育,2017(34):121-126.

[12] 孙诚. 我国农村劳动力就业现状、挑战与有效措施[J]. 职教论坛,2018(7):25-28.

[13] 向昭颖,张冰松. 农村职业教育精准扶贫的意义、问题及机制[J]. 教育与职业,2018(4):26-32.

[14] 王景妍. 发达国家农业职业教育发展模式的比较与借鉴[J]. 世界农业,2018(1):184-189.

[15] 蒙生儒,王世斌,潘海生. 农村职业教育与成人教育问题与对策研究[J]. 中国成人教育,

2018（22）：155-157.

[16] 郑劼育．新型职业农民培训与乡村振兴战略[J]．当代继续教育，2019（1）：47-53.

[17] 卢文凤，徐小容，赵福奎．困境与突破：职业教育助推乡村振兴的实践偏差与模式创新[J]．中国职业技术教育，2020（7）：21-27.

[18] 刘景胜．信息化背景下职业教育助力乡村振兴战略研究[J]．教育现代化，2019（84）：245-247.

[19] 佛朝晖，陈波，张平弟．职业教育主动服务乡村振兴战略的政策分析[J]．中国职业技术教育，2019（15）：60-66.

[20] 许媚．基于精准扶贫的农村职业教育问题审视与发展路径[J]．教育与职业，2017（18）：25-31.

[21] 张旭刚．农村职业教育服务乡村振兴：实践困境与治理路径[J]．职业技术教育，2018（10）：59-64.

[22] 邵明华．农村特色文化产业发展的山东模式[J]．山东社会科学，2020（5）：165-171.

[23] 祁占勇，王志远．乡村振兴战略背景下农村职业教育的现实困顿与实践指向[J]．华东师范大学学报（教育科学版），2020，38（4）：107-117.

[24] 金绍荣，张应良．农科教育变革与乡村人才振兴协同推进的逻辑与路径[J]．国家教育行政学院学报，2018（9）：77-82.

[25] 卢岚．思想政治教育创新：空间解释的"度"与"域"[J]．学校党建与思想教育，2020（1）：22-28.

[26] 吴一鸣．乡村振兴中职业教育的"角色"担当[J]．现代教育管理，2019（11）：106-110.

[27] 田真平，高鹏．职业教育助力乡村产业振兴的实践困境和服务模式[J]．教育与职业，2021（9）：5-10.

[28] 许珂，郭可冉．"非遗"视角下民族职业教育扶贫的内在逻辑与实践路径[J]．民族教育研究，2021（2）：115-122.

[29] 王亚南，成军，王斌．高职教育专业组群的逻辑依归、形态表征与实践方略——基于253个高水平专业群申报资料的质性文本分析[J]．高等教育研究，2021（4）：84-93.

[30] 梁宇坤，梁宁森．职业教育精准扶贫：政策表达、基本经验与优化路径[J]．中国职业技术教育，2020（16）：54-58.

[31] 曾欢，朱德全．新时代民族地区职业教育服务乡村人才振兴的逻辑向度[J]．民族教育研究，2021（1）：74-81.

[32] 王瑜．农村职业教育与乡村产业协同扶贫的内在逻辑、现实偏差及发展路径[J]．教育与职业，2021（3）：70-77.

[33] 刘晓，刘婉昆．构建新时代技能扶贫体系：内在逻辑、现实困境与路径选择[J]．职教论坛，2020（12）：15-21.

[34] 宋保胜,杨贞,李文,李劼,王彩霞.科技创新服务乡村振兴的内在逻辑及有效供给路径研究[J].科学管理研究,2020（5）:116-124.

[35] 朱德全,熊晴.民族地区职业教育服务乡村振兴——基于系统耦合的立体性分析框架[J].南京师大学报:社会科学版,2021（4）:13-22.

[36] 吉文林,苏治国,王周锁,等.升级改造专业目录精准服务乡村振兴——《职业教育专业目录（2021年）》农林牧渔大类解析[J].中国职业技术教育,2021（7）:15-19+40.

[37] 于晓华,钟晓萍,张越杰.农村土地政策改革与城乡融合发展——基于中央"一号文件"的政策分析[J].吉林大学社会科学学报,2019（5）:150-162.

[38] 唐锡海,张宇,袁倩.民族职业教育与乡村振兴的互动研究[J].当代职业教育,2019（3）:36-41.

[39] 余长江.乡村振兴背景下职业教育面临的机遇与挑战[J].晋城职业技术学院学报,2019（4）:34-38.

[40] 田真平,王志华.乡村振兴战略下职业教育与农村三产融合发展的耦合[J].职教论坛,2019（7）:19-25.

[41] 孟宪科.新时代背景下中国共产党三农发展思想探析[J].学理论,2019（9）:11-13.

[42] 韩道铉,田杨.韩国新村运动带动乡村振兴及经验启示[J].南京农业大学学报(社会科学版),2019（4）:20-27.

[43] 姜靖,刘永功.美国精准农业发展经验及对我国的启示[J].科学管理研究,2018（5）:117-120.

[44] 孟景舟.职业教育基础概念的历史溯源[D].天津:天津大学,2012.

[45] 曾阳.乡村振兴战略下职业教育服务城乡融合发展的路径研究[J].国家教育行政学院学报,2019（2）:23-30.

[46] 关浩杰.乡村振兴战略的内涵、思路与政策取向[J].农业经济,2018（10）:4.

[47] 罗必良.明确发展思路,实施乡村振兴战略[J].南方经济,2017（10）:8.

[48] 韩俊.中农办主任韩俊解读中央农村工作会议精神[J].云南农业,2018（3）:13.

[49] 韩俊.关于实施乡村振兴战略的八个关键性问题[J].中国党政干部论坛,2018（4）:19.

[50] 关振国.紧紧抓住乡村振兴的"牛鼻子"[J].人民论坛,2018（29）:56-57.

[51] 甘娜,汪虹成,陈红利.乡村振兴背景下"五位一体"乡村共同体建设路径研究[J].农村经济,2019（11）:74.

[52] 廖彩荣,郭如良,尹琴,等.协同推进脱贫攻坚与乡村振兴:保障措施与实施路径[J].农林经济管理学报,2019,18（2）:273.

[53] 朱远洋,欧阳平,张昌彩,等.乡村发展的现状与未来——来自全国17个省区39个行政村的调查报告[J].中国发展观察,2020（Z8）:116-117.

[54] 夏支平.熟人社会还是半熟人社会?——乡村人际关系变迁的思考[J].西北农林科技

大学学报：社会科学版,2010,10（6）:86.

[55] 张旭刚.乡村振兴战略下农村职业教育产教融合发展动力机制研究[J].教育与职业,2019（20）:21-22.

[56] 卢晓慧,吴海红.地方高职院校服务乡村振兴的实践——以嘉兴职业技术学院为例[J].农民致富之友,2018（20）:1.

[57] 侯丽华.高职院校助力新时代乡村振兴战略的路径研究[J].乡村科技,2018（12）:10,12.

[58] 吉文林.农牧高职产教融合服务乡村振兴战略的思考与实践——以江苏农牧科技职业学院为例[J].中国农业教育,2018（4）:13-16,92-93.

[59] 熊飞.农业高职教育有效对接乡村振兴战略的路径探析[J].北京农业职业学院学报,2018,32（4）:85-89.

[60] 徐海祥,施帅,李志方.基于校企深度融合高职食品类专业现代学徒制培养模式初探[J].农产品加工,2018（13）:89-92.

[61] 刘晓瑞,刘萍,徐珂璠.农业高职院校助力乡村振兴的路径探析[J].杨凌职业技术学院学报,2019,18（1）:67-69.

[62] 刘迎春.乡村振兴战略背景下农牧高职教育专业分析及改革建议[J].安徽农业科学,2018,46（29）:232-234.

[63] 陈艳.乡村振兴战略背景下农业高职院校农业创客"双创"教育的思考与建议[J].教育科学论坛,2018（36）:56-60.

[64] 马彦蕾.乡村振兴战略下高职院校提升人才培养质量研究[J].现代教育,2018（10）:48-49.

[65] 顾晖.乡村振兴战略下农业高职院校的机遇与发展路径[J].湖北函授大学学报,2018,31（20）:35-36,52.

[66] 刘晓瑞.乡村振兴战略中农业高职院校的功能研究[J].科教导刊(中旬刊),2018（12）:3-4.